PATRIK STÄBLER

SPEISENDE
SOLL MAN NICHT
AUFHALTEN

Eine Deutschlandreise über
den Tellerrand hinaus

Rowohlt Taschenbuch Verlag

Originalausgabe
Veröffentlicht im Rowohlt Taschenbuch Verlag,
Reinbek bei Hamburg, Juni 2013
Copyright © 2013 by Rowohlt Verlag GmbH,
Reinbek bei Hamburg
Lektorat Barbara Imgrund
Karte Peter Palm, Berlin
Umschlaggestaltung ZERO Werbeagentur, München
(Abbildung: © FinePic, München; Roland Rasemann)
Satz Minion PostScript, PageOne,
bei Dörlemann Satz, Lemförde
Druck und Bindung Druckerei C. H. Beck, Nördlingen
Printed in Germany
ISBN 978 3 499 62227 4

Inhalt

Vorwort:
Wenn einer eine Reise tut

Wie soll ich meine Liebe zum Essen beschreiben, ohne unanständig zu klingen? Es fiele mir wohl genauso schwer, wie den angebissenen Riegel Nussnougatschokolade in den Kühlschrank zurückzulegen – für später. Will heißen: quasi unmöglich. Denn Essen ist für mich weit mehr als nur meine Lieblingsbeschäftigung und mein Lieblingsgesprächsthema. Unsere Nahrung in ihrer wunderbaren Vielfalt bereitet mir unvergleichlichen Genuss, wirkt mal anregend und mal beruhigend auf mich, gibt mir Energie, spendet Trost, ist Quell höchster Glücksgefühle – und das Tag für Tag aufs Neue, Mahlzeit für Mahlzeit.

Wann ich mich ins Essen verliebt habe? Und warum? Auf beides kann ich keine erschöpfende Antwort geben. Und doch lässt unsere Beziehung auch nach all den Jahren Romeo und Julia so aussehen wie einen lieblosen Urlaubsflirt. Ich plane ganze Urlaubsrouten entlang von landestypischen Gerichten, streife stundenlang durch Supermärkte, studiere Speisekarten, als wären es Liebesbriefe, und sehne bereits beim letzten Bissen die nächste Mahlzeit herbei. Dabei gilt meine Zuneigung keineswegs nur dem getrüffelten Fasan auf Trauben-Wacholder-Jus – im Gegenteil: Auch ein Teller Bratkartoffeln verschafft mir innigste Glücksgefühle, ein Butterbrot mit Schnittlauch ist mir lieber als jedes Kaviarhäppchen, und über das Geheimnis perfekter Spaghetti Bolognese kann ich ausdauernder philosophieren als über die Frage nach dem besten Edelitaliener der Stadt.

Angesichts von so viel Passion fürs Essen mag eines verwundern: Ausgerechnet die Küche meines Heimatlandes ist mir bislang ungefähr so unbekannt geblieben wie dem gemeinen Nordkoreaner ein McDonald's-Restaurant. So koche ich zwar aus dem

Effeff ein Grünes Curry – doch bei Grüner Soße scheitert es bereits an den Zutaten. Sushi und Lasagne sind feste Größen auf meinem Speisezettel – Saumagen und Labskaus hingegen kenne ich nur vom Hörensagen. Und Dibbelabbes hielt ich bis vor kurzem ebenso für eine Krankheit wie Teichelmauke.

Und damit bin ich nicht allein: Immer weniger Menschen, vor allem jüngere, können mit den Rezepten ihrer Großeltern noch etwas anfangen. Statt Eisbein mit Sauerkraut kochen sie am Samstagabend eine Asiapfanne mit Reis; den schnellen Hunger stillt nicht der Gaisburger Marsch, sondern ein Gyros im Pitabrot; und als süßen Nachschlag gibt's Baklava vom Türken – und nicht etwa Mehlpütt mit Vanillesoße.

Nun bin ich beileibe kein Fortschrittsfeind und obendrein ein feuriger Verehrer von Pasta, Paella, Pekingente und Co. Dennoch fände ich es jammerschade, wenn die regionale, deutsche Küche irgendwann ganz in Vergessenheit geraten würde. Wenn man selbst im hintersten Dorf des Bayerischen Waldes einen Dönerkebab bekäme – aber keinen Schweinebraten mit Knödeln mehr. Wenn auch der letzte Pfälzer Metzger den Saumagen aus seinem Sortiment nähme, um mehr Platz für die argentinische Rinderlende zu schaffen. Sollte es wirklich einmal so weit kommen, dann will ich zuvor wenigstens all die traditionellen Gerichte probiert haben, sodass ich in grauer Zukunft mit knarziger Opastimme meinen Enkeln von damals erzählen kann, als wir noch so groteske Gerichte zu uns nahmen wie den gefüllten Magen eines Schweins oder einen rötlichen Fleischbrei namens Labskaus.

Mit diesem Ziel – und natürlich voller Neugier auf neue Gerichte und neue Geschmäcker – begebe ich mich auf eine Reise, die über Jahre hinweg in meinem Kopf gereift ist: eine Tour durch alle 16 Bundesländer, drei Monate lang, auf den Spuren der deutschen Hausmannskost. Mein Ziel: In jedem Bundesland will ich zumindest ein regionales Gericht aufspüren – und einen

Menschen, den eine besondere Liebe mit diesem Gericht verbindet.

Auf der Suche nach geeigneten Speisen habe ich im Vorfeld Kochbücher, Zeitschriften und Essensblogs gewälzt. Mal kam ein besonders schmackhaftes Gericht wie Käsespätzle auf meine Liste, mal ein besonders mysteriöses wie Schnüsch, mal ein besonders landestypisches wie der Pfälzer Saumagen und mal eines mit einem besonders klingenden Namen wie Dibbelabbes. Oder vereinfacht gesagt: Meine Auswahl ist rein subjektiv und allein meinen Geschmacksknospen geschuldet.

Zudem soll mein Speiseplan keinesfalls in Stein gemeißelt sein: Unterwegs will ich mit den Menschen vor Ort ins Gespräch kommen – nicht nur, aber vor allem übers Essen. Ich möchte herausfinden, ob die Schwaben wirklich süchtig nach Spätzle sind, ob es im Ruhrpott eine diskutable Imbissalternative zur Currywurst gibt und ob die Hamburger Aalsuppe mehr ist als nur Touristennepp. Und natürlich: ob wir Deutsche unser Essen wirklich so wenig wertschätzen, wie es immer heißt, und ob Nahrung für uns nur reichlich und günstig sein muss und mehr nicht. Kurzum: Ich will auf meiner Reise ergründen, wie Deutschland wirklich isst. Deshalb habe ich mich für meine kulinarische Tour gegen Hotel und Auto entschieden. Stattdessen will ich ausschließlich per Anhalter reisen, auch wenn sich meine Erfahrungen im Trampen bislang auf eine zehnminütige Heimfahrt nach einer Party beschränken – im Alter von sechzehn Jahren. Ebenfalls Neuland für mich stellt das Reisen mit Couchsurfing dar: Über die Internetseite www.couchsurfing.org will ich Menschen finden, die mich während meiner Tour beherbergen – kostenlos und aus freien Stücken.

Zugegeben: Ich freue mich nicht nur auf neue kulinarische, sondern auch auf kulturelle Eindrücke. Schließlich sind mir weite Teile meines Heimatlandes ebenso unbekannt wie die deutsche

Küche. So war ich zwar auf allen fünf Kontinenten, aber nicht mal in jedem dritten Bundesland. Auf Reisen habe ich Franzosen und Koreaner von Deutschland schwärmen hören – und konnte selbst nur ein paar Sätze über meine Heimatstadt München, über Berlin oder Hamburg beisteuern. Genauso, wie erstaunlich viele Erwachsene nur eine Handvoll Episoden aus dem Leben ihrer Eltern kennen, obgleich diese sie geprägt haben wie niemand sonst – genauso unzulänglich ist also mein Wissen über Deutschland und die Deutschen.

Doch bei aller Vorfreude auf die Backsteinkirchen an der Ostsee und die Idylle im Moseltal, bei aller Neugier auf die anstehenden Gespräche im Auto und auf der Wohnzimmercouch und bei aller Liebe zum Reisen: In erster Linie soll es mir bei diesem Abenteuer doch um eines gehen – ums Essen. In diesem Sinne: Guten Appetit!

BAYERN:

SCHWEINEREIEN MIT DON SCHÄUFELE

DIES IST ALSO DIE ERSTE MAHLZEIT MEINER KULINARI-SCHEN DEUTSCHLANDREISE – der Gedanke trifft mich so jäh, dass mir das Brezelstück im Hals stecken bleibt. Obwohl: Brezel ist eigentlich das falsche Wort für jenes bleiche, gummiartige Etwas, das mir die Verkäuferin dieser Erlanger Backstube vor einigen Minuten über den Tresen gereicht hat. Hastig greife ich zur Kaffeetasse, um die Brösel im Rachen hinunterzuspülen – und nebenbei etwas Geschmack in den Teigklumpen zu bringen. Doch auch hier Fehlanzeige: Diese bräunliche Brühe hat mit Kaffee ungefähr so viel zu tun wie Helmut Kohl mit Weight Watchers.

Dies ist also die erste Mahlzeit meiner kulinarischen Deutschlandreise – einer Reise, auf der ich doch eigentlich den Köstlichkeiten meines Heimatlandes nachspüren will? Auf der mein Gaumen täglich aufs Neue verwöhnt werden soll? Und jetzt das zum Start: eine labbrige Möchtegernbrezel und ein dünner Kaffee ohne Geschmack!

Ernüchtert würge ich das letzte Stück hinunter und blicke mich um. Zwei Männer sitzen an Plastiktischen, kauen lustlos auf undefinierbaren Backwaren und schlürfen Kaffee. Auf der einen Seite des Raums gibt die Glasfront den Blick auf die langen Regale eines Discounters frei, in dessen Vorraum sich die Bäckerei befindet. Auf der anderen Seite blicke ich auf einen Parkplatz, hinter dem sich das trostlose Industriegebiet von Erlangen erstreckt. Immerhin: Ich bin nicht mehr in München, wo ich heute Morgen meinen Rucksack geschultert habe – ohne Frühstück im Bauch. Was ich jetzt zutiefst bereue.

Aber beginnen wir noch einmal ganz von vorn, am Anfang. Heute Morgen. Da die Vorfreude auf meine Reise so groß ist, ziehe ich bereits um acht Uhr früh die Haustür hinter mir zu und stapfe in Richtung U-Bahn-Station. Von dort soll es in den Münchner Norden gehen, an die Auffahrt zur Autobahn 9 nach Nürnberg, dem ersten Etappenziel meiner Reise. Doch zuerst muss ich die Fahrt mit der U-Bahn hinter mich bringen, was an einem Donnerstagmorgen bedeutet: Gedränge in den Abteilen, hängende Köpfe, leere Gesichter, geballter Arbeitsfrust – und neidische Blicke auf mein Strahlen und den 15-Kilo-Rucksack, die beide eines verheißen: Urlaub!

Aber schon eine Stunde später hängen meine Mundwinkel tiefer als die der U-Bahn-Pendler; eine weitere Stunde später regt sich leise Panik in mir. Handgezählte 74 VW, 23 Audi, 34 Mercedes und – wir sind schließlich in Bayern – 64 BMW sowie rund 175 weitere Fahrzeuge sind an meinem ausgestreckten Daumen vorbeigedonnert. Enttäuscht starre ich durch den trüben Nieselregen auf die Straße; die Temperatur ist ähnlich frostig wie meine Stimmung, die anfängliche Anhaltereuphorie ist längst verflogen.

Bisher hat nur ein älterer Mann seinen weißen Lieferwagen neben meinem Rucksack zum Stehen gebracht. Voller Zuversicht eile ich ans Beifahrerfenster – und muss erst einmal warten, bis sich ein Gesicht im Zigarettenqualm abzeichnet.

Er: «Ich fahr'n bisschen auf der Autobahn. Soll ich dich mitnehmen?»

Ich: «Was heißt denn ‹ein bisschen›?»

Er: «Na, ein bisschen halt – aber nicht lange.»

Im weiteren Verlauf dieses tiefschürfenden Dialogs stellt sich heraus: Der Mann fährt nur bis zur übernächsten Ausfahrt. Ich lehne dankend ab – auch weil ich so früh am Morgen nicht gemacht bin für eine Überdosis Passivrauch. Zumindest nicht auf nüchternem Magen.

Und so warte ich nach zweieinhalb Stunden immer noch an der Autobahnauffahrt und verfluche mein Vorhaben, ausschließlich per Anhalter zu reisen. «So willst du Land und Leute kennenlernen?», murmle ich wütend. In schwachen Momenten neige ich zu Selbstgesprächen. «Das war ja eine prima Idee. Denn Leute wirst du reichlich sehen, wenn du heute Abend in die U-Bahn steigst und wieder nach Hause fährst. Per Anhalter nach Nürnberg? Wer zum Henker reist heute noch per Anhalter?»

Gerade als meine Selbstanklagen unter die Gürtellinie zu gehen drohen, hält ein winziger roter Ford auf dem Standstreifen. Ich lasse den Rucksack stehen und haste zum Wagen, während ein pechschwarzer Haarschopf hinter der Beifahrertür auftaucht. Ein junger Mann steigt aus, blickt mich lachend an und fragt in brüchigem Deutsch: «Herr Langen?»

«Nein, Herr Stäbler, du Witzbold», will ich antworten, verkneife es mir aber – zeitgleich fällt der Groschen. «Nach Erlangen! Ja, das wäre genial, denn ich muss nach Nürnberg. Und das ist ja gleich um die Ecke von Erlangen», sprudelt es aus mir heraus.

Der Blick ins Autoinnere lässt meine aus dem Koma erwachte Zuversicht jedoch wieder schwinden: Auf der Rückbank stapeln sich Koffer, Kisten und Kartons bis unters Wagendach. Und hier soll ich Platz finden? Von meinem Rucksack gar nicht zu reden.

«Da kriegen wir dich schon rein», sagt eine fremde Stimme.

Ich drehe mich um und blicke den Fahrer an, der inzwischen ebenfalls ausgestiegen ist: Er ist etwa zwei Köpfe kleiner und zehn Jahre älter als ich, rasierter Schädel, dunkler Rauschebart, wache Teddybäraugen. Er trägt ein langes muslimisches Gewand. Staunend verfolge ich, wie Yusuf¹ – so heißt der Fahrer – Koffer aus-, ein- und umräumt, sodass nach und nach Platz auf der Rückbank frei wird.

Ich steige ein und quetsche den Rucksack zwischen die Knie. Mein festes Vorhaben, vor jeder Anhalterfahrt eine Kurznachricht

1 Alle Namen von Fahrern sowie Couchsurfern wurden geändert.

mit dem Kennzeichen an eine Freundin zu schicken? In all der Aufregung vergessen. Yusuf dreht den Schlüssel um, der Motor springt an. Jetzt kann meine Reise losgehen: Adieu, Alltag – bonjour, Abenteuer!

«Aha, du nimmst also eine Art Auszeit», sagt Yusuf. Wir sind inzwischen längst auf der Autobahn; ich habe den beiden von meinen kulinarischen Reiseplänen erzählt. «Etwas Ähnliches rate ich auch Munir», fährt Yusuf fort und nickt in Richtung Beifahrersitz zu seinem Freund. «Ich sage ihm immer: Geh für drei oder vier Monate in die Moschee nach Pakistan – so wie ich es damals gemacht habe. Dort kannst du dich intensiv mit deiner Religion beschäftigen und lernen, was im Leben wirklich wichtig ist.»

Ich würde an dieser Stelle gern etwas anderes schreiben, aber prompt beginnt es in meinem Kopf zu rattern: Moslems, Moschee, Koranschule, Pakistan, Ausbildungslager, Al Kaida, Terror … Im Rückspiegel blickt mich Yusuf an: «Nicht, was du denkst», sagt er und grinst. Wie bei einer berstenden Scheibe breiten sich rund um seine Augen viele kleine Lachfalten aus. Doch schon im nächsten Moment wird Yusuf wieder ernst: «Wir sind keine Islamisten, sondern Pazifisten! Jeder Mensch soll so leben dürfen, wie er es will – solange er den anderen nichts tut.»

Beschämt ob meiner Vorurteile, lausche ich Yusuf, der von seinem Leben erzählt. Wie er in den achtziger Jahren aus Pakistan nach Deutschland kam, in Saarbrücken Informatik studierte und an den Wochenenden zum Vater nach Idar-Oberstein trampte. «Damals war ich es, der am Straßenrand gewartet hat. Und deshalb nehme ich heute Anhalter fast immer mit.» Zwei Stunden lang unterhalte ich mich mit Yusuf über Gott und die Welt – und das im Wortsinn. Zum Abschied gibt er mir einen Rat mit auf den Weg, an den ich in den kommenden Wochen immer wieder denken werde: «Ein kluger Mann hat mir einmal gesagt: Wenn du fremden Menschen mit Liebe im Herzen begegnest, dann wirst du auch Liebe zurückbekommen. Trägst du aber Hass im Herzen, erntest du Hass.»

In Erlangen verabschiede ich mich von Yusuf und Munir – doch unsere Begegnung schwirrt noch durch meinen Kopf, als ich gedankenverloren die erstbeste Bäckerei ansteuere. Immerhin ist es bereits Mittag, und ich habe heute noch nichts zwischen die Zähne bekommen. Ohne darüber nachzudenken, bestelle ich.

Eine Gummibrezel, einen Wasserkaffee und eine ernüchternde Geschmackserfahrung später stehe ich wieder auf dem Parkplatz und entdecke auf der anderen Straßenseite eine Bushaltestelle. Ob ich die letzten 15 Kilometer nach Nürnberg mit öffentlichen Verkehrsmitteln zurücklegen soll? Doch nur kurz spiele ich mit diesem Gedanken, schließlich war mein erstes Anhaltererlebnis so durchweg erfreulich, dass ich erneut mein Glück versuchen will. Nach einigen hundert Metern Fußweg stehe ich an der Schnellstraße nach Nürnberg – und zwar direkt an der Auffahrt, weil weit und breit keine Einbuchtung zu sehen ist. Ob hier je ein Auto anhalten wird?

Ich habe die Frage kaum zu Ende gedacht, da stoppt ein rostiger, brauner Opel neben meinem Daumen. Ich öffne die Beifahrertür, blicke hinein und werde von einem älteren Herrn angeherrscht: «Nun steigen Sie schon ein!»

Völlig perplex bringe ich nur ein leises «Nach Nürnberg?» heraus.

Leicht genervt blickt mich der Mann an und grummelt: «Ja, ja. Nun steigen Sie endlich ins Auto!»

Erst im Wagen komme ich dazu, meinen Fahrer näher zu betrachten. Herr Bachmüller – er hat sich sofort vorgestellt – dürfte jenseits der 70 sein, hat weiße Haare, Augenbrauen wie Schuhbürsten und ein zerfurchtes Gesicht. In seiner ausgebeulten Cordhose, dem Karohemd und der beigen Rentnerjacke kauert er hinter dem Lenkrad und schimpft: «Ja, pass halt auf, du Saukrüppel, du damischer!»

Ich fahre erschrocken zusammen – doch seine Worte gelten einem anderen Autofahrer. Der überholt uns gerade auf der Nebenspur, blickt hinüber und klopft seinen Zeigefinger an die Schläfe. Nicht ganz zu Unrecht, denn unser Opel hat ihn zuvor unsanft ausgebremst. «Was willst du denn, du Depp?», wütet Herr Bachmüller. Er interpretiert die Sache offenbar ein wenig anders. «Komm halt her, wenn du was brauchst!»

Ungleich wortkarger als im interautomobilen Dialog gibt sich Herr Bachmüller im Gespräch mit mir. Auf meine Fragen erhalte ich so kurze Antworten, als müsste er für jedes Wort bezahlen. Dennoch erzähle ich munter drauflos, von meiner Reise, von meinem ersten Ziel Nürnberg und vom fränkischen Schäufele, das ich dort zu speisen gedenke.

«Sie müssen Bratwürste essen!» Das ist sein einziger Kommentar – und er wirft ihn mir vor die Füße wie einem Löwen ein Stück Fleisch.

Also hake ich nach: Wo es in Nürnberg gute Bratwürste gebe?

«Weiß ich nicht», antwortet er unwirsch. «Ich bin erst vor einem Dreivierteljahr wieder nach Nürnberg gezogen. Mit meiner Frau. Die ist jetzt tot.»

Unser stockendes Gespräch kommt vollends zum Erliegen. Erst in Nürnberg würgt Herr Bachmüller wieder einen verbalen Fleischbrocken hoch: «Wo wollen Sie genau hin?»

Zaghaft sage ich etwas von Zentrum und Bahnhof – keine Reaktion. Und so kurven wir durch die Innenstadt, wobei Herr Bachmüller noch den einen oder anderen Nebenfahrer wüst beschimpft. Schließlich zirkelt er seinen Wagen in eine Parklücke.

«Sie kommen jetzt mit mir», fordert er mich auf. Es ist keine Bitte, sondern ein Befehl. «Wir gehen Bratwürste essen!»

Das Nein liegt mir schon auf der Zunge. Doch dann erinnere

ich mich an meinen Vorsatz für diese Reise: das Wort Nein so spärlich wie möglich zu gebrauchen. Und was soll schon passieren? Also steige ich aus, schwinge meinen Rucksack auf den Rücken und trotte schweigend neben Herrn Bachmüller her, der sichtlich Mühe mit dem Laufen hat. Dennoch hinkt er ohne Pause weiter; nur einmal bleibt er kurz stehen, mustert die Speisekarte eines italienisches Restaurants und murrt: «Hier sind jetzt überall Jugoslawen, Polen und Russen. Da findest du keine ordentliche Wirtschaft mehr.»

Ohne eine Antwort abzuwarten, dreht er sich um und steuert auf ein großes Steinhaus am Nürnberger Rathausplatz zu: das Bratwursthäusle. «Hier gibt's die besten Bratwürste in Nürnberg», brummt er beim Betreten der Gaststätte. Hat er zuvor nicht gesagt, er könne mir keine Wursttipps geben?

Drinnen werden wir vom Kellner herzlich begrüßt, doch das scheint Herrn Bachmüller ebenso wenig zu behagen wie italienische Lokale. «Für zwei!», faucht er den jungen Mann an. Offenbar entstammt mein Kompagnon einer Zeit, in der Höflichkeit gegenüber Jüngeren nicht gerade en vogue war. Doch der Kellner lässt sich nichts anmerken und führt uns zu einem Tisch direkt neben dem offenen Buchenholzgrill, wo lange Reihen von Rostbratwürsten über den Flammen brutzeln.

«Sie essen Bratwürste. Ich lade Sie ein.» Zwei weitere Schüsse aus der Bachmüller'schen Hauptsatzpistole.

Ich will mich wortreich bedanken, doch kaum haben wir unsere Bestellung aufgegeben, steht Herr Bachmüller schon wieder auf.

«Rauchen», bellt er und schlurft in Richtung Ausgang.

Erst jetzt komme ich dazu, meine Umgebung zu begutachten. In der Mitte des Raumes thront der mächtige Grill, an dem drei Männer im Akkord Würste wenden. An den Holztischen darum herum sitzen überwiegend Touristen aus aller Welt und fotografieren abwechselnd die Grillmeister, sich selbst und die Würste, die auf klappernden Zinntellern serviert werden. Eine Kellnerin schlängelt sich durch den Grilldunst und um eine Gruppe Asiaten, die auf ihre «Würste im Weckla» zum Mitnehmen warten. Immerhin: Am Nebentisch höre ich eine tieffränkische Stimme über den «Glubb» zetern, wie Nürnbergs Fußballverein hier genannt wird. Es verkehren also auch Einheimische im Bratwursthäusle.

Zeitgleich mit dem Essen taucht Herr Bachmüller wieder am Tisch auf. Schweigend kauen wir unsere Würste – er mit Kartoffelsalat und Meerrettich, ich mit Krautsalat und Senf. Dazu gibt's Bier von der Nürnberger Tucher-Brauerei. Die mittelfingerlangen Bratwürste schmecken herrlich würzig, das Buchenholzaroma zerfließt förmlich auf der Zunge. Dies hätte die erste Mahlzeit meiner Reise sein sollen, denke ich wehmütig und will Herrn Bachmüller von meinem Brezelreinfall erzählen.

Doch gerade als ich ansetze, tönt mir ein schneidiges «Rauchen!» entgegen – und mein Gegenüber lässt mich erneut allein sitzen. Unweigerlich muss ich grinsen: Irgendwie habe ich diesen alten Kauz ins Herz geschlossen. Und auch wenn er es nicht zeigt, könnte es ihm ja ähnlich gehen. Na ja, vielleicht.

Als hätte er meine Gedanken erraten, bietet Herr Bachmüller, kaum an den Tisch zurückgekehrt, eine letzte Kostprobe seines Charmes dar. Wortlos hält er dem Kellner die Kreditkarte hin, worauf dieser höflich entgegnet, dass man damit im Bratwursthäusle nicht bezahlen könne.

«Keine Kreditkarte?», schnaubt Herr Bachmüller und blickt den hilflosen Mann an, als hätte dieser unflätigst seine Mutter beleidigt. «Eine Frechheit ist das! Richten Sie das gefälligst Ihrem Chef aus. Unmöglich!» Leise fluchend kramt er einen Zwanziger aus dem Portemonnaie und bezahlt – ohne einen Cent Trinkgeld.

Kurz darauf stehen wir auf der Terrasse vor dem Gasthaus.

Herr Bachmüller hat sich ein zweites Bier geholt, eine dritte Zigarette gezückt und will offenbar noch länger bleiben. Mit geschultertem Rucksack stehe ich ihm gegenüber und bedanke mich erneut für die Einladung.

Ohne eine Antwort mustert er mich von oben bis unten und sagt – natürlich im Befehlston: «Sie sind jetzt entlassen.»

Irritiert trotte ich davon, bleibe nach 30 Metern noch einmal stehen und blicke zu Herrn Bachmüller zurück. Zaghaft hebe ich die Hand, winke zum Abschied – und genau in diesem Moment huscht ein Lächeln über sein Gesicht.

Oder zumindest bilde ich mir das aus der Ferne ein.

«Patrik? Komm hoch!», knarzt Markus' Stimme aus der Gegensprechanlage.

Ich stehe vor einem Mietshaus im Zentrum von Nürnberg; hier werde ich meine erste Nacht auf Reisen verbringen – bei Markus, den ich noch nie im Leben getroffen habe. Nach meinen Erlebnissen mit Yusuf und Herrn Bachmüller erwarte ich einen glatzköpfigen, von Zeh bis Stirn tätowierten Rockmusiker, der in seiner Freizeit mit bewusstseinserweiternden Drogen experimentiert. Mindestens.

Doch weit gefehlt: An der Haustür wartet ein gepflegter Mann Ende 20, groß, schlank, dunkle Haare, kräftiger Händedruck, eine Art fränkischer Tom Cruise – und nüchtern, soweit ich das erkennen kann. Mit zwei jungen Frauen lebt Markus in einer Studenten-WG und ist seit fünf Jahren Mitglied der Internetseite Couchsurfing, über die ich ihn kontaktiert habe. Ich selbst bin dort erst seit wenigen Tagen angemeldet. Zwar kannte ich das Netzwerk schon länger, doch es aktiv zu nutzen habe ich vor dieser Reise nie erwogen – auch weil ich, ehrlich gesagt, Bedenken wegen der Sicherheit hatte. Denn Couchsurfing basiert auf dem gegenseitigen Vertrauen der Mitglieder. Sie bieten anderen Nutzern auf

Reisen eine kostenlose Unterkunft bei sich zu Hause an – oft auf der Couch, daher der Name.

Noch am heimischen Rechner habe ich auf der Couchsurfing-Website nach Mitgliedern in Nürnberg gesucht – und bin auf Markus gestoßen. Sein Profil ist mir sofort sympathisch, sodass ich ihm eine Anfrage schicke und von meinen Reiseplänen berichte. Keine 24 Stunden später kommt die Zusage: «In puncto Übernachtung darfst du Gemütlichkeit, aber keinen Luxus erwarten», schreibt Markus. «Beklagt hat sich jedenfalls noch keine/r.»

«Aber ist es nicht gefährlich, fremde Menschen bei sich übernachten zu lassen?» Diese Frage stelle ich Markus, als wir kurz nach meinem Eintreffen in seiner Lieblingskneipe vor einem herrlich süffigen, fränkischen Landbier sitzen.

«Das fragen viele», antwortet er. «Doch ich habe nur positive Erfahrungen gemacht. Auf Reisen hat es mir die Möglichkeit gegeben, Orte nicht nur aus der Touristenperspektive zu erleben, sondern auch aus der Sicht von Einheimischen.» Später habe er dann angefangen, Couchsurfer bei sich aufzunehmen. «Dadurch habe ich tolle Menschen getroffen und fremde Länder besser kennengelernt», sagt Markus. Denn hinter «Couchsurfing» verbirgt sich eine internationale Organisation mit weltweit über fünf Millionen Mitgliedern, davon rund 500 000 in Deutschland.

Nach dem zweiten Landbier kehren wir zurück in Markus' WG-Zimmer. Dort klappt er die Couch aus: meinen Schlafplatz für die kommenden Nächte. Ich rolle meinen Schlafsack darauf aus, krieche hinein und werfe einen verstohlenen Blick in Richtung Bett, wo Markus bereits im Wegdämmern ist. So sympathisch ich meinen Couchsurfing-Gastgeber finde: Irgendwie ist mir dennoch mulmig, bei einem fremden Menschen im Zimmer zu nächtigen. Doch das Gefühl hält nicht lange an, denn schon bald schlafe ich tief, fest und traumlos – ermattet von den Erlebnissen meines ersten Reisetages.

Am nächsten Morgen verabschiedet sich Markus zeitig in die Unibibliothek – und drückt mir seinen Hausschlüssel in die Hand. «Bedien dich in der Küche, mach dir Kaffee, fühl dich wie zu Hause», ermuntert er mich. «Wir sehen uns heute Abend.»

Beschämt ob meines Misstrauens vom Vorabend murmle ich leise «Danke schön» und drehe mich noch einmal um. Mein Körper sinkt tief in die durchgelegene Couch. Markus hatte recht: Luxus ist anders, aber beschweren werde auch ich mich nicht.

Als ich das nächste Mal die Augen öffne, ist es bereits später Vormittag. Eilig packe ich meine Sachen und haste in die Innenstadt – schließlich will ich noch etwas von Nürnberg sehen, ehe das fränkische Schäufele auf mich wartet. Denn die 500 000-Einwohner-Stadt ist auf jeden Fall einen Besuch wert – und das auch außerhalb der Weihnachtszeit, wenn der weltbekannte Christkindlesmarkt die Touristenmassen anlockt.

Von der prächtigen Frauenkirche wandere ich über den Hauptmarkt dorthin, wo ich gestern von Herrn Bachmüller entlassen wurde. Halb erwarte ich, dass er immer noch dort steht, an seinem zigsten Bier nippt, eine Zigarette qualmt und den Kellner beleidigt. Doch vor dem Bratwursthäusle drängen sich nur Touristen, die dem liebsten Touristenhobby frönen: sich in albernen Posen gegenseitig zu fotografieren. Von Herrn Bachmüller keine Spur.

Widerstrebend entscheide ich mich gegen eine Pause mit «Drei im Weckla» und marschiere zur Kaiserburg. Oben angekommen bietet sich eine tolle Aussicht auf die Altstadt. Über den Ölberg laufe ich wieder hinunter ins Tal und biege zum Albrecht-Dürer-Haus ab. Der Maler ist in Nürnberg geboren und gestorben, weshalb die Stadt ihn mit einem Museum würdigt. Völlig zu Recht – doch je länger ich durch das Viertel flaniere, desto mehr beschleicht mich das Gefühl, dass die Verehrung womöglich einen Tick zu weit geht. So passiere ich auf dem Weg zum Museum das

Wirtshaus Zum Albrecht-Dürer-Haus, ein Albrecht-Dürer-Hotel, die Albrecht-Dürer-Töpferei und die Albrecht-Dürer-Klause, wo selbstredend ein Albrecht-Dürer-Bier auf der Speisekarte steht. Gern würde ich berichten, wie dieser Künstlertrunk mundet. Allein der große Name war wohl nicht genug, denn die Klause ist mittlerweile geschlossen; wo früher Tische und Stühle standen, liegt heute Bauschutt.

Womöglich ist der Besitzer der Klause einem grandiosen Irrtum aufgesessen, denn nach wenigen Schritten auf der Albrecht-Dürer-Straße stoße ich im Albrecht-Dürer-Hof auf die Albrecht-Dürer-Weinhandlung. War der Maler also nicht dem Gersten-, sondern dem Rebensaft zugetan? Meine Verwirrung ist komplett, als ich ein paar Häuser weiter die Albrecht-Dürer-Stube entdecke, laut Aushang ein Bier-Wein-Restaurant. Dürer, ein hemmungsloser Schluckspecht?

Ich will den berühmten Maler nur noch hinter mir lassen – doch das ist leichter gedacht als getan. Kaum habe ich die Albrecht-Dürer-Straße verlassen und bin um zwei Ecken gebogen, da stehe ich auch schon auf dem Albrecht-Dürer-Platz, den eine überlebensgroße Albrecht-Dürer-Statue ziert. Mein Blick wandert vom Bronze-Dürer zum «Ärztehaus am Albrecht-Dürer-Platz» und weiter zur «Landeskirchlichen Gemeinschaft am Dürer». Nur ein kleiner Blumenladen hat es mit dem Namen «Blumenfee» versucht – offenbar ohne Erfolg, denn das Geschäft steht leer. Ich bin zwar erst seit einem Tag in der Stadt, würde aber jede Wette eingehen: An dieser Stelle eröffnet bald ein Albrecht-Dürer-Blumenladen. Mit Albrecht-Dürer-Muttertagsstrauß zu 8,99 Euro.

Mit diesen Gedanken sage ich Albrecht Dürer Lebewohl und wende mich den wirklich wichtigen Dingen zu – dem Essen. Schließlich bin ich in Nürnberg, um einem Traditionsgericht nachzuspüren. Und wo ginge das besser als bei den «Freunden des Fränkischen Schäufele», einem Verein, auf dessen Website ich bei meiner Recherche gestoßen bin. Das Hauptquartier der rund 40 Fleischliebhaber ist die – kein Tippfehler – Schäufelewärtschaft in der Schweiggerstraße. Ein Reihenhaus neben einem Sportladen und eher unscheinbar, hinge da nicht ein Wimpel an der Fassade. Darauf ein grinsendes, geflecktes Schwein und die Worte: «Sau, Sau, hurra!»

Der rustikale Touch setzt sich im Innern der Wärtschaft fort: Auf den Holztischen stehen Reservierungstafeln in Schweineform, der Gläserschrank wird von einem lächelnden Keramikschwein bewacht, auf der umlaufenden Eckbank liegen Schweine-Sitzkissen, und auf dem wuchtigen Steintresen thront ein Vereinswimpel, den ein grinsendes Ferkel ziert. Das alles registriere ich jedoch nur am Rande, denn mein ist Blick gefesselt von drei Bildern, die im offenen Teil der Stube an der Wand hängen.

Nein, falsch geraten, sie entstammen nicht einer späten Schaffensphase Albrecht Dürers, vielmehr sind es fenstergroße Fotos von – Schweinen. Quicklebendigen Schweinen, die glücklich in die Kamera äugen oder sich im Matsch suhlen. Ihr knopfäugiger Blick ruht auf Menschen, die gerade ihre Artgenossen verzehren – gebraten mit Kartoffelkloß.

«Hier vor den Bildern saß einmal eine Familie mit Kindern», erzählt mir Holger Meesmann nach der Begrüßung. Der Chef der Schäufelefreunde ist im Hauptberuf Architekt, betreibt sein Büro über der Wärtschaft und hat sich in der Mittagspause Zeit für mich genommen. «Die Tochter hat die Schweinefotos gesehen, danach auf ihren Teller geschaut und zu ihrer Mutter gesagt: Das esse ich nicht», fährt Meesmann fort. «Da hat die Mutter sie einfach auf die andere Seite des Tisches gesetzt, mit dem Rücken zu den Bildern. Dann war Ruhe – und das Kind hat sein Schäufele brav aufgegessen.»

Mein Blick wandert von dem Schweinefoto zurück zu Meesmann – «Don Schäufele», wie sich der Präsident der Schäufele-freunde nennt. Dabei hat der Architekt nichts von einem Mafia-boss, ganz im Gegenteil: Statt schwarzen Anzugs trägt Meesmann Jeans zum karierten Hemd, trinkt Apfelschorle und ist mit sei-ner zurückhaltenden, ruhigen Art ein äußerst angenehmer Ge-sprächspartner.

«Wir haben den Verein vor zwölf Jahren gegründet», erinnert sich Don Schäufele an die Anfänge. «Aus Spaß, mit einem Au-genzwinkern, und weil wir dem fränkischen Schäufele zu mehr Aufmerksamkeit verhelfen wollten.»

Das haben die Schäufelefreunde zweifelsfrei geschafft. Was als lose Stammtischrunde begonnen hat, ist inzwischen bekannt in ganz Nürnberg und darüber hinaus. Mit ihrem mobilen Imbiss-wagen «Schorsch» sind die Mitglieder bei Festen vertreten, me-dienwirksam setzen sie bayerischen Politikern ihr Schäufele vor, und auch beim jährlichen Fastnachtsumzug darf das Grüppchen nicht fehlen.

«Die beste Idee hatten wir 2003», erzählt Meesmann. «Das war kurz vor dem Irakkrieg. Wir haben beim Umzug statt Kamellen mehr als 1000 Miniklöße an die Zuschauer verteilt. Unser Motto war: Make Klöß, not war.»

Bei allem Spaß geht es den Schäufelefreunden aber in erster Linie um den Erhalt einer fränkischen Tradition. So haben sie ei-nen Schäufeleführer herausgegeben, der auf 97 Seiten alle Fragen rund um das Gericht beantwortet: etwa, wie ein Schwein lebt, be-vor es in gebratener Form auf dem Teller landet, oder wo man in Franken überhaupt ein ordentliches Schäufele bekommt. «Zwi-schen Coburg im Norden und Weißenburg im Süden erstreckt sich das Schäufeleland», erklärt Meesmann, der weite Teile des Buches selbst geschrieben hat. «Doch schon zehn Kilometer au-ßerhalb beginnt die schäufelefreie Zone.»

Nur eine halbe Seite im Schäufeleführer ist dem Rivalen aus

dem Südwesten der Republik gewidmet: dem badischen Schäufele. Holger Meesmann rümpft bei dem Thema verächtlich die Nase: «Das wird erst gepökelt und dann gegart. Das hat mit unserem leckeren Schäufele überhaupt nichts zu tun.» Denn das fränkische Schäufele ist ein Braten. Es stammt aus der Schulter des Schweins und wird komplett mit Knochen zubereitet und serviert. Die Form des Knochens erinnert an eine kleine Schaufel, daher der Name.

Liebhaber des Gerichts achten besonders auf die Fettschwarte. Sie wird im Backofen knusprig, wirft Bläschen und ist für jeden Schäufelefreund ein Hochgenuss. Als Beilage gibt es einen Kartoffelkloß – «nicht Knödel», wie mich Meesmann mehrfach korrigiert. Das Ganze schwimmt dann in reichlich Bratensoße; und dazu trinkt man eigentlich keine Apfelschorle, sondern: «Wer wird's schon zähl'n / noch drei, vier Bier zum Runterspül'n.» So singt es der Nürnberger Liedermacher Max Kerner in seinem Lied «Schäufele mit Soß» – der inoffiziellen Hymne der Schäufelefreunde.

Um möglichst viele Franken für das Gericht zu begeistern, steht im Schäufeleführer eine Liste mit Gaststätten, die ein besonders schmackhaftes Schäufele servieren. Und dann gibt es seit 2006 noch das vereinseigene Lokal: die Schäufelewärtschaft.

«Bevor wir das Haus gekauft haben, war das hier eine üble Kaschemme», erzählt Meesmann. Doch mit Hilfe der Mitglieder entstand in nur dreimonatiger Umbauzeit eine traditionelle Wirtschaft im besten Sinne. Auf der Karte finden sich fränkische Biere, regionale Spezialitäten und natürlich das Aushängeschild: fränkisches Schäufele – «mit Kloß und Soß» für 7,90 Euro oder als kleine Portion «für Bleistiftspitzer und Bürohengste mit Kloß und a weng Soß» für 6,20 Euro.

Betrieben wird die Schäufelewärtschaft von Vereinsmitgliedern – und das mit Erfolg, wie Meesmann sagt: «Am Anfang haben wir rote Zahlen geschrieben, doch inzwischen läuft es so gut, dass wir über einen Ausbau nachdenken.»

Ich frage ihn nach seinen Zukunftsplänen. «Vielleicht könnten wir ein Franchise-Unternehmen aufziehen», antwortet Meesmann, «um das Schäufele in die USA und nach China zu bringen.»

Der Architekt grinst schelmisch – doch mir entgeht die Ironie seiner Worte. Denn ich bin abgelenkt von einem kleinen Fleischberg, den die Kellnerin soeben vor meine Nase gestellt hat. Er thront auf einem Teller, daneben ein pampelmusengroßer Kartoffelknödel, äh, Kloß, in einem braunen Soßensee.

Unter der fachgerechten Anleitung von Meesmann nehme ich mein fränkisches Schäufele auseinander. «Zuerst vorsichtig die Kruste abtrennen», rät er. «Die essen Sie sofort, denn heiß schmeckt sie am besten.» Seine Worte gehen im Krachen der Kruste unter, die ich genüsslich zerbeiße. Sie schmeckt so würzig und knusprig, dass ich am liebsten das Fleisch zurückgeben und stattdessen einen Teller nur mit Kruste bestellen würde.

Dann ist das sogenannte Bürgermeisterstück an der Reihe, fährt Meesmann fort, also der Part an der Innenseite des Knochens. Das Fleisch ist zugleich saftig, unglaublich zart und geschmacksintensiv. Selig kaue ich vor mich hin, halte immer wieder inne, um den Geschmack auszukosten, und höre nur mit einem Ohr, als der oberste Schäufelefreund weiterspricht: «Das Schäufele sollte sich mühelos vom Knochen lösen und eine leicht rosarote Farbe haben.» Meesmann erzählt von Faserstrukturen, Fleischschnitten und Garmethoden – doch ich höre ihm bald überhaupt nicht mehr zu. Stattdessen verputze ich unter leisen Begeisterungsseufzern das 400 Gramm schwere Schäufele, dazu den 220-Gramm-Kloß mit Soße – knapp 1000 Kalorien, wie ich später dem Schäufeleführer entnehme. Am folgenden Tag wird das Sättigungsgefühl bis zum Nachmittag anhalten, und ich werde schweren Herzens einen großen Bogen um alle Nürnberger Wurstbuden machen.

Jetzt und hier aber schwöre ich dem fränkischen Schäufele bedenkenlos ewige Treue und trete – zumindest in Gedanken – auf der Stelle den Schäufelefreunden bei. Doch anstatt mir einen Mitgliedsantrag unter die Nase zu halten, verabschiedet sich Holger Meesmann und wünscht mir alles Gute für meine Reise. Rückblickend wahrscheinlich eine weise Entscheidung, lese ich doch später im Schäufeleführer von der perfiden Aufnahmeprozedur für Neumitglieder. So muss ein Frischling zunächst vor versammelter Mannschaft beantworten, von welchem Tier und Körperteil das Schäufele stammt. Das würde ich wohl so eben noch hinbekommen. Danach aber wartet auf den Neuen eine zweite Aufgabe – zum Beispiel, das Frankenlied zu singen. Und ganz abgesehen davon, dass ich weder Text noch Melodie kenne: Gesang und ich harmonieren ungefähr so gut wie die Schäufelefreunde und ein Vegetarierstammtisch.

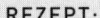

REZEPT:

FRÄNKISCHES SCHÄUFELE MIT KLOSS
(für 4 Personen)

Zutaten Schäufele

2 ca. 1,5 kg schwere Schweineschultern mit Knochen und Schwarte (Portionsgröße ist die halbe Schulter; der Schulterknochen wird dazu längs geteilt)

4 Zwiebeln

3 Knoblauchzehen nach Bedarf

2 TL Pfeffer

4 TL Salz

2 TL Kümmel (ganz und gemahlen)

2 TL Kartoffelmehl

1,2 l Wasser oder Fleischbrühe

Dunkelbier nach Bedarf

Zutaten Kartoffelklöße

2 kg Kartoffeln

250 ml Wasser oder Milch

2 TL Salz

2 Scheiben geröstetes Weißbrot

Petersilie

Zubereitung Schäufele

1. *Fleischstücke waschen und abtrocknen. Schwarte jeweils mit einem scharfen Messer rautenförmig in einem Abstand von ca. 0,5 Zentimeter einschneiden. Fleisch von allen Seiten kräftig mit Pfeffer, Salz und gemahlenem Kümmel würzen (Schwarte nur mit etwas Salz).*

2. *Schäufele mit der Fettschwarte nach oben auf ein Bratblech legen und 1 Schöpflöffel Wasser/Brühe hinzugeben. Das Blech in den vorgeheizten Backofen schieben und bei 200–220 °C ca. 30–45 Minuten braten.*

3. *Zwiebeln in grobe Scheiben schneiden, nach Geschmack Knoblauchzehen schälen und den erhitzten Rest von Wasser/Brühe hinzugeben.*

4. *Fleisch alle 20–30 Minuten mit der entstandenen Soße begießen, wobei allein die Schwarte nicht befeuchtet wird. Nach etwa 3 Stunden Gesamtbratzeit sind die Schäufele fertig, wenn sich das Fleisch leicht vom Knochen lösen lässt.*

5. *Soße durch ein Sieb passieren und mit etwas Kartoffelmehl andicken, eventuell mit Salz und Pfeffer nachwürzen. Nach Geschmack kann die Soße mit Dunkelbier und/oder Knoblauch verfeinert werden.*

Zubereitung Kartoffelklöße

1. *Rohe Kartoffeln waschen und schälen.*
2. *1/3 der Kartoffeln in Salzwasser garen, die übrigen roh in eine Schüssel reiben und mit etwas Wasser übergießen. Kurz stehen lassen und danach die gekochten Kartoffeln ebenfalls in die Schüssel reiben.*
3. *Die gesamte Masse in einem Tuch pressen und die Flüssigkeit auffangen. Hierin setzt sich die Kartoffelstärke ab, die man dem Teig wieder hinzufügt.*
4. *Wasser/Milch und Salz hinzugeben und die Masse zu einem Brei verkneten. Weißbrot in Stücke schneiden.*
5. *Mit nassen Händen aus dem Teig Klöße in Apfelgröße formen und in jeden 2–3 Brotstückchen drücken.*
6. *Klöße in einen großen Topf mit siedendem Salzwasser geben und etwa 20 Minuten sieden lassen. Sobald die Klöße an der Oberfläche schwimmen, sind sie fertig. Vor dem Servieren mit etwas Petersilie garnieren.*

Das Rezept stammt von den Freunden des Fränkischen Schäufele.

THÜRINGEN:
IM REICH DES MUTZBRATENKÖNIGS

«DIE ACHT SCHÄTZE DES SHAOLIN». VERWUNDERT KNEIFE ICH DIE AUGEN ZUSAMMEN. Steht das tatsächlich dort an der Fassade? Oder ist es nur eine Halluzination kurz vor dem Nervenzusammenbruch? Überraschen würde es mich nicht, denn hinter mir liegen die grausamsten fünf Stunden meines Anhalterlebens.

«Jungbrunnen». «Wüstenblume». Was haben solche Wörter an einer Gebäudewand im oberfränkischen Niemandsland verloren? «Venezianische Rose». «Kirschenmichel». Ratlos stehe ich an der Autobahnauffahrt Scheßlitz unweit von Bamberg und starre auf den Fabrikbau auf der anderen Straßenseite – und die mysteriösen Begriffe. Da entdecke ich ein Logo, darunter die Aufschrift «Taste the Tea» – und plötzlich geht ein Licht auf in meinem sonnenverbrannten Kopf: Das Gebäude beherbergt eine Teefabrik, und die Kirschenmichels, Venedigrosen und Shaolinschätze sind Namen von Teesorten.

Ob es wohl einen Beruf für so etwas gibt? «Grüß Gott, ich bin Frank Huber, Teesortennamenerfinder.» Und wie Frank Huber in seinem Teesortennamenerfinderbüro auf solche Kreationen kommt? «Ich nenne ihn Grüntee», murmelt Frank Huber und lehnt sich im Schreibtischstuhl zurück. «Nein: Asiatischer Grüntee, er kommt schließlich aus China oder irgendwo da aus der Ecke. Stopp: Schatz aus Asien – das klingt edler und geheimnisvoller. Oder noch besser: Acht Schätze aus Asien. Wir wollen ja nicht knausrig sein.» Frank Huber nickt zufrieden, nippt an seiner Tasse und zuckt zusammen. «Halt! Stopp! Ich hab's! Die acht Schätze des Shaolin! Klingt asiatisch, beruhigend und erhaben. Mit einem Hauch Exzentrik und einer Prise Verwegenheit. Perfekt!»

Vor meinem geistigen Auge tauchen weitere Teenamen auf – «Herkuleskraft des Minzblättchens», «Ritter des Rooibosstrauchs» oder «Ali Baba und die 40 Heilkräuter» –, da biegt plötzlich ein Auto um die Ecke. Geistesgegenwärtig reiße ich die Hand aus der Hosentasche, setze einen verzweifelten Gesichtsausdruck auf und recke den Daumen in die Luft. Vergeblich: Der Kombi prescht vorbei und biegt auf die Autobahn ein.

Enttäuscht lasse ich meinen Arm sinken und blicke auf die geschwungenen Buchstaben der «Venezianischen Rose». Ob an diesem trostlosen Ort jemals ein Auto hält? Mich aus der Tee-hölle befreit und nach Thüringen mitnimmt? Keine 20 Kilometer habe ich heute per Anhalter zurückgelegt. Und das, obwohl ich vor fünf Stunden in Bamberg aufgebrochen bin – ausgerechnet jener Stadt, die mir so viel Spaß gemacht hat.

Dabei stand Bamberg ursprünglich gar nicht auf meinem Speiseplan. Doch zum einen erschien mir der Weg von Nürnberg bis nach Thüringen, dem nächsten Bundesland meiner Reise, et-was lang für einen noch ungeübten Anhalter. Und zum anderen hatte mir mein Couchsurfing-Gastgeber Markus eine Bamberger Spezialität empfohlen: das Rauchbier.

«Nach dem dritten schmeckt's», pflegen Einheimische über ihr berühmtes Getränk zu sagen. Eine freundliche Umschreibung für: «Unser Rauchbier ist äußerst gewöhnungsbedürftig.» Tatsächlich fällt mir beim ersten Schluck im Bamberger Traditionswirtshaus Schlenkerla fast der Krug aus der Hand. Denn dieses dunkel-braune Gebräu hat mit Bier, so wie ich es kenne, wenig gemein. Vielmehr erinnert der Geschmack an flüssigen Schinken, was an dem Malz liegt, das vor dem Brauen über Holz geräuchert wird.

Nun mag das Bamberger Rauchbier wirklich nach dem dritten munden – allerdings nur, wenn man die drei Gläser binnen einer halben Stunde runterschüttet und so seine Geschmacksnerven betäubt. Trinkt man das Rauchbier aber in halbwegs vernünftigen

Maßen, schmeckt es meines Erachtens kaum besser als Bananenweizen oder Berliner Weiße. Kurz gesagt: Vergessen wir's.

Anders verhält es sich da mit einem Gericht, von dem ich bis dato noch nie gehört habe, das mir meine Bamberger Couchsurfing-Gastgeberin aber ans Herz legt: die Bamberger Zwiebel. Sie gilt als Traditionsgericht der fränkischen Stadt, deren Bewohner scherzhaft Zwiebeltreter genannt werden. Dennoch muss ich lange suchen, ehe ich das Gericht auf einer Speisekarte in der Innenstadt entdecke.

Fündig werde ich erst im Scheiners am Dom, wo ich eine tennisballgroße Gemüsezwiebel vorgesetzt bekomme. Sie ist gefüllt mit Hackfleisch, wird im Backofen geschmort und in einem See aus Biersoße mit Kartoffelpüree und gebratenem Speck serviert. Nun harmonieren Hackfleisch und Zwiebeln meinen Geschmacksnerven zufolge ohnehin so gut wie Bud Spencer und Terence Hill. Doch diese Bamberger Variante übertrifft meine Erwartungen sogar noch: Durch das lange Backen bleibt das Zwiebelaroma angenehm dezent und passt hervorragend zu dem deftig gewürzten Hackfleisch und der schweren Soße. Und auch wenn gebratener Speck auf den ersten Blick als Beilage irritiert: Seine salzige Note ist die ideale Ergänzung zu der Zwiebel, die ich binnen einer Viertelstunde restlos verputze. Erst danach widme ich mich meinem Getränk, einem ebenso dunklen wie köstlichen Bamberger Bier – rauchfrei, wie ich dankbar feststelle.

Auch jenseits der Zwiebel erweist sich Bamberg als fast schon schmerzhaft hübsche Stadt: Auf sieben Hügeln erbaut, verfügt das «fränkische Rom» über eine im Krieg nahezu unversehrt gebliebene Altstadt, in der sich mehr als 1200 Baudenkmäler drängen. Staunend wandere ich vom glanzvollen Dom hinunter zum Alten Rathaus, das auf einer künstlichen Insel inmitten des Flusses Regnitz thront – angeblich, weil der Bamberger Bischof den Bürgern kein Land für den Bau abtreten wollte.

Doch die Stadt bietet nicht nur Architekturfans, sondern auch Bierenthusiasten reichlich Stoff. Denn in Bamberg gibt es nicht weniger als acht Brauereien – mit teils vorzüglichen Kreationen. Und so wabert am nächsten Morgen, als ich in aller Frühe zur Weiterreise aufbreche, eine Bier-Zwiebel-Wolke hinter mir her. Am Stadtrand nahe der Auffahrt zur A70 beziehe ich meinen Posten an einer Bushaltestelle. Mein heutiges Ziel ist das 200 Kilometer entfernte Altenburg in Thüringen, das ich im besten Fall zur Mittagszeit erreichen könnte. Denke ich – und lag selten so daneben.

Denn obwohl mein Platz ideal zum Stoppen ist, obwohl ganze Wagenkolonnen vorbeiziehen und obwohl die Sonne strahlt, was die Autofahrerlaune heben sollte – trotz alldem warte ich lange vergeblich. Zwar hält ein halbes Dutzend Wagen, doch kein einziger ist in meine Richtung unterwegs. Wieder und wieder krame ich die Karte hervor, um mich zu überzeugen, dass es diese Autobahn wirklich gibt. Am Ende komme ich zu dem Schluss: Entweder halte ich einen Fehldruck in den Händen, oder jene A70 zwischen Bamberg und Bayreuth ist die am wenigsten befahrene Schnellstraße der Republik.

Nach 800 Autos und vier Stunden in der prallen Sonne reißt mein Geduldsfaden. Ohne nachzudenken, steige ich in den erstbesten Wagen, obwohl der Fahrer ankündigt, mich nur bis zur nächsten Ausfahrt mitnehmen zu wollen. Da kann es kaum schlimmer sein als hier, denke ich – mein zweiter grandioser Irrtum an diesem Tag. Denn dort erwartet mich die Anhalterhölle: eine kurze, enge Auffahrt, dahinter eine zweispurige Landstraße, auf der die Autos mit 70 Stundenkilometern dahinbrettern, rechts und links Leitplanken. Bedeutet: Für Tramper ist dieser Fleck so geeignet wie ein doppelter Espresso als Einschlafhilfe.

Nervös tigere ich die Landstraße hoch und runter – nirgendwo eine Einbuchtung, nirgendwo ein Parkplatz, ja nicht einmal eine

Tankstelle gibt es, wo ich meine Laune mit Schokolade und irgendeinem Zuckerwasser aufhellen könnte. Und als wäre das nicht genug, brennt die Sonne vom Himmel. Unter dem Rucksack ist mein Hemd längst klitschnass.

In meiner Verzweiflung stapfe ich zurück zur Autobahnauffahrt, stelle mich auf den Grünstreifen vor die Ampel und spreche abbiegende Fahrer während der Rotphasen durchs Fenster an. Doch vergeblich: «Ich fahre nur bis zur nächsten Ausfahrt», «Das ist ein Firmenwagen», «Mein Mann hat mir verboten, Anhalter mitzunehmen», «Hau ab, du Penner!» – die Bandbreite an Ausflüchten ist erstaunlich. Krönender Höhepunkt ist eine Mutter, die mit dem Daumen über ihre Schulter zeigt: «Meine Tochter übergibt sich gerade. Wir müssen schnell weiter.» Und tatsächlich: Auf dem Rücksitz kauert ein bleiches Mädchen, das sich zitternd eine Plastiktüte vor den Mund hält.

Spätestens da ist auch mir zum Kotzen. Nach einer erniedrigenden halben Stunde verlasse ich den Grünstreifen und setze mich abgekämpft auf die Leitplanke. Immerhin könnte heute erstmals mein Zelt zum Einsatz kommen, das ich seit München mit mir herumschleppe, denke ich in einem Anflug von Sarkasmus.

Da höre ich plötzlich eine Stimme: «Steig ein. Ich habe dich schon vor einer Stunde hier stehen sehen. Ich fahre zwar nur bis zur nächsten Ausfahrt, aber vielleicht hast du da mehr Glück.»

Erstaunt blicke ich auf einen Lieferwagen, der unmittelbar neben mir angehalten hat, und den Fahrer, einen jungen Burschen im Blaumann mit schulterlangen Haaren. Im nächsten Moment sitze ich auf dem Beifahrersitz, und wir sind auf der Autobahn.

«Ich nehme Anhalter immer mit und trampe selbst viel», erzählt der Langhaarige in breitestem Fränkisch. «Aber leider werde ich nicht so oft mitgenommen.» Er dreht sich zu mir und lacht: «Ich sehe halt nicht so normal aus wie du.»

Etwas perplex suche ich nach einer Antwort, doch da wandert seine Hand auch schon zum Autoradio. Ich lehne mich dankbar zurück: lieber erholen statt unterhalten; wer weiß, was mich an der nächsten Ausfahrt erwartet. Erst als mein Fahrer bereits den Blinker setzt, richte ich meine Aufmerksamkeit auf die Musik – und den Liedtext. Darin geht es um zerbröseltes Aspirin, gebrauchte Damenbinden und einen Bremsspur-Herren-Slip. Gern hätte ich noch länger gelauscht, aber da steht der Lieferwagen schon. «Am besten, du versuchst hier dein Glück», rät mir der Langhaarige.

Der Blick auf meine Karte verrät: Ich bin in Scheßlitz, magere 18 Kilometer östlich von Bamberg. Und stehe gegenüber einer Teefabrik, wie mir gerade klar wird. Es ist bereits Mittag; wollte ich zu dieser Zeit nicht schon in Altenburg sein? Stattdessen schmerzt mein Rücken, mein Gesicht brennt, und sogar die Gedankenspiele rund um den Teesortennamenerfinder Frank Huber können mich nur kurz aufheitern.

Hoffnung naht erst in Gestalt eines schnittigen Audi mit Starnberger Kennzeichen, der wie aus dem Nichts neben mir steht. Darin: ein Geschäftsmann aus München. Erleichtert schiebe ich meinen Rucksack in den Wagen und klettere hinterher. Mit gefühlten 220 Stundenkilometern brettern wir über die Autobahn.

90 Minuten später stehe ich auf dem Rastplatz Fränkische Schweiz und strecke erneut meinen Daumen in die Höhe – 200 Kilometer südlich von Altenburg und damit nur marginal näher am Ziel als sechs Stunden zuvor. Denn die Fahrt mit dem Audi war für mich ein Umweg in Richtung Süden. Aber dafür kann ich mein Anhalterglück jetzt auf der stark befahrenen A9 versuchen, was mich schneller nach Thüringen bringen sollte. So hoffe ich zumindest.

Nun würde ich gern berichten, dass ich von der Raststätte in Windeseile nach Altenburg komme – aber das Schicksal hat andere Pläne mit mir oder ist gerade selbst verreist. Erst fährt mich ein Heidenheimer Unternehmer auf der Autobahn bis nach Sachsen-Anhalt; danach geht es mit einem Polizisten 15 Kilometer über Land bis Zeitz; eine redselige Frau in den Fünfzigern – meine erste weibliche Mitfahrgelegenheit – kutschiert mich einige Dörfer weiter; und schließlich sitze ich am frühen Abend neben einem Mann Mitte 40: dunkle Stimme, dunkles T-Shirt, dunkle Haare, dunkler Kinnbart.

«Vor drei Wochen ist meine Freundin gestorben», beginnt er unvermittelt, kaum dass wir losgefahren sind. «Ich komme gerade vom Friedhof.»

Erstaunt blicke ich ihn an und bringe kein Wort heraus, doch das scheint ihn nicht zu stören. Mit zittriger Stimme und vielen Pausen erzählt der Kinnbart, wie schwer die letzten Jahre während ihrer Krankheit waren. Und wie er nun versucht, sein Leben wieder auf die Reihe zu kriegen.

Es ist eine Erfahrung, die ich noch oft auf meiner Reise machen werde: Als Anhalter ist man bisweilen Aushilfstherapeut. Wildfremde Menschen erzählen freimütig von ihrem Liebesleben, von Burn-out, Beziehungsstress oder Kindheitstraumata. Meine Theorie: Die Fahrer wissen, dass sie mich mit fast hundertprozentiger Wahrscheinlichkeit nie wiedersehen werden. Warum sollten sie mir also nicht ihr Herz ausschütten und sich die Probleme von der Seele reden?

So denkt wohl auch der Kinnbart, als wir bei einsetzender Dämmerung durch die thüringische Provinz kurven. Inzwischen sind wir kurz vor Altenburg – offenbar zu schnell für ihn. «Besser, wir fahren von der anderen Seite in die Stadt», schlägt er vor. «Von dort hat man einen wunderschönen Blick auf Altenburg. Ich will schließlich, dass du einen guten ersten Eindruck bekommst.»

Also biegen wir auf die Umgehungsstraße ein, fahren einen großen Bogen und erreichen das Ortsschild mit Blick auf das Wahrzeichen der Stadt: die Roten Spitzen. Oder genauer gesagt: mit getrübtem Blick, denn mittlerweile ist es so duster, dass man nur noch die Umrisse dieses Doppelturms erkennt. Als ich schließlich im Zentrum aussteige, verabschiedet sich der Kinnbart herzlich von mir: «Das hat richtig gutgetan, mal wieder so zu reden.»

Ich nicke freundlich, auch wenn sich mein Anteil am Gespräch auf einige Wortbrocken und Kopfnicken beschränkt hat.

Beim Blick auf das Altenburger Schloss spüre ich große Erleichterung: Nach elf Stunden und sieben Fahrern bin ich endlich am Ziel. Da kommt mir auch schon Andrej entgegen, mein Couchsurfing-Gastgeber in Altenburg. Der 32-Jährige ist schlank, groß und erinnert mich mit seinem schwarzen Seitenscheitel an einen russischen Schriftsteller. Tatsächlich aber lernt Andrej gerade für sein Medizinexamen und ist mir mit seiner sanften, höflichen Art auf Anhieb sympathisch.

Dieser Eindruck vertieft sich, als wir kurz darauf bei ihm zu Hause ankommen – «der einzigen WG in Altenburg», wie er sagt. Dort setzt mir der gebürtige Pole einen Teller hervorragende Spaghetti Bolognese vor und dazu ein Glas Rotwein. Langsam kehren meine Lebensgeister zurück. Noch bis Mitternacht sitze ich mit Andrej und seinen Mitbewohnern am Küchentisch, dann falle ich hundemüde auf die Matratze im Gästezimmer.

Kurz vor dem Einschlafen schießen mir zwei letzte Gedanken durch den Kopf: Niemals wieder werde ich so unvorbereitet per Anhalter reisen – ohne Plan, ohne Geduld und ohne Sonnencreme. Und niemals, wirklich niemals, werde ich einen Tee kaufen, der «Shaolin», «Kirschenmichel» oder «Jungbrunnen» heißt. Sorry, Frank Huber.

«Den sollten Sie ganz austrinken», rät mir die junge Frau. «Der ist gut für Ihre Potenz.» Ich warte auf eine Erklärung, eine Entschuldigung oder zumindest ein Grinsen – Fehlanzeige. Regungslos gießt die hübsche Mittzwanzigerin eine dunkle Flüssigkeit in mein Glas. Es ist mein dritter Schnaps binnen zehn Minuten – und das um elf Uhr morgens. Dennoch habe ich keinen Zweifel: Die brünette Dame, die sich gerade so rührend um meine Potenz sorgt, habe ich noch nie im Leben getroffen. Und schon gar nicht in einem Kontext, dass sie sich Sorgen um meine Potenz hätte machen müssen.

Ich kippe den Kräuterschnaps herunter und spüre, wie sich der beißende Trunk den Weg in meinen Magen bahnt. Derweil räumt die Brünette die Gläser ab, schenkt mir ein angeknipstes Zahnpastalächeln und verschwindet wieder hinter dem Tresen der Touristeninformation. Dabei stand mir gar nicht der Sinn nach Alkohol, als ich eine Stunde zuvor über den Altenburger Marktplatz schlenderte. Doch in der Touristeninformation fiel mein Blick auf ein Angebot, das ich nicht ausschlagen kann: eine Verkostung von Altenburger Ziegenkäse. Dass im Preis von 2,50 Euro auch eine Probierrunde lokaler Schnäpse inbegriffen ist, realisiere ich erst, nachdem ich die vier großzügigen Käsehappen verspeist habe.

«Wir beginnen mit unserem Altenburger Klaren», verkündet die Frau von der Touristeninformation und gießt das Schnapsglas bis obenhin voll. Wild entschlossen stürze ich die Flüssigkeit hinunter und erschaudere – doch sie ignoriert mein Gebaren und spult unerbittlich ihr Programm ab: «Es folgt: ein Heidelbeerschnaps.»

Im letzten Moment gelingt es mir, meine Schankdame zu überzeugen, das Glas diesmal nur zur Hälfte zu füllen. Sie runzelt die Stirn. Ich trinke. Eine neue Flasche. «Dieser hervorragende Fruchtlikör …»

Das Brennen in meiner Kehle zwingt mich, sie zu unterbrechen: «Sehr nett, aber den lasse ich aus.» Doch so leicht lässt sie sich nicht abwimmeln und zaubert eine gefährlich aussehende, schwarze Flasche hervor. Ohne zu fragen, füllt sie mein Glas bis unter den Rand und flötet: «Das ist der bekannteste Altenburger Schnaps, der Schwarzgebrannte. Er geht auf den Apotheker Johann Schwarz zurück, der vor 180 Jahren diesen Schnaps aus 47 Kräutern das erste Mal gebraut hat.» Als sie bemerkt, dass ich zögere, folgt die erwähnte Anspielung auf meine Potenz, die mich derart irritiert, dass ich das Glas ohne Widerrede leere. Zum Geschmack nur so viel: Dieser Kräutertrunk mag vielleicht anregend wirken – allerdings eher auf die Magenregion.

Mühsam den Brechreiz unterdrückend, verlasse ich die Touristeninformation und setze meinen Stadtrundgang in sanften Schlangenlinien fort. Vom Marktplatz wandere ich hinauf zum Altenburger Schloss und komme dabei am Skatbrunnen vorbei. Er wurde 1903 erbaut, soll angeblich das einzige deutsche Denkmal für ein Kartenspiel sein und stellt vier sich balgende Buben auf einem Sockel dar. Der Kreuz-Bube verpasst gerade dem Pik-Buben einen Fausthieb, während dieser wiederum den Herz- und den Karo-Buben außer Gefecht setzt. In Erinnerung an meine Kindheit mit zwei Brüdern würde ich das Ganze nicht Skat-, sondern eher Familienbrunnen nennen.

Mein Reiseführer will wissen, dass Skatbrüder aus ganz Deutschland hierherpilgern, um ihre Karten im Wasser zu taufen, weil das Glück bringen soll. Noch mehr über das Skatspiel und seine Tradition in Altenburg erfahre ich auf dem Schloss, das laut Aushang das älteste Spielkartenmuseum der Welt beherbergt. Ein Superlativ, der nahelegt, dass es noch weitere Spielkartenmuseen geben muss, was mich nachhaltig erstaunt. Denn nur arge Enthusiasten dürften sich von den mehr als 6000 historischen Kartenspielen zu Begeisterungsstürmen hinreißen lassen. Und so bin ich nicht wirklich überrascht, dass ich die Ausstellung für mich allein habe. Nur ein älteres Ehepaar huscht vorbei, dessen Besichtigungstempo jedoch eher an Jogging denn an entspannten Kunstgenuss denken lässt.

Mein Interesse weckt erst ein Raum, der sich der Geschichte des Skats widmet. Hier lerne ich, dass das Spiel zwischen 1810 und 1817 in Altenburg erfunden wurde und Elemente aus den älteren Spielen Schafkopf, Solo, Tarock und L'hombre vereint. Dieser Zeitvertreib fand damals schnell neue Anhänger; 1886 wurde gar der erste Skatkongress einberufen und eine Allgemeine Skatordnung verabschiedet. Natürlich ebenfalls in Altenburg. Dort hat seit 85 Jahren auch das Internationale Skatgericht seinen Sitz, die oberste Instanz für Streitfragen rund um Grand, Null und Buben. Man fasst es nicht.

Mit dem Besuch des Museums ist meine Skatbegeisterung restlos ausgereizt, und so wandere ich zurück zur Wohnung meines Couchsurfing-Gastgebers Andrej. Wenig später gesellt sich sein Nachbar René zu uns. Er ist Mitte 30 und gebürtiger Altenburger, mithin also in der ehemaligen DDR aufgewachsen. Zum Kaffee kramt er eine Tüte Hallorenkugeln hervor – und blickt ungläubig drein, als ich gestehe, noch nie davon gehört zu haben. Denn diese mit Sahne- und Kakaocreme gefüllten Pralinen waren die beliebteste Süßigkeit «drüben». Überhaupt weiß ich erschreckend wenig vom Alltagsleben in der DDR, wie ich während meines Besuchs in Altenburg immer wieder feststelle.

Und so muss ich ständig nachfragen, als René aus seiner Jugend im «anderen» Deutschland erzählt. Was war HO? Die Handelsorganisation, der Supermarkt der DDR. Und Delikat? Da gab's die Delikatessen. Nudossi? Das Nutella des Ostens. Und wieso waren die Fabriken voller Arbeitgeber?

«So hießen bei uns die Arbeiter, weil sie ihre Arbeitskraft zur Verfügung gestellt, also hergegeben haben», erklärt René. «Noch heute komme ich durcheinander, wenn es in den Nachrichten um Arbeitgeber und Arbeitnehmer geht.»

Auch nach zwei Stunden am Küchentisch würde ich René gern weiter über das Leben in der DDR löchern. Doch der Blick auf die

Uhr verrät: Ich muss mich aufmachen ins benachbarte Schmölln. Denn dort erwarten mich ein außergewöhnliches Gericht und ein außergewöhnlicher Mensch. Und ein weiteres Kapitel Ost-West-Debatte, obgleich ich das zu diesem Zeitpunkt noch nicht ahne.

Der Mutzbratenkönig redet nicht lange um den heißen Brei. «Nun sagen Sie einmal», setzt André Schakaleski kurz nach unserer Begrüßung an. Oder exakter: «Nu soochn Se eenmol» – in breitestem Thüringisch. «Sind Sie eigentlich 'n Ossi oder 'n Wessi?»

Diese Frage hat mir noch niemand gestellt – und schon gar nicht eine halbe Minute nach dem Kennenlernen. «Ich komme aus München, also …» Das Wort «Wessi» will mir nicht recht über die Lippen, nicht mehr als 20 Jahre nach der Wiedervereinigung. Aber was dann? Ein Bayer? Gar ein Europäer?

«Also ein Wessi.» Schakaleski kommt mir zuvor, lächelnd. «Na gut, ich hab nichts gegen Wessis. Gar nichts.»

Wegen Schakaleski bin ich hierher nach Schmölln gekommen. Und natürlich wegen seines Mutzbratens. Denn von diesem Gericht habe ich vor Jahren in einem Zeitungsartikel gelesen. Und als ich im Vorfeld meiner Reise mehr darüber erfahren wollte, stieß ich schnell auf den Namen Schakaleski; ein Telefonat später hatten wir ein Treffen vereinbart.

Nun stehe ich dem 42-Jährigen gegenüber: einem schmalen Mann mit mittellangen, mittelblonden Haaren, deren Verfassung mit dem Wörtchen «licht» noch euphemistisch umschrieben ist. Schakaleski trägt einen Dreitagebart, ein farbenfrohes Hemd und im Gesicht meist ein Lächeln – besonders wenn es um sein Lieblingsthema geht: den Mutzbraten.

Dieses faustgroße Stück Fleisch kommt meist aus Schulter oder Kamm des Schweins. Es wird gewürzt, mariniert und dann zwei Stunden im Birkenholzrauch an einem Mutzbratenstand gegart – der Terminus «Grill» ist in diesem Zusammenhang verpönt. Wichtigste Person am Mutzbratenstand ist der Mutzbrater. Ihm kommt die ehrenvolle Aufgabe zu, Feuer und Fleisch zu überwachen, wobei Letzteres an einem Spieß im Rauch rotiert – entweder elektrisch angetrieben oder von Hand. Traditionell geht die Arbeit des Mutzbraters mit dem Konsum von reichlich Bier einher; dazu gesellen sich meist gute Freunde und tiefschürfende Gespräche, im Volksmund «Mutzbratengeschichten» genannt.

Im Sommer steigt der Birkenholzrauch aus jedem zweiten Garten auf – jedoch nur in Schmölln und Umgebung. Denn schon 50 Kilometer weiter ruft die Frage nach Mutzbraten ein Achselzucken hervor. Warum sich diese Tradition nirgendwo sonst durchgesetzt hat? Darauf weiß selbst André Schakaleski keine Antwort – obwohl er sich so ausgiebig mit dem Mutzbraten beschäftigt hat wie kein anderer Mensch auf diesem Planeten.

Kurz nach unserer Begrüßung erreichen wir den Reussischen Hof, das Vorzeigehotel in Schmölln. Es ist Mittwochabend, dennoch ist das Restaurant gut besucht. An den anderen Tischen sitzen vor allem Paare, die schweigend kauen oder sich leise unterhalten. Oder in den folgenden zwei Stunden verstohlen in unsere Richtung linsen, während Schakaleski wortreich und mit Verve seine Beziehung zum Mutzbraten darlegt.

«Der MDR hat einmal einen Film über mich gemacht», erzählt er nicht ohne Stolz. «Den Mutzbratenkönig haben die mich genannt.» Gern hätte Schakaleski selbst das Gericht für mich zubereitet, das hat er mir bereits am Telefon gesagt. Doch im Moment sei er zu beschäftigt und zudem das Wetter zu kühl. Und so sitzen wir nun im Reussischen Hof; hier soll ich den ersten Mutzbraten meines Lebens probieren.

Doch zuerst erzählt Schakaleski – und holt weit aus, bis ins Jahr 1976. Schon jetzt ist klar: Er hat sich auf dieses Gespräch vorbereitet. Damals also habe sein Vater, ein gelernter Schlosser, bei der 1000-Jahr-Feier der Stadt Altenburg erstmals Mutzbraten verkauft. «Und ich bin als Sechsjähriger um den Mutzbratenstand gesprungen. Das weiß ich noch genau.» Fortan tingelte Schakaleski senior an den Wochenenden über Volksfeste und Märkte. Immer dabei: der selbstgebaute Mutzbratenstand – und Sohn André. Der erbt vom Vater die Begeisterung für das Gericht, lernt Metzger und eröffnet 1992 eine Fleischerei. Aber die Zeiten sind hart, Schakaleski muss Schulden machen. «Es ist nicht gut gelaufen, also habe ich mich auf meinen Vater rückbesonnen», erinnert er sich. Bedeutet: Wenn der Kunde nicht zum Mutzbraten kommt, muss der Mutzbraten zum Kunden kommen.

Im Jahr 1994 erwirbt Schakaleski einen Verkaufswagen. Damit klappert er die Feste in der Region ab, verkauft «thüringische Spezialitäten aus der Pfanne und vom Grill». Zwei Jahre später schließt er die Metzgerei, kratzt all sein Geld zusammen und kauft für 120 000 Mark einen großen Verkaufsanhänger.

«Das war eine Rieseninvestition», erzählt Schakaleski und reißt die Arme in die Höhe. «Aber damals stand ich vor der Wahl: Willst du bei den Festen weiter auf den Eins-b-Plätzen stehen, oder willst du auf die Eins-a-Plätze? Und ich wollte eins a!»

Noch im gleichen Jahr fährt Schakaleski erstmals über die Alpen und verkauft Mutzbraten und Co in Italien. Dort ist sein Unternehmen bis heute vertreten; außerdem steht einer seiner drei Anhänger auf nahezu jedem Volksfest in Mitteldeutschland. «Ich habe mir einen Namen gemacht», sagt Schakaleski. «Vor allem dank des Mutzbratens, denn er ist mein Aushängeschild.»

Für den Mutzbraten zieht Schakaleski sogar vor Gericht – wie damals im Schmöllner Mutzbratenkrieg. «In den neunziger Jahren wurde Schindluder getrieben mit dem Mutzbraten», erzählt Schakaleski, noch heute ehrlich empört. «Da gab es viele linke Vögel, die ihn mit Gas oder in der Pfanne zubereitet haben. Sogar Mutzbraten aus Hähnchenfleisch habe ich gesehen!» Um diesem schändlichen Treiben Einhalt zu gebieten, habe er prüfen wollen, ob sich der Begriff Mutzbraten schützen lasse – und Erstaunliches entdeckt: «Da gab es bereits einen Eintrag», ruft der Mutzbratenkönig und schwingt seinen Zeigefinger wie ein Zepter durch die Luft. «Jemand anders hatte sich die Marke Mutzbraten beim Patentamt schützen lassen. Ein gebürtiger Schmöllner, der inzwischen im Westen lebt.»

Daraufhin ergreift Schakaleski die Initiative, trommelt Fleischer und Gastronomen aus der Region zusammen, holt die Stadt ins Boot. Denn: «Schmölln drohte ein Stück Kulturgut zu verlieren.» Im Jahr 2000 gründen sie den Mutzbratenschutzverband und entwickeln einen Leitsatz für die Zubereitung. So muss der «Original Schmöllner Mutzbraten» vom Schwein kommen, 200 bis 250 Gramm schwer und mit Salz, schwarzem Pfeffer und Majoran gewürzt sein. Außerdem hat der Mutzbraten über Birkenholzrauch zu brutzeln und wird «mit Brot, heißem Sauerkraut und nach Möglichkeit Altenburger Senf serviert», wie es in der Anordnung heißt. Auch ein Logo reicht der Verband beim Patentamt ein, mit dem sich seitdem alle leitsatztreuen Restaurants und Metzger schmücken dürfen.

Doch damit nicht genug: Der neugegründete Verein geht auch gegen den Exil-Schmöllner vor, der sich den Begriff Mutzbraten gesichert hat. Ein Patentanwalt wird eingeschaltet, der Briefe verschickt, das Wort «Mutzbratenkrieg» macht die Runde. «Der Prüfer vom Patentamt in München wusste damals gar nicht, was ein Mutzbraten ist – und hat dem Antrag dieses Mannes trotzdem stattgegeben», zürnt Schakaleski. «Dagegen mussten wir etwas unternehmen.»

Erst nach Monaten glätten sich die Wogen: Der fremde Markeninhaber gibt seine Rechte auf, und im März 2000 wird der «Original Schmöllner Mutzbraten» neuerlich vom Patentamt anerkannt. Eigentümer diesmal: die Stadt Schmölln.

«So bleibt gesichert, dass niemand aus dem Begriff Profit schlagen kann», sagt Schakaleski zufrieden, schiebt aber sogleich hinterher: «Leider ist die Arbeit des Mutzbratenverbandes seitdem eingeschlafen. Dabei sollten wir viel offensiver mit unserem Traditionsgericht werben, und die Stadt müsste uns unterstützen.»

Schließlich ist Schmölln die legitime Heimat des Mutzbratens, davon ist Schakaleski überzeugt. Gemeinsam mit seiner Mutter hat er im Stadtarchiv recherchiert und die erstmalige Erwähnung des Gerichts in einer Zeitschrift aus dem Jahr 1795 gefunden. Zwar reklamiere auch das nahe Hermsdorf die Erfindung des Mutzbratens für sich, dort gebe es sogar ein Mutzbratenmuseum, räumt Schakaleski zähneknirschend ein. «Aber die können den frühesten Nachweis erst aus dem Jahr 1894 erbringen. Ich habe 1795!»

Wie aufs Stichwort stellt die Kellnerin in diesem Moment einen Brotkorb und zwei Teller auf den Tisch, darauf je ein zauberwürfelgroßes Stück Fleisch, umringt von dampfendem Sauerkraut. «Probieren Sie erst mal einen Bissen vom Mutzbraten ohne Senf», rät Schakaleski, «damit Sie den vollen Geschmack bekommen.»

Es ist sein letzter Satz für die folgende Viertelstunde; als Vollblutgastronom weiß er, dass eine gute Mahlzeit die volle Aufmerksamkeit des Essers verdient. Geflissentlich verfolgt er, wie ich meine Gabel zum Mund führe, langsam kaue und ein lobendes «Mmm» von mir gebe. Schakaleski nickt zufrieden; jetzt kann auch er sich seinem Mutzbraten widmen.

Unter all den Gewürzen dominiert eindeutig Majoran, dazu kommen das Grillaroma und – natürlich – der Schweinefleischgeschmack. «Außen eine krosse Gewürzkruste und innen schön saftig», beschreibt es Schakaleski, nachdem wir unsere Teller geleert haben. Dann beugt er sich zu mir und senkt erstmals an diesem Abend seine Stimme: «Der Mutzbraten hier war völlig in Ordnung für eine Gaststätte. Aber eigentlich muss er frisch vom Mutzbratenstand kommen. Das schmeckt dann noch einmal ganz anders.» Doch auch hier weiß der Mutzbratenkönig Rat: «Gehen Sie morgen zur Thonhausener Agrarfleischerei», rät er mir, «und sagen Sie denen, dass der Schakaleski Sie schickt. Dort bekommen Sie einen Mutzbraten, der sich gerade noch im Birkenholzrauch gedreht hat.»

Tatsächlich werde ich anderntags genau das tun – und vom Geschmack begeistert sein. Doch im Moment gilt meine volle Aufmerksamkeit Schakaleski, der mich in seinem Auto zurück zum Bahnhof kutschiert. Ein letztes Mal bedanke ich mich bei ihm und will schon aussteigen – doch eines muss Schakaleski noch loswerden.

«Wissen Sie, ich habe privat gerade eine schwere Zeit durchgemacht und war auf Sinnsuche», sagt er und hält einen Moment inne. «Und da bin ich ganz schnell auf den Mutzbraten gestoßen. Denn er ist nun mal meine Berufung, bei diesem Gericht kann mir niemand das Wasser reichen. Man kann das schon so sagen: Mutzbraten ist mein Leben.»

REZEPT:
SCHMÖLLNER MUTZBRATEN
(für 4 Personen)

Zutaten
1 kg Schweinefleisch
(Kamm, Schulter oder Hüfte) ohne Knochen
Salz
Pfeffer
Majoran

Zubereitung am Grill

1. *Fleisch in 4 faustgroße Würfel schneiden und mit Salz und Pfeffer sowie reichlich Majoran kräftig würzen.*

2. *Fleisch in eine Schale geben und mindestens 5 Stunden im Kühlschrank ziehen lassen. Nach der Hälfte der Zeit wenden.*

3. *Mutzbraten aufspießen und am Birkenholzfeuer 1,5–2 Stunden lang grillen – am besten auf einem Mutzbraten-stand. Danach mit Sauerkraut, Brot und Senf servieren.*

Zubereitung im Backofen

Zusätzliche Zutaten

1–2 TL mittelscharfer Senf

1 EL Öl

500 ml Schwarzbier

½ Knoblauchzehe

30 g Butter

Zubereitung

1. *Fleisch in 4 faustgroße Würfel schneiden, mit Senf bestreichen und mit Öl beträufeln. Danach mit Salz und Pfeffer sowie reichlich Majoran kräftig würzen.*

2. *Fleisch in eine Schale geben, darüber die Hälfte des Schwarzbiers gießen und die Knoblauchzehe zugeben.*

3. *Fleisch mindestens 5 Stunden im Kühlschrank ziehen lassen. Nach 2,5 Stunden wenden.*

4. *Fleischwürfel auf den Rost in einen auf 180 °C vor-geheizten Backofen legen. Auf den Boden des Backofens eine Fettauffangschale stellen und die Butter hinein-geben.*

5. *Fleisch 1,5 Stunden braten. Nach 45 Minuten wenden und etwas heißes Wasser oder Bier in die Schale gießen.*
6. *Bratensaft in der Pfanne mit dem Rest des Biers ablöschen.*
7. *Fleisch mit der Bratensoße sowie Sauerkraut und Brot servieren.*

Beide Rezepte stammen vom Mutzbratenkönig André Schakaleski.

SACHSEN:

EIN KOCH VEREHRT DEN BREI

«WEG! WEG! WEG!» RENÉS ZEIGEFINGER SAUST DURCH DIE LUFT; mit der anderen Hand lenkt er sein Auto durch die Altenburger Innenstadt. «Weg! Ebenfalls weg! Und da stand früher auch mal ein Haus!»

Jetzt sind an den bezeichneten Orten keine Gebäude mehr zu sehen. Stattdessen klaffen in den Häuserreihen Löcher wie Zahnlücken – im besten Fall mit gepflegten Grünflächen oder Parkplätzen bedeckt, im schlimmsten mit wildwucherndem Gestrüpp.

«In den vergangenen Jahren hat sich Altenburg ganz schön verändert – und das nicht zum Besseren», sagt René und lacht. Doch es ist ein trauriges Lachen. «Von meinem Abiturjahrgang leben gerade noch drei in Altenburg – inklusive mir. Die anderen sind weggegangen so wie fast alle jungen Menschen hier. Warum sollen sie auch bleiben, wenn es keine Arbeit gibt?»

Nach meinem Abstecher bei André Schakaleski in Schmölln bin ich gestern Abend nach Altenburg zurückgefahren. René, der Nachbar meines Couchsurfing-Gastgebers, hat mir angeboten, mich heute bis zur Autobahnauffahrt mitzunehmen. Von dort aus soll meine Reise nach Görlitz weitergehen.

Nun kurven wir also durch Renés Heimatstadt, und er erzählt eine Geschichte, wie ich sie im Osten noch oft hören werde. Die Grundzutaten sind immer gleich: Nach der Wende bricht die Industrie in der Region zusammen oder wird kaputtgeschrumpft, Arbeitsplätze fallen weg, die Jugend flieht, die Stadt wird entvölkert. So wie in Altenburg, das 1989 mehr als 50 000 Einwohner zählte. Heute sind es – trotz Eingemeindungen – nur noch knapp 35 000. Tendenz weiter fallend.

Natürlich habe auch ich von ausblutenden Städten und verlassenen Landschaften im Osten gelesen. Doch ein sperriges Wort wie «Bevölkerungsrückgang» bereitet nur unzureichend auf das vor, was sich vor Ort abspielt. Etwa am Altenburger Marktplatz, der mit hübsch sanierten Altbauhäusern, einem Renaissancerathaus und der imposanten Brüderkirche die Touristen reflexartig zur Kamera greifen lässt. Doch wehe, sie verirren sich nach Einbruch der Dunkelheit an diesen Ort. Dann nämlich sucht man in vielen Wohnungen über den Geschäften vergeblich nach erleuchteten Fenstern – trotz bester Lage stehen etliche leer. Und nur zwei Straßen weiter sieht es noch schlimmer aus: Mitten im Stadtzentrum erstreckt sich eine ganze Häuserzeile ohne einen einzigen Mieter, Putz bröckelt von der Fassade, das Schild «Zu verkaufen» ist bereits vergilbt. Wird René auch an dieser Stelle bald den Zeigefinger schwingen?

Wie geht es weiter mit den anderen Altenburgs in Deutschland, vor allem, aber nicht nur, im Osten? Wie können Städte klug schrumpfen – ohne bleibende Schäden? Wie lassen sich junge Menschen auf dem Land halten – ohne Arbeit? Und wie kann man die Infrastruktur in den Dörfern aufrechterhalten – ohne Menschen? Unwillkürlich muss ich an meinen gestrigen Supermarktbesuch denken. An drei Kassen warteten 15 Einkäufer. Nur einer war jünger als 60 Jahre – ich.

Mein Couchsurfing-Gastgeber Andrej hat seinen Abschied von Altenburg bereits fest geplant; nach dem Examen will er sich in Leipzig Arbeit suchen. Auch seinen Mitbewohner zieht es weg – nach Berlin. Und René? Was hat ihn in all den Jahren in Altenburg gehalten?

«Na ja, ich fühle mich eigentlich ganz wohl hier», sagt er, und es klingt fast entschuldigend. «Außerdem ist Altenburg doch meine Heimat.»

Wir sind inzwischen an der Autobahnauffahrt Ronneburg angekommen. Ich sage René Lebewohl und werfe einen skeptischen Blick auf die Karte: Von hier sind es 225 Kilometer gen Osten bis nach Görlitz – also in etwa jene Distanz, für die ich vor einigen Tagen elf Anhalterstunden benötigt habe. Die Erinnerung lässt mich schaudern. Doch diesmal hält schon nach 45 Minuten das erste Auto.

Im weißen Lieferwagen geht es mit einem schweigsamen älteren Herrn auf der A4 bis zum Rastplatz Altenburger Land. Dort warte ich wiederum nur eine halbe Stunde, bis einer dieser flugzeuglangen Sattelschlepper neben mir stoppt. Unsicher nähere ich mich dem Führerhaus. Der Lkw-Fahrer will mich doch nicht etwa mitnehmen?

Zur Erklärung: Lastwagen stehen eigentlich nicht auf meiner Liste der potenziellen Fahrer. Nicht mehr seit meinem Gespräch mit Ralf Platschkowski von Abgefahren e.V., dem ersten deutschen Anhalterverein. Ihn habe ich vor meiner Reise interviewt, um mir als Tramperneuling Rat zu holen. Ralf hat in den vergangenen sechs Jahren 120 000 Kilometer per Anhalter zurückgelegt; die Liste der Länder, die er auf diese Weise besucht hat, liest sich wie das Teilnehmerfeld einer Fußballeuropameisterschaft. «Deutsche Lastwagen kannst du gleich vergessen, die nehmen dich so gut wie nie mit», sagt der 26-Jährige. «Ich habe gehört, dass die Speditionen ihren Fahrern verbieten, Anhalter mitzunehmen.» Anders verhalte es sich mit Lastwagenfahrern aus Polen: «Die freuen sich immer über Tramper», erzählt Ralf. «Entweder gibt es bei denen in dieser Hinsicht keine Vorschriften oder sie sind ihnen egal.»

Ein Blick aufs Kennzeichen dieses Lastwagens verrät: Er kommt aus Polen. Ich rufe hinauf zum Führerhaus: «Guten Tag, ich will in Richtung Dresden und danach weiter nach Osten.»

Verständnislos blickt der Mann mich an – offenbar ist sein Deutsch ungefähr so gut wie mein Polnisch. «Görlitz?»

Seine Frage zaubert ein Lächeln auf mein Gesicht. Ich recke den Daumen und nicke: «Görlitz!»

Kurz darauf sitze ich neben Pjotr auf dem Beifahrersitz. Ich nenne ihn einfach mal Pjotr, auch wenn wir uns in den folgenden drei Stunden nicht namentlich vorstellen, geschweige denn unterhalten werden. Stattdessen sitzen wir wortlos nebeneinander, hinter der Fensterscheibe gleitet die Landschaft vorbei, und aus dem Radio dudeln «die besten Hits der Achtziger, Neunziger und von heute». Doch selbst das kann mir die Stimmung nicht vermiesen, denn das Schweigen, die Monotonie und die hereinspitzende Sonne wirken wie Baldrian auf mein Gemüt. Schlaftrunken blicke ich mich im Führerhaus um: Funkgerät, Wasserkocher, Handcreme, CD-Spieler, Zahnbürste – alles hat seinen festen Platz auf engstem Raum. Nirgendwo ist ein Staubkorn zu entdecken, sogar seine Schuhe hat Pjotr parallel neben dem Teppich im Fußbereich deponiert. Er fährt strumpfsockig.

Mit 80 Stundenkilometern rollen wir auf der rechten Spur dahin, vorbei an Chemnitz, vorbei an Dresden, vorbei an Bautzen. Gelegentlich greift Pjotr zum Funkgerät oder zieht eine Tastatur aufs Lenkrad, offenbar, um sich via Textnachricht mit anderen Fahrern zu unterhalten.

Nur einmal wendet er sich an mich, als uns ein Kleinbus mit Blaulicht überholt: «*Policja?*»

Ich schüttle den Kopf und suche nach einer nonverbalen Erklärung für «Bundesamt für Güterverkehr». Da drückt Pjotr mir Stift und Papier in die Hand und liest fragend den Schriftzug auf dem Fahrzeug vor uns vor: «BAG?»

Ich schreibe auf den Zettel «BAG = Bundesamt für Güterverkehr» und reiche ihn zurück. Pjotr studiert das Blatt, nickt zufrieden und steckt es in die Tasche.

Wortlos fahren wir weiter, ich hänge meinen Gedanken nach – da rauscht im Augenwinkel plötzlich die Ausfahrt Görlitz vorbei.

Erschrocken drehe ich mich zu Pjotr um und stammle: «Görlitz! Ich! Hier! Görlitz!»

Aufgeregt zeige ich mit dem Daumen hinter uns, doch Pjotr grinst nur und deutet mit dem Zeigefinger nach vorn: «Parking. Görlitz. Gut.»

Nervosität steigt in mir auf. Was will er damit sagen? Gibt es eine weitere Ausfahrt Görlitz? Oder will er mitten auf der Autobahn stoppen? Auch das habe er bei polnischen Lkw-Fahrern erlebt, hat mir Tramperexperte Ralf erzählt und gelacht. Doch nach Lachen ist mir nicht zumute, denn am Straßenrand erkenne ich klar und deutlich ein Schild: «Willkommen in Polen.»

Aus Nervosität wird Angst. Zwar macht Pjotr den Eindruck, als könnte er keiner Fliege einen Flügel krümmen. Doch wieso hat er nicht an der Ausfahrt Görlitz angehalten? Mit wem unterhält er sich da ständig über Funk? Und was heckt er mit den Textnachrichten aus? Heimlich linse ich zur Handbremse und versuche mich zu entsinnen, mit welchen Tricks die Fernsehhelden meiner Jugend Hechtsprünge aus fahrenden Autos überlebt haben.

Da ertönt plötzlich ein Geräusch: der Blinker. Sanft lenkt Pjotr sein Fahrzeug auf die Abbiegespur, vorbei an einem Schild mit weißem P auf blauem Grund, und kommt schließlich auf einem riesigen Parkplatz zum Stehen. Pjotr zeigt mit dem Finger auf einen abzweigenden Weg: «Görlitz.» Auf der Karte werde ich später feststellen: Von hier dauert der Fußmarsch in die Innenstadt nur halb so lange wie von der Autobahnausfahrt. Pjotr wollte also nur mein Bestes.

Mit Schamesröte im Gesicht verabschiede ich mich von ihm, steige aus und trotte davon. Wie konnte ich nur so in Panik geraten? Weil Pjotr Lkw-Fahrer ist? Weil er aus Polen kommt? Weil er kein Wort Deutsch spricht? Gern würde ich all diese Fragen verneinen. Doch tief in mir weiß ich: Sosehr ich das Denken in Schubladen ablehne, so sind mein Tun und Glauben doch von

Vorurteilen und Stereotypen geprägt. Und wie ich auf meiner Reise noch häufig erkennen werde: In der Realität lösen sich diese Klischees oft schneller in Wohlgefallen auf als ein Vampir im Sonnenlicht.

Ich überquere den Parkplatz und komme an ehemaligen Wechselstuben und Grenzhäuschen vorbei. Hier mussten Zollbeamte bis 2007 Ladeflächen und Kofferräume nach Zigaretten, Alkohol und sonstigem Schmuggelgut durchsuchen. Dann trat Polen dem Schengener Abkommen bei, und die Grenzkontrollen fielen weg. Dennoch laufe ich auf meinem Weg nach Görlitz in eine Gruppe Zollbeamte.

«Ausweiskontrolle!», erklärt mir einer der Uniformierten und beäugt mich misstrauisch. Erst nachdem ich ihm meinen Personalausweis gereicht habe, taut er auf. «Ein Reisender aus München?», fragt er mit Blick auf meinen Rucksack. Er hat offenbar meinen Pass genau studiert. «Das ist ja schön, dass ihr im Urlaub auch mal zu uns kommt. Und nichts für ungut wegen der Kontrolle. Aber manchmal sind hier komische Gestalten zu Fuß unterwegs.»

Erleichtert, dass ich anscheinend nicht in diese Kategorie falle, verabschiede ich mich von den Beamten und marschiere eine knappe Stunde bis zum Görlitzer Bahnhof. Auf dem Weg passiere ich zahlreiche sorgsam sanierte Gebäude von Gotik bis Jugendstil – doch eine Erkundung der Altstadt verschiebe ich auf morgen. Denn zunächst will ich im nahen Zittau ein weiteres Gericht auf meinem Speiseplan abhaken: die Oberlausitzer Teichelmauke.

Da ich dort für den Abend einen Termin mit einem Gastwirt vereinbart habe, entscheide ich mich gegen den Anhalterdaumen und für den Zug. In Zittau angekommen, gehe ich an der Bahnhofsstraße entlang in die Innenstadt. Auch hier entdecke ich zwischen aufwendig sanierten Altbauhäusern viel Leerstand, Verfall und Grün. Später werde ich in einem Zeitungsartikel lesen: Allein in der Altstadt wurden seit der Wende mehr als 60 Baudenkmäler abgerissen, darunter prächtige Kaufmannshäuser aus Renaissance und Barock. Passend dazu die Einwohnerentwicklung: In den vergangenen 25 Jahren ist die Bevölkerungszahl von knapp 40 000 auf 28 000 gesunken. Und Prognosen zufolge wird Zittau weiter schrumpfen, bis 2030 auf rund 20 000 Einwohner – nur noch halb so viele wie 40 Jahre zuvor.

Diese Zahlen kennt auch Peter Besser. Dennoch versichert mir der gebürtige Zittauer: «Wir wohnen hier am schönsten Ende der Welt.» Ich sitze mit ihm in seinem Wirtshaus Zum Alten Sack, das in einem der prachtvollsten Gebäude der Stadt residiert: einem achtgeschossigen, 500 Jahre alten Salzhaus. Im Parterre betreibt Besser seit 2003 eine Gaststätte mit regionaler Küche. Aber das ist längst nicht alles. Es gibt ein hauseigenes Theater und Stadtführungen, und Besser selbst lädt als «radelnder Wirt» zu einer Drei-Länder-Tour durch Deutschland, Polen und Tschechien.

«Als Gastronom in unserer Region musst du dir immer etwas Neues einfallen lassen», erklärt er. «Oder wie der Unternehmer Philip Rosenthal einmal gesagt hat: Wer aufhört, besser zu werden, der hat aufgehört, gut zu sein.»

Auch heute Abend hat Peter Besser eine Veranstaltung im Haus – entsprechend häufig wandert sein Blick zu Beginn unseres Gesprächs zur Uhr. Doch je länger wir uns unterhalten, desto mehr taut der Wirt auf, streut Anekdoten ein und erzählt über die Küche seiner Oberlausitzer Heimat. Denn die liegt dem Sechzigjährigen besonders am Herzen: «Für mich war immer klar, dass wir hier regionale Gerichte anbieten. Das sind Kindheitserinnerungen, und ich will diese Speisen und Traditionen bewahren.»

Zuvorderst gilt das für das Nationalgericht der Oberlausitz, die Teichelmauke. Dabei handelt es sich um gestampfte Kartoffeln, die ringförmig in einem tiefen Teller angerichtet werden, sodass in der Mitte eine Mulde bleibt. In diese kommt eine kräftige Rinderbrühe mit Kochfleisch und Sauerkraut.

«Ursprünglich war das ein Armeleuteessen», erzählt Peter Besser, «und zwar ohne Fleisch. Bei meiner Oma gab es höchstens ein paar Butterflocken auf die Mauke.» So heißt in der Oberlausitz das Kartoffelpüree; die Rindfleischbrühe darin soll an einen kleinen Teich erinnern, eben ein «Teichel». Macht zusammen Teichelmauke, die traditionell nur mit einem großen Löffel gegessen wird. Damit darf man dann nach Herzenslust in der Mauke graben, Berge auftürmen und Brühe durch Kartoffelhöhlen fließen lassen. So zumindest beschreibt es Besser in Erinnerung an seine Kindheit; und so schaufle auch ich beherzt Püree in Brühe und gieße Brühe über Püree – allerdings erst, nachdem sich mein Gastgeber zu seiner Veranstaltung verabschiedet hat.

Doch Teichelmauke ist nicht nur für Hobby-Architekten ein Vergnügen: Hausgemacht schmeckt das Gericht vorzüglich – so wie im Alten Sack. Dort kommt die Mauke so kartoffelig daher, dass sie kaum noch «Brei» zu nennen ist. Dazu gesellen sich würziges Sauerkraut, dicke Fleischstücke und am wichtigsten: reichlich Rinderbrühe, die ihr deftiges Aroma beim stundenlangen Köcheln aus Knochen und Suppengrün gesaugt hat. In dieser Zusammensetzung ist die Oberlausitzer Teichelmauke keine Vorspeise oder Suppe, sondern eine vollwertige Hauptmahlzeit.

Und so wandere ich wenig später gesättigt und glücklich in der einsetzenden Dämmerung zum Bahnhof, um nach Görlitz zurückzufahren. Dort stehe ich am frühen Abend vor der Tür meiner Couchsurfing-Gastgeber für die kommenden Tage. Es wird eine Begegnung sein, an die ich auch nach meiner Reise noch häufiger zurückdenken muss.

Trotz Bamberg, trotz Rothenburg, trotz Lübeck, trotz Regensburg: Görlitz verfügt über die beeindruckendste historische Altstadt, die ich bisher in Deutschland gesehen habe. Doch so atemberaubend das architektonische Potpourri aus Gotikkirchen, Renaissance-fassaden, Barockbürgerhäusern, Gründerzeitviertel und Jugendstil auch ist – wenn ich an meinen Besuch in der östlichsten Stadt Deutschlands denke, habe ich zunächst andere Bilder vor Augen. Etwa das Kindertheater vom Drachen und der Hexe. Oder krakelige Kreidegesichter auf Asphalt. Oder eine lange Tafel, an der neun Menschen zwischen 1 und 35 sich unterhalten, schreien, lachen, schimpfen, weinen und essen.

Nicht dass ich in Görlitz etwa mit halluzinogenen Pilzen experimentieren würde, die mir Kreidedrachen und Krakelhexen vors Auge zaubern. Nein, vielmehr habe ich das Glück, dort an eine Familie zu geraten, die mir die phantastischen Möglichkeiten des Reisens mit Couchsurfing aufzeigt.

«Hallo, ich bin Lena», begrüßt mich ein freundliches Gesicht an der Haustür. Es gehört zu einer jungen Frau Ende 20 mit müden Augen, die geradezu um Schlaf betteln. Einer der Gründe dafür blickt mich schüchtern aus Hüfthöhe an und will trotz vorgerückter Stunde offensichtlich nicht ins Bett: Marie, ein aufgewecktes dreijähriges Mädchen, mit dem ich in den kommenden Tagen Kreidegesichter auf den Asphalt kritzeln und das Görlitzer Kindertheater besuchen werde. Doch das ahne ich in diesem Moment noch nicht; nach einem langen Tag mit Anhalterreise, Lkw-Schock und Teichelmauke kann auch ich nur an eines denken: Schlaf!

Ähnlich geht es dem dritten Augenpaar, das mich von Lenas Arm aus müde mustert: Tim, noch nicht ganz ein Jahr alt und das jüngste Mitglied im Großhaushalt. Aus dem Hintergrund dringt das Geschrei weiterer Kinder an mein Ohr, dazu mahnende Erwachsenenstimmen.

Lena bemerkt offenbar meine Irritation: «Jetzt komm erst mal rein. Ich zeige dir die Wohnung und dein Zimmer.»

Lange habe ich vergeblich nach einem Couchsurfer in Zittau gesucht, es danach in Görlitz probiert, das ursprünglich gar nicht auf meinem Reiseplan stand, und bin schließlich auf Lena gestoßen. Ihre Antwort-Mail auf meine Anfrage kam prompt: «Du bist herzlich willkommen bei uns. Wenn du dich denn nicht abhalten lässt von unserer ‹Familien-WG›. Wir sind vier Erwachsene und vier Kinder unter vier Jahren. Trubel ist bei uns inklusive.»

Wie wahr. Das wird mir spätestens am nächsten Morgen klar, als mich Geplärre in drei Tonlagen aus dem Schlaf reißt. Doch zum einen ist meines Erachtens Kindergeschrei, verglichen mit anderen Sorten Lärm, lieblicher Schalmeienklang. Und zum anderen bin ich beim Betreten der Küche wieder versöhnt, wo ein liebevoll gedeckter Frühstückstisch auf den letzten Esser wartet – mich. Da Marie und Tim inzwischen ebenso aus dem Haus sind wie die beiden Kinder der Mitbewohnerfamilie, komme ich tatsächlich dazu, mich in Ruhe mit Lena zu unterhalten.

«Wir haben uns bewusst dafür entschieden, zusammen mit einem befreundeten Elternpaar in eine Wohnung zu ziehen», erzählt sie. «Und bisher haben wir es auch nicht bereut.»

Im Grunde sind es zwei miteinander verbundene Wohnungen, beide mehr als geräumig und extrem günstig. Mir als Münchner treiben die Görlitzer Mietpreise von unter 5 Euro pro Quadratmeter beinahe die Tränen in die Augen. Doch das nur am Rande.

«Für die Kinder ist diese Art des Zusammenlebens super», fährt Lena fort. «Denn so lernen sie von klein auf den täglichen Umgang mit anderen Menschen außerhalb der Familie.» Das schule ihr soziales Verhalten; zudem sei immer jemand zum Spielen da, erzählt Lena. «Und wir Erwachsene können uns gegenseitig mit den Kindern helfen. Das ist ein großer Vorteil.»

Einen kleinen Einblick ins Großfamilienleben werde ich am Abend bekommen: Dann sitzen im Kaminzimmer des herrlichen Altbaus vier Erwachsene und vier Kinder beim Essen zusammen – ein Bild wie aus Großmutters Familienalbum. Im Moment sind es sogar fünf Erwachsene, denn wie selbstverständlich werde ich während meiner Zeit in Görlitz in die Doppelfamilie aufgenommen und darf eintauchen in ihren Alltag.

«Das ist doch das Tolle an Couchsurfing», findet Lena. «Dass man auf Reisen nicht nur Sehenswürdigkeiten abklappert und im Hotel sitzt, sondern auch etwas vom Leben der Menschen mitbekommt.» Doch noch aus einem weiteren Grund nutzt sie Couchsurfing, und der stimmt mich nachdenklich: «Hier in Görlitz gibt es leider nicht sehr viele Ausländer und andere Kulturen. Aber meine Kinder sollen lernen, dass unsere Welt größer ist als nur Sachsen oder Deutschland.» Erst neulich sei eine dunkelhäutige Couchsurferin aus Dänemark zu Gast gewesen, erzählt Lena. «Mir ist wichtig, dass Marie sieht: Es gibt Menschen, die andere Sprachen sprechen und anders aussehen als wir.»

Wie sehr das Multikulturelle im Stadtbild fehlt, bemerke ich tags darauf bei meinem Rundgang durch Görlitz. Selbst an den Spießen der Dönerläden sieht man deutsche Gesichter. Nur Polnisch höre ich an mehreren Ecken – kein Wunder, ist die Nachbarstadt Zgorzelec doch gerade mal einen Zweiminutenspaziergang über die Neißebrücke entfernt.

Und noch etwas fällt mir beim Flanieren durch Görlitz auf: das hohe Alter der Bevölkerung. So macht die Stadt ihrem alten Spitznamen Pensionopolis seit der Wiedervereinigung wieder alle Ehre: Waren es im 19. Jahrhundert vor allem preußische Beamte, die ihren Alterssitz nach Görlitz verlegten, so sind es jetzt Rentner aus dem Westen, die es wegen der niedrigen Lebenshaltungskosten in den äußersten Osten der Republik zieht. Die Folge: Fast jeder fünfte Einwohner ist älter als 70 Jahre. Doch trotz dieses Zuzugs schrumpft auch Görlitz: Während im Jahr 1989 noch 75 000 Menschen in der Stadt lebten, liegt die Einwohnerzahl heute bei 55 000. Dazu kommen hohe Arbeitslosigkeit und Armut. «Wir werden häufig wegen familiärer Streitigkeiten in die Plattenbauten am Stadtrand gerufen», erzählt mir Florian, Lenas Lebensgefährte und Polizist. «Was wir dort zu sehen bekommen, ist oft erschreckend. In welchen Verhältnissen viele Kinder dort aufwachsen …»

Von derlei Problemen merken Touristen jedoch wenig, denn sie beschränken ihren Besuch meist auf die prächtige Altstadt, die vom Krieg verschont geblieben ist. Dort stehen knapp 4000 Baudenkmäler auf engstem Raum – so viele wie sonst in keiner deutschen Stadt. Zudem sind die Gebäude größtenteils restauriert, was unter anderem an einem anonymen Gönner liegt. Er überweist der Görlitzer Altstadtstiftung seit 1995 jährlich eine Million Mark beziehungsweise seit 2002 exakt 511 500 Euro. Das Geld kommt immer im Frühjahr von einem Münchner Anwalt, der sich über seinen Auftraggeber ausschweigt und nur dessen zwei Bedingungen nennt. Erstens: Die Summe darf ausschließlich für die Altstadtsanierung ausgegeben werden. Und zweitens verlangt der Spender Anonymität. Sollte sein Name je an die Öffentlichkeit gelangen, wäre es vorbei mit dem Geldregen.

In dem Fall müsste die Stadt das Geld einfach von den Touristenmassen eintreiben, denke ich am Nachmittag, während ich im Zentrum der Altstadt weißhaarige Besuchergruppen umkurve, die wie Schafherden ihren Stadtführern hinterhertrotten. Im Vorbeigehen höre ich einen der Führer wortreich die Historie des Rathausturms erläutern, und doch würdige ich das imposante Bauwerk keines Blickes. Denn nach drei Stunden Stadtbesichtigung steht mir der Sinn nicht mehr nach Architektur – ich habe Hunger! Ihm zu Leibe rücken will ich mit dem bekanntesten Gericht der Region: dem Schlesischen Himmelreich.

Diese traditionelle Fleischspeise entdecke ich auf nahezu jeder gutbürgerlichen Speisekarte in Görlitz. «Doch Einheimische essen das so gut wie nie – zumindest nicht bei uns», sagt die freundliche

Inhaberin des Gasthauses Zum Flyns, das ich für meine Reise ins Himmelreich herausgepickt habe. «Das ist eher etwas, das Touristen bestellen», erzählt sie. «Vor allem natürlich die Vertriebenen und ihre Nachkommen, die hier Urlaub machen, um nach ihren Wurzeln zu suchen.»

Viele von ihnen kennen aus ihrer Kindheit noch die schlesische Küche, die Einflüsse der polnischen, böhmischen, preußischen und österreichischen Esskultur in sich vereint. Ihr Aushängeschild ist das Schlesische Himmelreich, für das es ungefähr so viele verschiedene Rezepte gibt wie Baudenkmäler in Görlitz. Sie alle eint jedoch eines: die Kombination von geräuchertem Fleisch mit einer dickflüssigen Backobstsoße. Diese Mixtur aus fleischigem und fruchtigem Geschmack ist sicher nicht jedermanns Sache. Meine aber schon – und so verfolge ich freudestrahlend, wie die Wirtin einen Teller mit mehreren Kasslerstücken und zwei tennisballgroßen Kartoffelklößen an meinen Tisch bringt.

Die Klöße sind eher weiß als gelb, weil dem Teig für schlesische Klöße traditionell auch Kartoffelmehl beigemischt wird. Am beeindruckendsten ist jedoch die tiefbraune, fast zähflüssige Soße, die beinahe über den Tellerrand zu schwappen droht. In ihr schwimmen reichlich Pflaumen und Aprikosenhälften; der süßliche Duft von gekochtem Obst steigt mir in die Nase.

Begierig schneide ich ein Stück vom Fleisch ab und versuche, darauf so viel Soße wie möglich in meinen Mund zu bugsieren. Der Geschmack ist wie eine kleine Explosion am Gaumen: Das Kassler ist schön zart und hat sein typisches Pökel-Räucher-Aroma behalten, was einen köstlichen Kontrast zur fruchtigen Süße der Soße bildet. Noch schmackhafter wird dieser Gegensatz, als ich beim nächsten Bissen eine Aprikose auf das Fleisch spieße und mir beides zusammen mit einem großen Stück Kloß in den Mund schiebe. Und natürlich mit reichlich Soße, denn sie ist der wahre Star dieses Gerichts. Und so lege ich das Besteck nicht eher zur Seite, ehe mein Teller so aussieht, als wäre er soeben aus der Spülmaschine gekommen.

Immer noch entrückt lächelnd, stelle ich der Inhaberin der Gaststätte eine letzte Frage: «Wieso heißt es ‹Himmelreich›?»

«Sie müssen wissen, dass Schlesien früher eine sehr arme Gegend war», erklärt sie. «Und wenn doch mal Fleisch auf den Tisch kam, dann fühlte sich der Schlesier eben wie im Himmel. Daher der Name ‹Schlesisches Himmelreich›.»

Das leuchtet mir sofort ein. Mich hat dieser fruchtig-fleischige Traum für kurze Zeit jedenfalls wahrhaftig ins kulinarische Himmelreich befördert.

REZEPT:

OBERLAUSITZER TEICHELMAUKE
(für 4 Personen)

Zutaten

500 g Kochfleisch vom Rind
1 Bund Suppengemüse (Karotten, Sellerie, Kohlrabi, Lauch und Petersilie)
1 Zwiebel
6 Pimentkörner
2 Lorbeerblätter
Salz
1,5 kg Kartoffeln (mehlig kochend)
Majoran
250 g Sauerkraut

Zubereitung

1. Aus Fleisch, Suppengemüse, Zwiebel, Piment, Lorbeer und Salz eine kräftige Brühe kochen.

2. Knochen entfernen und Fleisch in mundgerechte Stücke schneiden.

3. Kartoffeln schälen, würfeln und garkochen. Danach mit Salz, reichlich Majoran und etwas von der Brühe zerstampfen.

4. Sauerkraut erhitzen.

5. Kartoffelpüree auf dem Teller anrichten und in die Mitte eine Vertiefung drücken. Diese Mulde mit Brühe aufgießen, dazu Fleisch, kleine Stücke des Suppengemüses und Sauerkraut geben.

Das Rezept stammt von Peter Besser vom Gasthaus Zum Alten Sack.

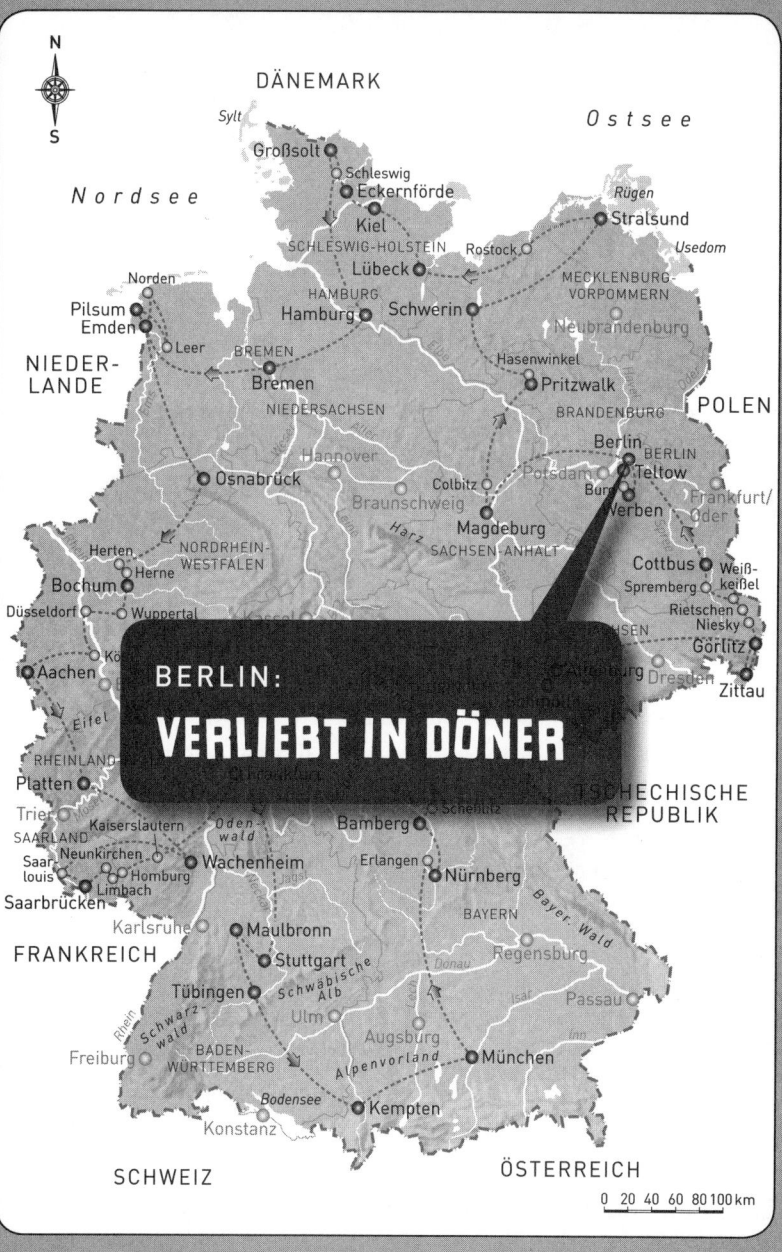

BERLIN:
VERLIEBT IN DÖNER

SEIN URTEIL IST GNADENLOS: «DAS IST JA MAL EINE SCHEISSIDEE!»

Erstaunt blicke ich meinen Fahrer an. Er ist Anfang 30, groß und schwabbelig. Unter der rasierten Glatze kauert das Gesicht einer Bulldogge, während der Körper eher den Geruch eines Wiesels verströmt. Der junge Mann hat mich in dem sächsischen Örtchen Rietschen aufgegabelt und sagt mir nun unverblümt seine Meinung. «Die deutsche Küche willst du erkunden? So was gibt's heute doch gar nicht mehr. Nimm allein die Kartoffel», bellt er. «Das ist ein amerikanisches Essen, das irgendwann zu uns gekommen ist. Und Amerikaner haben eh keine Kultur.»

Noch bin ich nicht ganz sicher, ob der Glatzkopf nur ein begnadeter Parodist ist – oder es tatsächlich ernst meint. Für Letzteres spricht sein Tonfall: Jede einzelne Silbe klingt bei ihm wie ein Schimpfwort. «Mich würde mal interessieren, wie wir Deutschen vor 1000 Jahren gegessen haben. Im Mittelalter», blafft er weiter. «Aber darüber schreibt niemand ein Buch.»

Ich lausche gebannt, wie er vom Mittelalter ins Hier und Jetzt wechselt, über die verkommene Gesellschaft klagt, über falsche Moralvorstellungen und mangelndes Wertebewusstsein. Auffallend häufig fallen dabei Wörter wie «Volk», «Heimat» und «Deutschland». Meine Belustigung weicht einer dezenten Nervosität; vorsichtig versuche ich, das Gespräch auf ein harmloseres Thema zu lenken – Fußball. Mit welchem Club man hier in der Region sympathisiere, frage ich: Cottbus oder Dresden?

Die Antwort kommt prompt und unmissverständlich: «Ich interessiere mich nicht für die Bundesliga. Da spielen mir zu viele Ausländer mit. Ich bin nämlich national eingestellt.»

Spätestens jetzt sehne ich das Ende unserer Fahrt herbei. Ob die Bulldogge mich wirklich wie angekündigt in Weißkeißel aussteigen lässt? Und warum nimmt ein solcher Mensch überhaupt Anhalter mit, wenn er sowieso nur monologisiert? Eigentlich hätte ich bereits heute früh in Görlitz ahnen können, dass das kein guter Tag werden kann. Denn kaum habe ich mich von Lena und ihrer Großfamilie verabschiedet, brettert auf der Straße ein Bierlaster vorbei. Darauf lese ich den Schriftzug einer Brauerei: «Das (k)östlichste Weizen Deutschlands». Eine so dreiste Behauptung *muss* einem gebürtigen Bayern einfach aufstoßen. Es käme schließlich auch kein Münchner Metzger auf die Idee, mit Deutschlands bestem Labskaus zu werben.

Noch ein wenig echauffiert über diese freche Werbelüge postiere ich meinen Rucksack und mich vor einer Bushaltestelle in der Nähe des örtlichen Krankenhauses. Von hier will ich auf der Landstraße nach Norden trampen bis zum Ziel meiner heutigen Etappe: Cottbus. Nach etwa 100 Autos stoppt ein Paar im Familienkombi – doch die beiden wollen nach Dresden, also nicht in meine Richtung. Dasselbe gilt für zwei junge Männer, die weitere 100 Fahrzeuge später halten. Diese Quote deckt sich ungefähr mit den bisherigen Erfahrungen meiner Reise: Etwa in jedem 100. Auto sitzt ein Fahrer, der Anhalter mitnimmt.

Getreu dieser Faustregel stoppt nach 100 weiteren Wagen ein neuer Golf neben mir. Und diesmal habe ich Glück: Der Fahrer will auf die Landstraße und kann mich bis Niesky mitnehmen. Er ist Rentner und früher selbst viel getrampt – «vor allem, als ich mit der Bundeswehr an der Küste stationiert war». Inzwischen jedoch sehe er kaum mehr Anhalter, bedauert der Mann. «Wahrscheinlich, weil es gefährlicher geworden ist. Ich würde meiner Frau auch davon abraten, Männer wie Sie mitzunehmen.»

Während ich noch rätsle, was genau er damit meint, ist der Mann schon beim nächsten Gedanken: «Ich wiederum nehme keine Frauen mit. Denn da weiß man nie, was passieren kann.» Er macht eine Pause und wirft mir dann einen verschwörerischen Blick zu. «Sie wissen schon: Am Ende reißen die sich noch die Kleider vom Leib und behaupten weiß Gott was. Deshalb nehme ich keine Frauen mit – egal, wie kurz der Rock ist.»

Bevor er noch mehr ins Detail gehen kann, sind wir zum Glück bereits in Niesky. Dort muss ich nicht lange warten: Ein Geschäftsmann nimmt mich die paar Kilometer nach Rietschen mit, wo schließlich der übel riechende Glatzkopf mit seinem klapprigen Opel neben mir hält. Mein Bauch schlägt sofort Alarm. Doch dann fällt mir ein, wie sehr mich mein Schubladendenken in Pjotrs Fall in die Irre geführt hat, und ich gebe mir einen Ruck und steige ein. Man soll Menschen schließlich nicht nach ihrem Äußeren beurteilen.

Eine Viertelstunde später würde ich einschränken: Manchmal sollte man es doch tun. Wir haben das Mittelalter und die Bundesliga hinter uns gelassen und fahren schweigend am Ortsschild von Weißkeißel vorbei. Da schnauzt mich der Glatzkopf unvermittelt an: «Wo soll ich dich rauslassen? Am Bahnhof? Aber du hast ja eh kein Geld für eine Fahrkarte.»

Ich bin so erleichtert über das nahende Ende der Fahrt, dass ich seinen Seitenhieb geflissentlich überhöre: «Einfach hier vorn an der Bushaltestelle», antworte ich hastig. «Das passt schon.»

Die Bulldogge bremst, zieht rechts ran und verabschiedet sich mit einer letzten Freundlichkeit: «Du hast doch bestimmt reiche Eltern? Oder woher kommt das Geld für deine Reise?»

Ich blicke ihn durch die offene Beifahrertür an. Eigentlich sollte ich jetzt ein flammendes Plädoyer für Toleranz halten, für Ausländer, für die Bundesliga, für meine Reise und nicht zuletzt für die Kartoffel. Doch ich schüttle nur den Kopf und sage leise: «Danke fürs Mitnehmen.»

Diese Episode bleibt das einzige unerfreuliche Anhaltererlebnis an diesem Tag. Von Weißkeißel fährt mich eine ältere Dame bis nach Spremberg; dort gabelt mich ein Geschäftsmann in lila Cordhose auf und stoppt eine halbe Stunde später vor dem Hauptbahnhof in Cottbus. Zu Fuß spaziere ich ins Zentrum und betrete die Touristeninformation. Dort spule ich mein übliches Programm ab. Erste Frage: eine Karte von der Innenstadt? Wortlos schiebt mir die Frau einen Plan über den Tresen. Sie dürfte Anfang 50 sein, hat eine rot gefärbte Mähne auf dem Kopf und eindeutig zu viel Make-up im Gesicht. Zweite Frage: Welche drei Sehenswürdigkeiten sollte man in Cottbus besuchen? Die Frau blickt mich so entgeistert an, als hätte ich sie gebeten, sich auf der Stelle auszuziehen. Unsicher sehe ich mich um: Das hier *ist* die Touristeninformation, also ist die Frage nach Sehenswürdigkeiten durchaus vertretbar.

Da schleudern mir die knallroten Lippen entgegen: «Altmarkt, Fußgängerzone, Branitzer Park.»

Ich warte auf weitere Informationen – vergeblich. Also stelle ich meine dritte Standardfrage: «Gibt es in Cottbus kulinarische Spezialitäten, die ich probieren sollte?»

In der Nürnberger Touristeninformation zumindest war das der Startschuss für ein zehnminütiges Referat über Rostbratwürste, Lebkuchen und Co. Diesmal besteht die Antwort aus einer Silbe: «Nein.» Und dazu schenkt mir die Frau einen Blick, als begutachte sie eine Scheibe verschimmeltes Brot.

Da reißt mein Geduldsfaden mit einem leisen Schnalzen. Ich lehne mich weit über den Tresen, so weit, bis unsere Gesichter sich beinahe berühren. Ich spüre förmlich die Spitzen ihrer strammfrisierten Feuerwehrmähne auf meiner Haut kitzeln. «Werte Dame», flöte ich in einem Tonfall, den selbst ein Kleinkind als ironietriefend entlarven würde. «Korrigieren Sie mich, aber ist das hier nicht eine Touristeninformation? Wenn ich nicht irre, dann sollten Touristen an so einem Ort informiert werden – und sich vielleicht sogar ein bisschen wohlfühlen. Ich bin ein Tourist, aber ich fühle mich hier weder informiert noch wohl. Nun reißen Sie sich mal am Riemen: Und jetzt fangen wir noch mal ganz von vorn an …»

Zugegeben: Leider hat dieser Teil des Gesprächs nur in meinen kühnsten Träumen stattgefunden. In der Realität blicke ich die Frau nur einige Sekunden lang ungläubig an und lasse mir auf meinem Plan noch das nächstgelegene Internetcafé zeigen. Auf dem Weg dorthin geht mir die Touristendame nicht aus dem Kopf: Wieso nur arbeitet man als offensichtlicher Misanthrop an einem Ort, wo man tagtäglich mit Menschen zu tun hat, nämlich in einer Touristeninformation?

Oder in einem Casino?, möchte ich hinzufügen, als ich zehn Minuten später erneut an einem Tresen stehe. Das vermeintliche Internetcafé hat sich als Spielhölle entpuppt. Hier können Besucher an Münzcomputern im Internet surfen. Oder besser gesagt: Sie *könnten* – wenn die junge Dame an der Kasse sie beachten würde. Das tut sie aber in meinem Fall nicht, sondern wirft Münze um Münze in einen Wechselautomaten.

Ich räuspere mich – erst leise, dann unüberhörbar.

«Wollen Sie etwas?», rotzt sie mir regelrecht hin, den Blick weiter auf den Automaten gerichtet.

«Ja, nämlich Ihnen und Ihrer Kollegin von der Touristeninformation den Satz ‹Der Kunde ist König› auf beide Handrücken tätowieren.» Gerade noch rechtzeitig schlucke ich die Antwort hinunter, so verlockend sie auch ist, atme tief durch und sage mit todesverachtender Höflichkeit: «Ich müsste mal ins Internet.»

Sie, genervt: «Bin gleich da.»

«Gleich» scheint bei dieser «Servicekraft» jedoch ein dehnbarer Begriff zu sein. Und so kramt sie seelenruhig neues Kleingeld hervor, lässt die Münzen im Automaten verschwinden, steckt sich eine Zigarette an, pafft und wechselt vor sich hin. Gerade, als ich innerlich kochend das Casino wieder verlassen will, dreht sie sich um, drückt eine Taste an ihrem Computer und nölt gelangweilt: «Rechner Nummer drei.» Es war also tatsächlich ein einziger Handgriff nötig, um meiner Bitte nachzukommen. Wie unverschämt von mir, auch nur anzunehmen, dass eine solche Kraftanstrengung auf die Schnelle möglich sei!

Erst nach einer halben Stunde schlägt mein Puls wieder in einem halbwegs gesunden Takt, sodass ich mich in Ruhe umsehen kann. In der Ecke sitzen zwei junge Männer und werfen wortlos Ein-Euro-Münzen in mal blinkende, mal blökende Automaten. Ihre Gesichter sind so fahl wie der Zigarettenrauch, der von einer vergessenen Kippe im Aschenbecher emporqualmt; von irgendwoher wummert Technomusik.

Es ist ein erschreckendes Bild – und doch werde ich Ähnliches noch häufiger zu Gesicht bekommen. Denn meine Reise wird mich lehren: Auch wenn eine Stadt über kein Internetcafé verfügt – Spielhöllen gibt es überall. Und das oft in beängstigender Zahl und in bester Lage. Später lese ich: In deutschen Städten über 10 000 Einwohner kommt durchschnittlich eine Spielhalle auf 6500 Menschen. Nur zum Vergleich: Auf eine McDonald's-Filiale kommen in Deutschland mehr als 57 000 Einwohner. Wie sich all diese Spielhallen finanzieren? Das bleibt mir ein Rätsel, denn zumindest jene Zockerparadiese, die ich auf meiner Reise besuche, sind meist so spärlich frequentiert wie ein Freibad im Winter. Umso klarer ist mir inzwischen: Je mehr Spielhallen es in einer Stadt oder einem Viertel gibt, desto weniger gern möchte ich dort leben.

Nach diesem eher suboptimalen Start in Cottbus will ich meiner Beziehung zu der Stadt eine zweite Chance geben. Und da Liebe bekanntlich durch den Magen geht, versuche ich es mit einem probaten Mittel: essen! Weil die Tipps der Touristendame jedoch nur bedingt hilfreich waren, wandere ich ziellos durch die Innenstadt und studiere die Speisekarten der Gaststätten. Auf dem Altmarkt kommen mir zwei Jugendliche entgegen: Der eine hat ein Fischbrötchen in der Hand, der andere einen Hamburger. Im Gehen schlingen sie ihr Essen hinunter, als wäre die Nahrungsaufnahme nur ein notwendiges Übel, das es möglichst schnell und möglichst nebenbei zu erledigen gilt. Dieser Anblick bietet sich zur Mittagszeit in jeder deutschen Fußgängerzone – und dennoch bin ich stets aufs Neue entsetzt. Wie kann man seinem Essen nur so wenig Beachtung schenken?

Unwillkürlich bleibe ich stehen, um den Jugendlichen nachzublicken. Da drängelt sich ein Geschäftsmann im Anzug an mir vorbei. In der einen Hand balanciert er eine Pappschale mit Currywurst, in der anderen eine Plastikgabel, mit der er sich die Happen in den Mund schaufelt. Zwischen Schulter und Ohr klemmt ein Handy, in das er Anweisungen brüllt.

Angewidert drehe ich mich um, eile die Straße hinunter und erspähe auch schon ein Schild mit der Aufschrift «Ältestes Gasthaus in Cottbus». Ohne die Speisekarte zu konsultieren, stürze ich durch die Tür, setze mich an den erstbesten Tisch und blicke mich um: Eine Tafel verkündet stolz das Gründungsjahr der Wirtschaft – 1640. Nicht ganz so alt dürfte die Inneneinrichtung sein, die wohl der Blütezeit der Geschmacklosigkeit entstammt: den achtziger Jahren. Holzgatter trennen die Essnischen voneinander ab, die Sitzbänke sind mit Blümchenstoff bezogen, und noch mehr Blumen prangen auf dem Tischläufer und ebenso auf den Papierservietten. Dazu reichlich Nippes, billige Dekoartikel und mittendrin ein einziger Gast: ich.

Doch all das kann mich nicht schrecken; manchmal verbergen sich hinter solchen Geschmacksverirrungen die gemütlichsten Gaststätten mit einer Küche wie bei Muttern. Beherzt greife ich zur Karte und entdecke ein Gericht, das ich ohnehin auf meiner Reise probieren wollte: Königsberger Klopse. Die gekochten

Klöße aus Kalbshackfleisch, die in einer weißen Kapernsoße serviert werden, stammen ursprünglich aus Ostpreußen. Heute geistern sie vor allem durch die Küchen von Brandenburg und Berlin und sollen laut einer Forsa-Umfrage das bekannteste Regionalgericht Deutschlands sein – vor Weißwürsten und Maultaschen.

Da rauscht schon eine wuchtige Kellnerin mit blondierter Lockenpracht und wehender rosa Bluse heran. Sekunden danach erreicht auch ihre Parfümwolke den Tisch und legt sich wie eine Smogglocke über uns. «Na, Schätzchen, was darf's denn sein?», höre ich eine verrauchte Stimme aus dem Dunst fragen.

Ich unterdrücke Hustenreiz nebst Naseninfarkt und bestelle Königsberger Klopse, dazu ein Bier.

«Kommt sofort», antwortet die Kellnerin und verschwindet in die Küche.

Nachdem sich die Parfümwolke verzogen hat, lehne ich mich zurück und versuche zur Abwechslung an etwas Schönes zu denken. Das freilich würde mir leichter fallen, wenn aus dem Radio nicht einer dieser Privatsender dröhnen würde, deren Programm aus den ewig gleichen Songs und den ewig gleichen Witzchen der unsagbar geistreichen Moderatoren besteht. Ich weiß sowieso nicht, wozu man Musik in Gaststätten braucht. Denn Essen verdient meines Erachtens vollkommene Hingabe ohne jede Ablenkung; umgekehrt würde ja auch niemand auf die Idee kommen, sich in der Oper einen Schweinebraten mit Knödeln schmecken zu lassen.

Zehn Minuten später sitze ich erneut im bleischweren Parfümnebel. Zwar wird dieser Frauenduft – es kann nur «Eau Narcotique» sein – auch die kommenden drei Tage in meiner Kleidung hängen, doch das ist mir in diesem Moment herzlich egal. Denn die mitleidlose Kellnerin hat einen Teller auf meinen Tisch gestellt. Nach einiger Zeit erkenne ich darauf die Umrisse von vier golfballgroßen Fleischbällchen.

Gierig greife ich zum Besteck, spalte den ersten Königsberger

Klops, schiebe mir ein großes Stück mit Soße in den Mund und schmecke – nichts. Nun bin ich kein Klopsexperte, traue mich aber zu behaupten: Vollkommen geschmacksfrei ist das Gericht mit Sicherheit nicht. Doch diese vier Klopse erinnern eher an Styroporklumpen – und die Kapernsoße ähnelt mit Wasser verdünnter Milch. Kaum besser sind die matschigen Kartoffeln und das lieblose Salatarrangement. Alles schmeckt so fad, als hätte der Koch seinen Gästen Schonkost zwangsverordnet.

Dennoch verschlinge ich Klopse und Kartoffeln im Rekordtempo, denn inzwischen dringt wieder der Radiosender an mein Ohr – mit «Wind of Change» von den Scorpions. Und während Klaus Meine noch die «Children of Tomorrow» vor sich hin träumen lässt, drücke ich der Blondine einen Schein in die Hand und verlasse fluchtartig diesen Ort des Schreckens.

«Die hier habe ich immer dabei», sagt Ömer, greift hinter sich, kramt ein Paar schwarze Lederhandschuhe hervor und klatscht sie krachend aufs Armaturenbrett. Krachend? «In die Finger ist Quarzsand eingenäht», erklärt Ömer und grinst. «Damit ich mich bei Schlägereien nicht mehr so oft verletze.»

Nervös rutsche ich auf dem Beifahrersitz hin und her, blicke erst auf die Handschuhe, dann auf Ömer: ein in Deutschland geborener Türke, 40 Jahre alt, die Gelfrisur ebenso akkurat gestutzt wie den Kinnbart. Ein goldener Ring funkelt an seinem Ohr.

«Ich habe mir schon oft die Finger gebrochen», erzählt er und wedelt mir zum Beweis mit der rechten Hand vor dem Gesicht herum. «Und guck mal: Auch hier an der Stirn kann man die Narben sehen.» Er beugt seinen Kopf zu mir herüber, und für einen kurzen Moment donnert der klapprige Dacia quasi führerlos mit 140 Stundenkilometern über die Autobahn. «Ich schlage nämlich mit Fäusten und Kopf zu», sagt Ömer. «Mach ich immer so.»

Zwei Tage habe ich in Cottbus verbracht. Und auch wenn ich

es nach dem verpatzten Start mit Touristendame, Spielhölle und Klops nicht geglaubt hätte: Die Stadt hat durchaus nette Seiten, vor allem rund um den pittoresken Altmarkt. Dennoch bin ich nicht allzu unglücklich, dass ich Cottbus hinter mir lassen kann. Mein Ziel heißt Berlin – und vor mir liegt eine der aufregendsten Anhalterfahrten meiner Reise.

Doch davon ahne ich noch nichts, als ein leicht ramponierter Dacia an der Bushaltestelle neben mir stoppt. «Du willst nach Berlin?», ruft Ömer durchs offene Beifahrerfenster. «Dann steig ein! Ich bin gerade arbeitslos und fahre nach Berlin, weil mir langweilig ist.»

Ich verstaue meinen Rucksack auf der Rückbank neben dem Kindersitz, schnalle mich an und werde in den folgenden 90 Minuten Zeuge einer einzigartigen One-Man-Show. Denn Ömer ist eine Mischung aus Django Asül und Mario Barth – nur in Lustig. In atemberaubendem Tempo und unglaublicher Inhaltsschwere hält er einen fulminanten Monolog, in dem ich nur als Stichwortgeber fungiere.

Wenn Ömer in seinem Mischmasch aus Cottbusserisch, Berlinerisch und Kiezdeutsch loslegt, klingt das ungefähr so: «Isch hab keene Probleme mit den Nazis, weißte, mich lassen die in Ruh. Nur eenmal, da hatt so ne Glatze, weißte, hatt so aus seinem Auto gebrüllt, weißte, brüllt der: Verschwinde, du Scheißausländer, einfach so, und brüllt so: Geh zurück, wo du herkommst, Scheißtürke. Also zieh isch meene Lederjacke aus, weißte, so ne dicke, schwere Lederjacke. Steh isch vor dem Auto von dem Scheißnazi, und isch so: Steig aus, du Scheißnazi! Steig doch aus, wenn du Eier in der Hose hast.»

Für diese fünf Sätze braucht Ömer drei Sekunden – und das, obwohl er die Geschichte mit Händen und Füßen, mit Geräuschen und wechselnden Stimmen erzählt. «Da steh isch also vor dem Scheißnazi, dat is son großer, fetter Schrank, weißte. Vor dem sein Auto steh isch so. Und was macht der Nazi? Nischt! Ey, der pisst sich in die Hose! Zieht einfachn Schwanz ein.» Ömer schüttelt sich vor Lachen, der Dacia macht kleine Sprünge, was einen von hinten heranbrausenden BMW zur Vollbremsung zwingt. «Und das Beste», fährt Ömer ungerührt fort, «weißte, bevor der wegfährt, der Scheißnazi, weißte, da rotze isch ihm voll aufs Auto. Vorne so, aufs Auto, weißte, so …» Ömer zieht die Nase hoch, befördert lautstark Speichel in seinen Mund und imitiert ein Spuckgeräusch. «Rotz isch dem Scheißnazi voll aufs Auto!»

Ich muss mir das Applaudieren geradezu verkneifen. Wäre ich RTL-Chef – Ömer hätte schon jetzt, nach der ersten Anekdote, den Vertrag für eine eigene Late-Night-Show in der Tasche. Mühelos springt er in seiner Lebensgeschichte hin und her, erzählt von den elf Jahren als Verkäufer in Antalya («Da hab ich die Leute angelogen, dass sich die Balken biegen»), von seinem missglückten Einbürgerungsversuch («Die wollten, dass ich einen Sprachtest mache. Ich! Also bin ich Türke geblieben. Was bringt mir ein deutscher Pass?») und von seinen Träumen («Bis 50 will ich 100 000 Euro beiseitegelegt haben. Banküberfall, Lotto, Sparen – egal. Und dann wandere ich nach Antalya aus»).

Dabei ist Ömer kein dumpfer Sprücheklopfer. Immer wieder spitzt in seinen Geschichten Lebensklugheit hervor. «Ich habe jahrelang mit Nazis auf dem Bau gearbeitet», erzählt er. «Und auf Montage, da muss man sich gegenseitig vertrauen, da geht's um Leben und Tod. Die Nazis haben immer zu mir gesagt: Du bist okay, Ömer. Du bist nicht wie die anderen Ausländer. Du hast ja einen Job. Da habe ich gefragt: Und was ist mit den Tausenden Deutschen, die keinen Job haben? Hasst ihr die auch? Nein! Ihr mögt keine Ausländer, das ist eure Meinung. Und ich mag keine Rechten, das ist meine Meinung. Punkt.» Und damit sei er stets gut gefahren, bekräftigt Ömer. «Ich habe mit denen nie Probleme gehabt.»

Inzwischen sind wir in Berlin. Am Autofenster ziehen die Dönerbuden von Neukölln vorbei. Ömer hat seine Quarzsandhandschuhe wieder verstaut und wendet sich mir zu: «Was machst denn du eigentlich so?» Es ist seine erste Frage, seit ich in Cottbus zugestiegen bin.

«Ich bin Journalist», antworte ich.

«Journalist?» Ömer wiederholt das Wort langsam. Mehr nicht. Und zum ersten Mal während der gesamten Fahrt herrscht für einen kurzen Moment Stille im Dacia.

Am Hermannplatz verabschiede ich mich von Ömer und fahre zum Bahnhof Friedrichstraße. Schon auf dem Weg stellt sich mein typisches Berlin-Gefühl ein, das ich am besten mit zwei Worten beschreibe: zu viel. Denn so aufregend die Hauptstadt ist – in Berlin gibt es für meinen Geschmack einfach zu viele Menschen, zu viele Geschäfte, zu viele Autos, die Straßen sind zu groß, die Geräusche zu laut, die Gerüche zu intensiv.

Das gilt besonders fürs Essen, wo die Auswahl schier grenzenlos ist. Allein im Bahnhof Friedrichstraße zähle ich einen Asia-Imbiss, eine Suppenküche, einen Obststand, je einen Eis-, Schokolade- und Fish-and-Chips-Verkäufer, ein Restaurant, zwei Supermärkte, ein Reformhaus, einen Donut-Laden, eine Wurstbude, zwei Fast-Food-Niederlassungen und nicht weniger als fünf Filialbäckereien. Und all das binnen einer Gehminute!

Ein Glück, denke ich, dass ich mich bei meinem Besuch auf ein Gericht beschränke, das vielleicht nicht ganz urdeutsch, aber urberlinerisch ist: den Dönerkebab. So zitiert Eberhard Seidel-Pielen in seinem Buch *Aufgespießt – Wie der Döner über die Deutschen kam* eine Schlagzeile in der «Welt» aus dem Jahr 1984: «Dönerkebap – nun die vierte Nationalspeise der Berliner. Im Wettbewerb mit Bockwurst, Schaschlik und Hamburger hat sich das türkische ‹Dönerkebap› längst auf dem Berliner Markt durchgesetzt.»[2] Der weitverbreiteten Vorstellung, dass der Kebab im Fladenbrot erst in Deutschland erfunden worden sei, widerspricht Seidel-Pielen jedoch: «Tatsächlich wurde der Döner in Istanbul, Jahre bevor er in Berlin bekannt wurde, als Sandwich angeboten.»[3]

Inzwischen ist der Kebab der mit Abstand beliebteste Imbiss der Deutschen. Um eine Vorstellung zu bekommen: Zwischen Flensburg und Füssen gibt es rund 16 000 Dönerbuden. Jeden Tag drehen sich dort 400 Tonnen Fleisch an den Spießen, genug für drei Millionen Kebabs; und der Umsatz der gesamten Dönerindustrie betrug 2011 stolze 3,5 Milliarden Euro. Zum Vergleich: Fast-Food-Gigant McDonald's kommt mit knapp 1500 Filialen in Deutschland auf einen Umsatz von 3,2 Milliarden Euro.

Umstritten ist, wer Anfang der siebziger Jahre den ersten Dönerimbiss in Deutschland eröffnete. Lange reklamierte Mehmet Aygün diesen Titel für sich; aus seinem City-Imbiss am Kottbusser Damm entwickelte sich später die Restaurantkette Hasir. Er behauptete stets, den Döner im Fladenbrot 1971 erfunden zu haben, inspiriert durch die aufkommende Fast-Food-Welle. Im Jahr 2011 jedoch ehrte der Verein Türkischer Dönerhersteller in Europa einen gewissen Kadir Nurman als Vater des Kebabs. Er habe den ersten deutschen Döner 1972 am Bahnhof Zoo verkauft – anfangs nur mit Hackfleisch und Zwiebeln. Um Licht ins Dönerdunkel zu bringen, hätte ich gern mit Aygün oder Nurman gesprochen. Doch beide weilen während meines Berlin-Besuchs in der Türkei. Wahrscheinlich schlürfen sie am Strand von Antalya gemeinsam Cocktails und klopfen sich lachend auf die Schen-

2 Eberhard Seidel-Pielen: *Aufgespießt. Wie der Döner über die Deutschen kam*, Hamburg: Rotbuch 1996, S. 53.

3 Ebenda, S. 45.

kel, weil sie die Öffentlichkeit in Sachen Döner jahrelang an der Nase herumgeführt haben.

Aber wichtiger als die Geschichte ist mir ohnehin der Geschmack. Und so ziehe ich vom Bahnhof Friedrichstraße frohgemut los, nicht, ohne mich zuvor mit einer Kleinigkeit aus dem Buchladen zu bewaffnen: dem «Berliner Döner-Quartett». Es umfasst 32 Karten mit Kebabbuden und listet so essenzielle Informationen auf wie Dönerpreise, Gründungsjahr, Distanz nach Istanbul und Anzahl der Brüder des Besitzers. Damit, so denke ich, sollte ich problemlos die besten Dönerläden der Stadt aufspüren.

Den Anfang macht eine Bude namens Döneria im Prenzlauer Berg, laut Quartettkarte seit 1994 im Geschäft, allerdings von einem Einzelkämpfer betrieben – sprich: null Brüder. Voller Vorfreude wandere ich zur angegebenen Adresse und stehe vor einem Spielwarengeschäft. Irritiert blicke ich mich um und entdecke erst zwei Häuser weiter einen Imbiss. Vielleicht ein Tippfehler auf der Quartettkarte?

Verunsichert betrete ich den Laden und bin sofort von Zigarettenrauch eingehüllt. In der Ecke bimmeln zwei Spielautomaten, am Tresen sitzt ein vom Alkohol gezeichneter Gast, und weiter hinten dreht sich ein blassrosa, mickriges Etwas – der Dönerspieß. Keine Frage: Hier wird meine Berliner Kebabtour keinesfalls beginnen. Zur Sicherheit drücke ich dem Wirt die Quartettkarte in die Hand. Er betrachtet sie so verständnislos, als stünden darauf altägyptische Hieroglyphen, und schüttelt langsam den Kopf: «Nie gesehen.»

Doch zum Glück ist der nächste Dönerladen nicht weit: Der Euro-Snack verspricht einen Kebab für 2,50 Euro und soll angeblich von nicht weniger als acht Brüdern betrieben werden. Mit der Quartettkarte in der Hand eile ich in die Greifswalder Straße. Der Verkehrslärm ist ohrenbetäubend – und doch höre ich deutlich mein Magengrummeln, das inzwischen locker die Dezibelwerte eines Presslufthammers erreicht.

Am Ziel angekommen, stehe ich vor einem riesigen Supermarkt. Von Döner keine Spur – weder vom Euro-Snack noch von einem der acht Betreiber. Wütend starre ich auf die Karte in meiner Hand. Eigentlich wollte ich zu diesem Zeitpunkt längst zwei bis drei Kebabs getestet haben. Stattdessen suche ich vergeblich nach einem Döner – und das in Berlin!

Wahllos ziehe ich eine dritte Karte hervor: das Ali Baba, seit 1992 im Geschäft, sechs Brüder und 2223,8 Kilometer von Istanbul entfernt. Zehn Minuten später biege ich in die Danziger Straße ein. Der Duft von gebratenem Fleisch steigt mir in die Nase, und schon im nächsten Moment erblicke ich das gelbe Schild, das ich bereits vom Quartettfoto kenne. Ich bin noch nicht ganz im Laden, da gebe ich schon meine Bestellung auf: einen Döner mit allem, dazu ein Ayran. Während der junge Türke das Fleisch vom Spieß säbelt, frage ich nach seiner Familie.

«Wir sind insgesamt sechs Brüder», antwortet er stolz. «Ich bin der jüngste.»

Doch dann verfliegen alle Gedanken an Brüder, Quartettkarten und die ach so große Hauptstadt – es gibt nur noch mich und den Döner. Genüsslich beiße ich in das geröstete Fladenbrot, schmecke das würzige Hähnchenfleisch, Tomaten, Zwiebeln, Gurken und die köstliche Sesamsoße. Spätestens beim ersten Schluck des selbstgemachten Ayrans bin ich endgültig mit Berlin und seinen Dönerbuden versöhnt. Nun kann der Kebabmarathon beginnen.

Drei Tage und fast ein Dutzend Fleischtaschen später stehe ich vor der wohl berühmtesten Dönerbude Berlins. Hinter mir liegen unter anderem ein Kebab mit Rindfleisch (hervorragend), ein Kebab von einem der blassrosa Spieße (schon mal einen Fahrradschlauch weichgekaut?), ein Kebab im legendären Hasir in Kreuzberg (nichts zu mäkeln), ein veganer Kebab (besser, als er klingt) und ein Kebab für 1,49 Euro (Finger weg!). Nun will ich herausfinden, warum sich ausgerechnet vor dieser winzigen Bude Mittag für Mittag eine bis zu 20 Meter lange Schlange bildet. Und das, obwohl ihr Aushängeschild ein vegetarischer Döner ist.

Schon jetzt, um elf Uhr vormittags, drängt sich eine Menschentraube vor Mustafas Gemüsekebab am U-Bahn-Aufgang Mehringdamm. Geduldig warten Berliner Hipster, Touristen, Geschäftsmänner und -frauen sowie Mütter mit Kinderwagen, ehe sie das Fenster erreichen und ihren Döner entweder vegetarisch oder mit Hühnchen und Gemüse bestellen. Hinter Glas türmen sich Berge von Kräutern, Zucchini, Zitronen, Gurken und Tomaten auf der Theke. Im Innern des engen Containers schneidet ein Mitarbeiter Fleisch von einem zentnerschweren Spieß, ein zweiter befüllt das Fladenbrot, und der dritte kassiert. Noch nie habe ich eine derart professionelle Arbeitsteilung in einer Kebabbude gesehen – und dennoch machen die drei Jungs einen so entspannten Eindruck, als lägen sie gerade im Urlaub am Hotelpool.

«Bist du eigentlich Vegetarier?», fragt Tarik Kara, nachdem er mich entdeckt hat. Tarik ist der Besitzer von Mustafas Gemüsekebab, auch wenn er nicht Mustafa heißt; ihn habe ich zuvor angerufen und um ein Gespräch gebeten.

Vegetarier? Nein, das würde sich mit meiner aktuellen Mission und der deutschen Küche nicht vertragen. Ich schüttle den Kopf.

Sofort drückt mir Tarik einen Döner mit Gemüse und Hühnchen in die Hand. «Jetzt probierst du erst mal unseren Kebab», sagt er fast mütterlich. «Damit du weißt, worüber wir reden.»

Gern würde ich an dieser Stelle den Geschmack beschreiben, doch mir fehlen die Vokabeln. Denn dieser Döner hat wenig mit all den Dönern gemein, die ich bisher verdrückt habe – angefangen beim krossen Fladenbrot über das zartwürzige Hähnchenfleisch bis hin zum frischen und frittierten Gemüse. Ich schmecke Aubergine, Zucchini, Kartoffeln und Rettich; dazu kommen reichlich Schafskäse, Gurken, Tomaten, Salat, Frühlingszwiebeln und zweierlei Kraut sowie frische Kräuter von Minze bis Knoblauch, eine formidable Joghurtsoße, ein Schuss scharfe Chilisoße und obenauf ein paar Spritzer Zitronensaft. Oder kurz gesagt: purer Genuss. Wenn Tarik in diesem Moment um meine Hand anhielte, ich würde blindlings Ja sagen.

Doch zum Glück entscheidet sich Tarik gegen einen Heiratsantrag und erzählt mir stattdessen seine Geschichte. Sie beginnt im Jahr 2005, als er zufällig eine alte Dame trifft, die ihren Imbiss verkaufen will. «Das war Schicksal», glaubt er. Zuvor hat Tarik jahrelang in der Gastronomie gearbeitet, doch nun kann er den Döner endlich so servieren, wie er will – nämlich mit Gemüse. «In der Türkei isst man das seit 40 Jahren», erzählt er. «Und auch hier in Berlin gab es schon Gemüsekebab.» Doch nicht mit so viel Hingabe: Tarik setzt auf frische Gewürze, mischt seine Soßen per Hand und achtet penibel auf Hygiene und Auftreten seiner Mitarbeiter.

Irgendwann stehen die Chefs einer jungen Werbeagentur in der Schlange vor Mustafas. Tarik freundet sich mit den beiden an; im Austausch für Gratisdöner übernehmen sie das Marketing für den Imbiss. Die Agentur kreiert eine witzige Website mit allerlei Spielereien: Döner fliegen durch die Luft wie im Schlaraffenland, via Livekamera kann der Besucher das Gedränge vor der Bude beobachten, und auf Mausklick fragt der virtuelle Tarik: «Was zu trinken, Bruder?» Die Homepage ist der Beginn eines Siegeszugs im Internet: Inzwischen zählt Mustafas mehr als 15 000 Anhänger bei Facebook, in Bewertungsportalen heben Hunderte den Gemüsekebab in den Himmel, und die Google-Suche nach «Döner Berlin» spuckt die Bude als obersten Treffer aus.

«Die Macht des Internet ist unglaublich», sagt Tarik, der sich selbst in der Onlinewelt so wohlfühlt wie ein Feinschmecker in England. «Ich kenne mich mit dem Internet überhaupt nicht aus. Wenn ich mal eine Mail verschicken muss, dann machen das meine Kinder für mich.»

Und so bekommt Tarik auch nur am Rande den virtuellen Wirbel mit, den ein schräger Werbespot seiner Agenturfreunde auslöst. Der Film zeigt ländliche Idylle, sanfte Musik, ein Kornfeld. Darin sitzt eine junge Frau auf einer Bank und beißt strahlend in einen Döner; aus dem Off lobt Tarik die gesunden, natürlichen Zutaten seines Kebabs. Dann kommt der Budenbesitzer selbst ins Bild, blickt ernst in die Kamera und spricht: «Davor steh ich mit meinem Namen.» Spätestens jetzt wird klar: Der Spot ist eine Parodie auf die sattsam bekannte Werbung des Babykostherstellers Hipp.

Der Film wurde in Berliner Kinos gezeigt und im Internet zum Renner. Mehrere hunderttausend User haben ihn dort gesehen. Anscheinend auch der bayerische Firmenchef Claus Hipp, denn er schickte einen Brief nach Kreuzberg: «Liebe Mustafas», heißt es darin. «Vor über 45 Jahren aß ich meinen ersten Döner mit meinem gleichaltrigen türkischen Freund Aydrin aus Bodrum. Wenn Ihre Döner so gut sind wie die Werbung, über die ich herzlich gelacht habe, dann komme ich bei meinem nächsten Berlin-Besuch gern vorbei. Mit freundlichen Grüßen, Euer Claus Hipp.»

Solche Geschichten ziehen natürlich auch die Medien so zuverlässig an wie das Licht die Motten. Und so haben inzwischen Zeitungen und TV-Sender über Mustafas berichtet; sogar aus England und den USA kamen Reporter. Manchmal ist Tarik der Trubel unheimlich: «Mir geht es doch nur um meinen Döner und dass ihn so viele Menschen wie möglich essen können.»

Unterdessen hat sich ein japanischer Tourist mit einem Kebab in der Hand zu uns an den Tisch gestellt. Als hätte er auf diesen Satz gewartet, klopft er Tarik auf die Schulter und sagt in holprigem Deutsch: «Diese Döner perfekt. Da ist mit Liebe.»

Tarik blickt ihn an, hält einen Moment inne und nickt dann: «Du sagst es, Bruder. Ich bin verliebt in Döner.»

DÖNERKEBAB
(für 4 Personen)

Zutaten

600 g Hühnchenbrust

Salz

Pfeffer

Paprika

3 EL Tomatenmark

6 Knoblauchzehen

200 g Rotkraut

200 g Weißkraut

2 Tomaten

1 Gurke

500 g Joghurt (Natur)

50 g Butter

1 Fladenbrot (ganzer Laib)

1 Zwiebel

Zubereitung

1. *Fleisch in hauchdünne Scheiben schneiden, mit Salz, Pfeffer und Paprika würzen, Tomatenmark und 3 gehackte Knoblauchzehen hinzugeben. Alles gut vermischen und 1 Tag lang im Kühlschrank ruhen lassen.*

2. *Zweierlei Kraut raspeln, Tomaten und die Hälfte der Gurke in Scheiben schneiden.*

3. *Für die Joghurtsoße: Zweite Gurkenhälfte schälen, entkernen und in Joghurt raspeln, mit 3 durchgepressten*

Knoblauchzehen durchmischen und mit Salz und Pfeffer abschmecken.

4. Butter in eine Pfanne geben und darin die Fleischmasse anbraten, bis sie goldbraun ist.

5. Fladenbrot im Backofen kurz aufbacken und danach vierteln.

6. Fladenbrotviertel aufschneiden und mit Fleisch, Kraut, Tomaten, Gurken, Zwiebelscheiben und Joghurtsoße befüllen.

Das Rezept stammt vom Autor.

SACHSEN-ANHALT:
SCHLEMMEN, BIS DIE SCHWARTE KRACHT

**ER IST DER RÜBCHENKÖNIG – JA, SOGAR «RÜBCHENPAPST»
HABEN SIE IHN GENANNT.** Und wie es sich für weltliche und
kirchliche Herrscher gehört, liebt Günter Duwe vor allem eines:
reden.

Seit rund einer Stunde sitze ich dem 86-Jährigen gegenüber
und habe erst eine Handvoll Sätze gesagt. Es spricht: Duwe, ohne
Punkt und Komma. Über seinen Vater und dessen Zeit im Krieg,
über seine Zeit im Krieg, über den Teltower Heimatverein, über
den Teltower Rübchenverein, über die Rübchenfeste in Teltow,
über seine rübchenliebende Enkelin, über sein Rübchenbuch,
über Rübchengespräche mit Journalisten und über den Staats-
besuch der britischen Queen, der er als Mitglied des Empfangs-
komitees gegenüberstand – zwei Monarchen Aug in Aug.

Wir sitzen auf schweren Sofas im Duwe'schen Wohnzimmer,
das mich an die Wohnung meiner Oma erinnert. Dicke Teppi-
che, ein mächtiges Holzbüfett, darauf alte Bücher, Fotos und
eine einsame CD mit deutschen Schlagern. Das Appartement
befindet sich in einem Hochhaus im Zentrum von Teltow, jener
22 000-Einwohner-Stadt im Speckgürtel von Berlin, die bundes-
weit für eines bekannt ist: ihr Teltower Rübchen. Günter Duwe
weiß nahezu alles über diese weiße, kegelförmige Speiserübe, die
meist als Beilage auf den Tisch kommt. Und er ist ganz offensichtlich entzückt über ausdauernde Zuhörer.

Erstmals habe er Mitte der achtziger Jahre Teltower Rübchen
gegessen, erzählt er, und sich sofort in den Geschmack verliebt.
Fortan versucht er, an das Gemüse heranzukommen, doch das
gestaltet sich schwierig. Denn das Rübchen galt zwar im 18. und
19. Jahrhundert als Delikatesse; unter anderem ließen sich Goe-

the und Kant damit beliefern. Doch zu DDR-Zeiten wurde die Pflanze so gut wie nicht angebaut, da der geringe Ertrag den hohen Aufwand nicht rechtfertigte. Schließlich müssen die breit ausgesäten Rübchen einzeln und per Hand herausgehackt werden.

«In dieser Zeit drohte das Teltower Rübchen in Vergessenheit zu geraten», sagt Duwe mit ernster Miene. «Nur ein paar Hobbygärtnern und Liebhabern ist es zu verdanken, dass der Anbau nicht ganz abriss.»

Ein Schlüsselerlebnis für Duwe folgt Anfang der neunziger Jahre: In einem Restaurant ordert er Teltower Rübchen – und bekommt eine undefinierbare Masse vorgesetzt. «Die hatten andere Rüben zurechtgeschnitten, um sie wie Teltower Rübchen aussehen zu lassen», erzählt Duwe mit verächtlichem Schnauben. «Das hat mich so geärgert, dass ich danach begonnen habe nachzuforschen.» Was er zu hören bekommt, klingt nicht gerade vielversprechend: «Egal, wen ich fragte – immer hieß es: Die Teltower Rübchen sind tot.»

Doch Duwe will sich damit nicht abfinden und startet einen Wiederbelebungsversuch. Unermüdlich wirbt er für die Spezialität, setzt sie Politikern und Journalisten vor und ruft gemeinsam mit anderen Liebhabern 1998 den Förderverein für das Teltower Rübchen ins Leben. Dieser organisiert fortan Rübchenfeste und präsentiert das Traditionsgemüse 1999 auf der Berliner Woche. Nun wird auch die Stadt Teltow aufmerksam und lässt den Namen Rübchenstadt schützen.

«Das alles hat so eingeschlagen, dass das Teltower Rübchen aus dem Dornröschenschlaf erwacht ist», ruft Duwe triumphierend wie ein Feldherr nach siegreicher Schlacht. Jetzt kann er jenen Satz loswerden, den er auch den Reportern der Lokalzeitung so gern in die Blöcke diktiert: «Mein Motto lautet: Vergangenes in der Gegenwart für die Zukunft bewahren.» Duwe macht eine kurze Pause; dann legt er noch eine Prise Pathos obendrauf: «Und im Fall des Rübchens haben wir das geschafft.»

Ich nicke freundlich, doch in Gedanken bin ich längst bei einer anderen Frage: Wie schmecken sie denn nun, die Teltower Rübchen? So nutze ich geistesgegenwärtig eine Atempause Duwes, um dazwischenzugrätschen: «Können Sie mir sagen, wo ich in Teltow die besten Rübchen bekomme?»

Duwe strahlt: «Natürlich!» Er zählt einen Landgasthof auf, einen Bauern, noch ein Restaurant – und senkt dann betrübt die Stimme: «Aber momentan gibt es natürlich keine Rübchen. Es ist ja die falsche Saison.»

Unwillkürlich sackt meine Kinnlade auf Bauchnabelhöhe: Heißt das, ich werde überhaupt keine Rübchen kosten können? Nach so viel Theorie keine Praxis?

Meine Enttäuschung scheint Duwe nicht zu entgehen: «Na, nun kommen Sie mal mit.» Er steht auf und nimmt Kurs auf die Küche. Wieder staune ich, wie fit er für sein Alter ist – geistig wie körperlich. Ob es an den vielen Rübchen liegt?

In der Küche angelt Duwe eine Tupperbox aus der Tiefkühltruhe; freudig erregt lese ich die Aufschrift «Rübchen mit wenig Soße (2008)». Mit einem Messer bricht er eine Handvoll gefrorene Brocken heraus und legt sie mit einem eigroßen Stück Butter in ein Pfännchen. Zehn Minuten später kaue ich auf dem Ergebnis und versuche den Geschmack zu beschreiben: Es ist eine milde Schärfe, ein bisschen wie Rettich, ein bisschen wie Kohlrabi – und doch anders. Zuerst schmecke ich jedoch die Butter. Müssen die Rübchen wirklich darin schwimmen?

Duwe hat seine Portion bereits verdrückt und seinen Monolog wiederaufgenommen. Inzwischen ist er bei der Zubereitung angelangt: «Ich koche die Rübchen in Brühe und dünste sie dann mit Butter und karamellisiertem Zucker», doziert er im Stil eines Fernsehkochs. «Das schmeckt hervorragend – und lässt sich wunderbar einfrieren.»

Schon nach wenigen Bissen ist auch mein Teller leer. Ich blicke sehnsuchtsvoll auf die Tiefkühltruhe, in der der Rest der Eis-rübchen wieder verschwunden ist. Aber Duwe hat offenbar genug vom Kochen und will sich lieber wieder reden hören. Doch ich habe für heute hinreichend Rübchengeschichten gelauscht. Ich danke ihm herzlich für seine Gastfreundschaft, verabschiede mich und verlasse die Wohnung. Bereits im Treppenhaus, ereilt mich erneut seine Stimme: «Eine Sache noch.» Er steht vor seiner Haustür und beugt sich übers Geländer: «Schreiben Sie bitte nicht, dass die Rübchen kugelig sind – das hat ein Journalist einmal getan. Dabei haben die Teltower Rübchen eine konische Form. Hören Sie? Konisch!»

Ein wenig ermüdet spaziere ich in die Innenstadt – und hungrig. Kann es wirklich sein, dass in ganz Teltow nirgendwo Teltower Rübchen aufzutreiben sind? Eine Dreiviertelstunde lang klappere ich Restaurant um Restaurant ab, studiere Speisekarten – doch weit und breit kein Rübchen in Sicht.

Enttäuscht betrete ich die erstbeste Bäckerei, die sich die Räumlichkeiten mit einem Metzger teilt. Eigentlich wäre das schon Grund genug, um auf der Stelle kehrtzumachen. Zudem entdecke ich in der Auslage ein Schild: «Kuchen der Woche = 2 Stück Schoko-Donut's». Nun ist ein Donut beileibe kein Kuchen und der Apostroph so überflüssig wie Wurstgeruch beim Bäcker. Doch mein Hunger ist zu groß: Ich bestelle einen Kaffee, zwei Käsebrötchen, ein sich vor Pudding biegendes Eclair – und verdrücke diese geschätzten 2000 Kalorien unter leisem, zufriedenem Seufzen.

Beim Blick auf die Auslage des Metzgers fällt mir der Currywurst schlingende Geschäftsmann in Cottbus ein. Wie traurig muss es sein, wenn man Essen nicht genießen kann? Wenn es nur als Treibstoff angesehen wird, das die Maschine Mensch am Laufen hält? Für mich hingegen ist jedes Essen wie ein kleiner Urlaub – mal erholsam, mal anregend, mal beglückend. Oder wie hier in der Bäckerei, nachdem ich einen Vormittag lang vergeblich Teltower Rübchen gejagt habe: versöhnend.»

«Neuer Tag, neues Gemüse – äh, Glück.» Das denke ich am nächsten Morgen, als ich erneut von Berlin aus aufbreche, diesmal in den Spreewald. Er liegt etwa 100 Kilometer südlich der Hauptstadt und ist mit seinen verzweigten Wasserläufen ein beliebtes Touristenziel. Außerdem ist der Spreewald bekannt für sein Obst und Gemüse: Über die Hälfte der 475 Quadratkilometer großen Fläche wird landwirtschaftlich genutzt, davon rund 70 Prozent für Ökolandbau.

Auf meinem Weg in das Örtchen Burg sehe ich Apfelbäume, Spargel- und Erdbeerfelder, es gibt Meerrettich-, Salat-, Kohlanbau und noch vieles mehr. Doch all diese Gewächse zusammengenommen werden überschattet von einem einzigen Gemüse: Die eingelegte Spreewälder Gurke ist das Aushängeschild der Region und dort allgegenwärtig. So gibt es einen Gurkenradweg – sein Logo ziert eine radelnde Gurke –, ein Gurkenmuseum inklusive der weltgrößten Gurke (2,65 Meter Länge), einen Gurkenmarkt, bei dem jährlich das Gurkenkönigspaar gekrönt wird, nicht enden wollende Gurkenstände auf der Gurkenmeile, ein Gurkenfest und einen Spreewaldmarathon, bei dem jeder Teilnehmer anstelle der Medaille eine Gurke erhält und das Startkommando lautet: «Auf die Gurke, fertig, los!» Wenn man so will, ist die Gurke für den Spreewald, was Albrecht Dürer für Nürnberg ist – und beide können sich gegen die Vereinnahmung nicht wehren.

Dabei mussten die Spreewälder erst einen jahrelangen Gurkenkrieg ausfechten, ehe sie das Gemüse für sich allein hatten. So kämpften Hersteller in ganz Deutschland darum, ebenfalls Gurken nach Spreewälder Art herzustellen – letztlich jedoch vergebens. Denn im Jahr 1999 erklärte die Europäische Union die Spreewälder Gurke zur geschützten geographischen Angabe. Seitdem muss die Rohware zu 70 Prozent aus dem Spreewald kommen und vor allem in der Region produziert werden.

Doch weit mehr als der EU-Schutz half der Spreewaldgurke der mehrfach prämierte Film *Good Bye, Lenin!* aus dem Jahr 2003. Darin versucht Daniel Brühl seiner schwerkranken Mutter kurz nach der Wiedervereinigung die aus ihrer Sicht heile DDR-Welt vorzugaukeln – unter anderem, indem er Mutters heißgeliebte Spreewaldgurken besorgen will. Das gestaltet sich jedoch nicht so leicht, was streng genommen seltsam ist. Denn die eingelegten Gewürzhäppchen gehörten zu den wenigen Ostprodukten, die auch nach der Wende ohne Unterbrechung erhältlich waren.

Dennoch hatte ich bis zu besagtem Film noch nie von der Spreewaldgurke gehört – wie wohl viele im Westen. Und so sehe ich auch jetzt Daniel Brühl vor meinem geistigen Auge Gurkengläser umfüllen, während ich im Souvenirladen von Burg das Sortiment bestaune. Schweren Herzens entscheide ich mich gegen Gurkenschnaps oder Gurkenfeuerzeug und wandere weiter zu dem Café, in dem ich mit dem Spreewaldkoch Peter Franke verabredet bin.

Auf Franke bin ich bei meinen Recherchen zur Spreewaldküche relativ schnell gestoßen. Denn der Koch ist derart umtriebig und in den Medien präsent, dass er inzwischen so etwas wie das Gesicht der Region geworden ist. Gemeinsam mit seiner Frau fahren wir von Burg ins nahe Werben, wo das Ehepaar seinen Landgasthof Zum Stern betreibt.

Dort nehmen Franke und ich an einem Tisch unterhalb eines mächtigen Bisonkopfes Platz, und der Speewaldkoch bestellt erst einmal eine Runde Plinsen – «nach dem Rezept von Oma Marianne mit Buttermilch, denn das macht sie lockerer». Genüsslich verspeise ich diese ostdeutschen Pfannkuchen mit hausgemachter Marmelade; erst danach erkundige ich mich nach dem ausgestopften Tierschädel über uns. «Das ist Claude, der Bisonkopf», erzählt Franke und grinst. «Den habe ich von einem befreundeten kanadischen Koch bekommen.»

Franke trägt übrigens zivil, das heißt weder sein Markenzeichen, die weiße Kochmütze, noch einen weißen Kittel. Doch sein rundes Gesicht und seine rosigen Wangen künden von seiner Leidenschaft fürs Essen, hinter der Brille funkeln wache Knopfaugen, und auf seiner Oberlippe thront ein weißer Schnauzbart. Franke ist mir auf Anhieb sympathisch, und daran wird sich in den kommenden zwei Stunden unseres Gesprächs nichts ändern. Obgleich es meiner vollen Aufmerksamkeit bedarf, um ihm zu folgen. Denn als stünde er in der Küche zwischen Töpfen, Pfannen und Schüsseln, springt Franke auch beim Erzählen jäh hin und her, lässt die eine Geschichte köcheln, während er die zweite mit ein paar philosophischen Bemerkungen würzt, und serviert letztlich doch eine gänzlich andere, dritte Anekdote.

Diese Umtriebigkeit zeichnet Franke auch abseits des Gesprächs aus: Der 58-Jährige leitet nicht nur die Küche des Landgasthofs und gibt Kurse in seiner Kräutermanufaktur, sondern schreibt auch Kochbücher, stellt sich mit Promis und Politikern hinter den Herd, tritt in TV-Shows auf und ist an 200 Tagen im Jahr in der ganzen Republik unterwegs – «als Botschafter der Spreewaldküche», wie er sagt. Denn die hat es Franke, dem gebürtigen Sachsen, angetan: «Als ich hierherkam, war ich überwältigt von der Einfachheit, der Natürlichkeit und der Tradition dieser Küche. Also habe ich den älteren Spreewäldern zugehört und alles aufgesaugt wie ein Schwamm.» Und wie der Rübchenkönig aus Teltow hat auch der Spreewaldkoch einen Leitspruch. «Mein Motto lautet: Bewahren durch Aufessen.»

Wo immer Franke im Auftrag der Spreewaldküche unterwegs ist – eine Frage komme stets: «Die nach der Gurke. Sie ist einfach unser Markenzeichen und unsere Nummer eins fürs Image.» Rezepte mit diesem Gemüse gibt es unzählige, wobei Frankes Favorit die Schmorgurke ist – mit Zwiebeln und Speck in der Pfanne gebraten. Es ist indes nur eines der vielen Gerichte, von denen der Spreewaldkoch an diesem Abend schwärmt: «Da gibt es Grützwurst, Kohlrouladen, Rippchen oder Forellen. Und natürlich den Spreewaldklassiker: Quark mit Kartoffeln und Leinöl.»

Und dann sei da noch die zweite von der EU geschützte Marke, die stets im Schatten der Gurke stehe: der Spreewälder Meerrettich. Daraus lasse sich eine herrliche Meerrettichsuppe machen, sagt Franke, «oder meine Aufstriche». Er winkt die Bedienung heran, ordert «einen Probierteller für den Herrn», und kurz darauf stehen vor mir vier Schwarzbrote mit bunten Belagen: orange, rot, weiß und braun. Frankes Zeigefinger wandert über den Teller: «Meerrettich mit Möhren, mit Rote Bete, natur und mit Schokolade.» Ich beginne mit Letzterem und beiße in das braune Brot. Der Geschmack ist ebenso überraschend wie vorzüglich: Zur nasenöffnenden Schärfe des Meerrettichs gesellt sich ein Hauch Schokoladensüße.

Frankes hauseigene Aufstriche finde ich auch in einem großen Fresspaket, das mir der Spreewaldkoch zum Abschied überreicht. Er schüttelt lange meine Hand und sagt dann fast feierlich: «Es war wirklich sehr schön, Herr Stäbler, sich mal wieder so ausführlich mit jemandem über Essen zu unterhalten.»

Erst im Zug nach Berlin fällt mir auf, dass ich – wie schon beim Teltower Rübchen – auch die Spreewaldgurke hauptsächlich aus Erzählungen kennengelernt habe, anstatt sie selbst zu probieren. Und so nehme ich mir für meine nächsten Essensstationen vor: mehr Praxis, weniger Theorie. Dass das mitunter sehr anstrengend sein kann, werde ich schon bald erfahren.

Ihre dunklen Augen fixieren mich im Rückspiegel: «In einer Gruppe von Menschen erkenne ich sofort, wer aus Magdeburg kommt», sagt meine Fahrerin und grinst. Sie ist höchstens 25, hat rot gefärbte Haare, einen Ring im linken Nasenflügel und ein hübsches Porzellangesicht, das so gar nicht zu ihrer deftigen Sprache passen will. Vor einer Viertelstunde hat der blaue Polo auf einer Autobahnraststätte nahe Berlin neben mir gehalten. Darin: zwei junge Frauen auf dem Weg nach Magdeburg – mein nächstes Etappenziel und ihr Wohnort. Die beiden sollten sich auskennen mit der Stadt auf der Magdeburger Börde und ihren Bewohnern.

«Woran ich die erkenne?», wiederholt die Rothaarige meine Frage und fährt lachend fort: «Magdeburger sind in Sachen Mode immer zehn Jahre hinterher. Außerdem wirst du da jede Menge Börde-Jungs und Börde-Mandys treffen.» Ich blicke verständnislos in den Rückspiegel, doch da fährt sie schon fort: «Das sind Assi-Jungs, die Goldkettchen tragen, keine zwei korrekten Sätze zusammenbringen und jeden Tag ins Fitnesscenter rennen. Und die Mädels tragen noch mehr Gold, können noch nicht mal einen geraden Satz sagen und rennen jeden Tag ins Solarium.»

Die Freundin auf dem Beifahrersitz kichert und nickt: «Magdeburger sind schrecklich, und Magdeburg ist keine schöne Stadt. Ich freue mich jedes Mal, wenn ich da weg bin.»

Ich bin perplex: Dass jemand solch harsche Worte für seine Heimat übrig hat, ist mir auf meiner Reise noch nicht untergekommen. Ich selbst kann dazu wenig sagen, denn von Magdeburg habe ich bislang keinerlei Vorstellungen. Warum es dennoch auf meinem Speiseplan steht? Weil es hier das wohl deutscheste aller Gerichte gibt: das Eisbein. Es heißt in Magdeburg Bötel und gilt dort mit «Lehm und Stroh» – will heißen, mit Erbsbrei und Sauerkraut – als besondere Delikatesse.

Doch weder Eisbein noch meine Deutschlandreise können die zwei Studentinnen im Polo beeindrucken. «In vier Wochen fliegen wir nach Südostasien, danach geht's weiter nach Australien», erzählt die Fahrerin stolz. Deshalb seien sie heute nach Berlin gefahren, um dort bei der vietnamesischen Botschaft ein Visum zu beantragen.

Nun schmieden sie große Pläne: «Wir wollen abseits der Touristenpfade das wirkliche Asien sehen», sagt die Freundin.

Und die Rothaarige fügt hinzu: «Wir hängen da nur mit Einheimischen ab und lernen die Kultur kennen. Die anderen deutschen Touris sind mir scheißegal. Ich will mit denen gar nichts zu tun haben.»

So wie die zigtausend anderen deutschen Rucksackreisenden, die jedes Jahr nach Asien und Australien pilgern, denke ich, und dann doch nur mit ihresgleichen zusammenhocken; ich verkneife mir aber den Kommentar. Stattdessen greife ich zu meinem Reiseführer und suche nach weiteren Informationen über Magdeburg. Es ist ein englisches Buch; einen Reiseführer für Deutschland, der auch die Generation der unter 70-Jährigen anspricht, habe ich vergeblich gesucht. Darin lese ich nun, dass Magdeburg «aesthetically challenged» sei – eine freundliche Umschreibung für eher hässlich. Was haben nur alle gegen diese Stadt?

Vor dem Magdeburger Hauptbahnhof verabschiede ich mich von den Studentinnen, wünsche ihnen viel Spaß auf ihrer Reise und bedanke mich fürs Mitnehmen.

«Nicht dafür», entgegnet die Rothaarige.

Ich sehe sie fragend an, warte auf weitere Erklärungen – doch stattdessen zieht ihre Freundin die Autotür zu, und sie brausen davon. Erst später werde ich lernen: «Nicht dafür» ist in ganz Ost- und Norddeutschland eine gängige Replik auf ein Dankeschön.

Im Bahnhof sperre ich meinen Rucksack ins Schließfach und mache mich auf zur Stadterkundung – schließlich will ich sehen, ob Magdeburg seinen Vorschusslorbeeren gerecht wird. Auf dem Weg nach draußen entdecke ich die Bahnhofskneipe Zapfhahn, die auf einem Plakat für ihr Herrengedeck wirbt: Bier plus Schnaps für 4,90 Euro.

Der Begriff «Herrengedeck» stammt ursprünglich aus der Zeit der Tanzlokale. Bis in die siebziger Jahre mussten die männlichen Gäste dort im Gegenzug für freien Eintritt mindestens ein Bier samt Schnaps bestellen. Für Frauen gab's das Damengedeck aus Sekt und Orangensaft. Von dem Geld wurde oft die Gage der Musiker finanziert. Heute jedoch wird in Etablissements wie dem Zapfhahn trotz Herrengedeck nur noch selten musiziert – wenn man einmal vom Klingeln der Spielautomaten absieht. Und so verzichte ich auf eine Einkehr und verlasse das Bahnhofsgebäude in Richtung Innenstadt.

Schon eine Viertelstunde später muss ich an die beiden Studentinnen zurückdenken. Ich warte gerade an der Kasse im Supermarkt, als eine Gruppe Jugendlicher den Laden betritt: allesamt schwer mit Glitzerschmuck behangen und braungebrannt wie die Hähnchen im Grillimbiss. Die Kugelstoßeroberarme der Jungs stecken im Feinrippunterhemd, ihre Begleiterin trägt eine blondierte Mähne, Ohrringe von der Größe eines Hula-Hoop-Reifens und einen silbernen Gürtel als Rock. Kurzum: Dieses Trio sieht exakt so aus, wie mir die jungen Frauen im Polo die Börde-Jungs und Börde-Mandys beschrieben haben.

Nun will ich nicht schon wieder Schubladen öffnen, und außerdem sieht man diesen Schlag Menschen auch in Kassel, Köln und Kiel zur Genüge. Doch in den folgenden zwei Tagen werde ich das Gefühl nicht los, dass Haarbleiche, Selbstbräuner und Modeschmuck in Magdeburg noch etwas mehr en vogue sind als im Rest der Republik. Und sollte ich hier je ein Geschäft eröffnen – meine Wahl würde auf ein Sonnenstudio, ein Kosmetikinstitut oder ein Fitnesscenter fallen.

Und wenn wir schon dabei sind, handeln wir auch gleich das nächste Vorurteil ab: Magdeburg als «Aesthetically-challenged»-Stadt. Dieser Umstand liegt in erster Linie an ihrer wechselvollen Geschichte: So wurde Magdeburg in den vergangenen 400 Jahren gleich zweimal nahezu komplett zerstört. Zunächst im Dreißigjährigen Krieg, als kaiserliche Truppen unter Feldherr Tilly die Stadt so gründlich schleiften, dass sich der Begriff «magdeburgisieren» als Synonym für «vollständig zerstören, auslöschen» etablierte. Zum zweiten Mal wurde die Stadt durch die Luftangriffe im Zweiten Weltkrieg verwüstet: Fast die gesamte Altstadt, 15 Kirchen und ein Großteil des Gründerzeitviertels wurden damals zerbombt. Nach Gründung der DDR konnten aus Geldmangel nur die wertvollsten Gebäude restauriert werden, sodass weite Teile Magdeburgs heute architektonisch so reizvoll sind wie die Plattenbauten in Neukölln.

Es gibt jedoch zwei rühmliche Ausnahmen, deretwegen ich zu einem Besuch Magdeburgs raten würde: das Hundertwasserhaus und den Dom. Letzterer ist das Wahrzeichen der Stadt, das älteste gotische Bauwerk Deutschlands und erstes Ziel meines Rundgangs. Tief beeindruckt wandere ich durch die dreischiffige Basilika, bestaune den herrlichen Kreuzgang und die Grabstätte Kaiser Ottos I., dessen Name untrennbar mit seiner Lieblingspfalz Magdeburg verbunden ist.

Fast noch besser als die mächtige Kirche gefällt mir jedoch die Grüne Zitadelle, die schräg gegenüber dem Domplatz einen ganzen Straßenblock einnimmt. Dieses futuristische Gebäude ist das letzte Projekt, an dem der österreichische Künstler Friedensreich Hundertwasser vor seinem Tod im Jahr 2000 gearbeitet hat. Nach seinen Plänen wurde es 2005 fertiggestellt. Heute befinden sich darin vor allem Wohnungen sowie mehrere Läden, ein Hotel, ein Café und ein Hundertwasser-Geschäft.

In seinem Manifest bezeichnet der Künstler das Gebäude als «Oase für Menschlichkeit und für die Natur in einem Meer von rationellen Häusern». Tatsächlich ist die Grüne Zitadelle ein Farbklecks in einer ansonsten eher grauen Stadt, die offenbar all ihre Mühen und ihr Geld in eines steckt: neue Einkaufszentren.

So komme ich bei meinem Rundgang gleich an mehreren dieser Glaspaläste vorbei, in denen die ewig gleichen Geschäfte zum Shoppingmarathon bei Fahrstuhlmusik locken. Solche Trabantenzentren sind der sicherste Weg, um eine Innenstadt ausbluten zu lassen. Was in Magdeburg zur Folge hat, dass sich in der eigentlichen Fußgängerzone Ein-Euro-Läden, Schnellrestaurants und Drogeriegeschäfte zuhauf finden – aber nur wenige Menschen.

Doch ich bin ja nicht zum Shoppen hier, sondern zum Schlemmen. Und so lenke ich meine Schritte zur Bötelstube. Meine Wahl ist auf sie gefallen, weil sie nicht nur das Eisbein im Namen trägt, sondern auch laut gängiger Meinung den besten Bötel der Stadt serviert. Und offenbar den üppigsten, wie ich beim Betreten der Gaststätte zufrieden registriere. Denn auf den Tellern der Gäste erkenne ich nahezu handballgroße Fleischberge, aus denen ein Knochen ragt: die Bötel.

Bei diesem Anblick schickt sich mein Magen voller Vorfreude an, vernehmlich zu knurren. Doch bevor ich mir ein Eisbein vorknöpfe, unterhalte ich mich zunächst mit dem Inhaber der Bötelstube, Ondrej Horvath. «Wir betreiben diese Gaststätte seit mehr als 50 Jahren», erzählt er mir. Zu DDR-Zeiten habe die Wirtschaft zur staatlichen Handelsorganisation HO gehört, «und nach der Wende haben wir einfach weitergemacht».

Vom zweifelhaften Sechzigerjahrecharme ist inzwischen aber nichts mehr zu sehen; stattdessen beherrschen große Fensterfronten und eine moderne Einrichtung das Interieur. Eines hat sich jedoch nicht verändert: die Spezialität des Hauses, der Bötel. «Erst wird das Fleisch vorgepökelt, also in Salz eingelegt. Deshalb hat das Eisbein später auch eine rosa Farbe», erklärt Horvath. «Anschließend wird es dann mit Gewürzen knapp drei Stunden lang im Wasser gekocht.»

Beim Eisbein handelt es sich um das Hinterbein des Schweins, das stark durchwachsen und von einer dicken Fettschicht ummantelt ist. Hier in Mittel- und in Norddeutschland dominiert die gekochte Variante, im Süden hingegen wird das Fleisch meist ungepökelt im Ofen gebraten und kommt dann als Schweinshaxe auf den Teller. Um die Herkunft des Namens «Eisbein» ranken sich vielerlei Legenden. Nach der bekanntesten leitet er sich von den Schienbeinknochen des Schweins ab, die früher als Schlittschuhkufen verwendet wurden. So heißen Schlittschuhe in Schweden übrigens noch heute *isläggor*, also «Eisbeine».

Woher die Magdeburger Bezeichnung «Bötel» stammt, kann mir Ondrej Horvath nicht erklären. Doch ich habe mir ja ohnehin vorgenommen, die Theorie zugunsten der Praxis zu vernachlässigen, und so verfolge ich angemessen begeistert, wie der Wirt kurz darauf einen der mächtigen Fleischberge zu meinem Tisch balanciert. «Isst man die Fettschicht mit?», frage ich beim Blick auf die zentimeterdicke weiße Umhüllung irritiert. Ich muss gestehen: Dies ist das erste Eisbein meines Lebens.

«Aber ja!» Horvath nickt nachdrücklich. «Das ist das Beste daran. Wir haben hier in der Bötelstube viele chinesische Touristen. Sie müssten mal sehen, wie die unser Eisbein essen – bis zum letzten Fettstückchen.»

Beherzt schneide ich ein großes Stück von der Fettschicht und beiße hinein. Doch weder die glibberige Konsistenz noch der fade Geschmack sagen mir sonderlich zu. Und das soll das berühmte Eisbein sein? Etwas enttäuscht wende ich mich Sauerkraut, Kartoffeln und dem exzellenten Erbsbrei zu. Danach bekommt das Eisbein seine zweite Chance: Ich schiebe die Fettschicht zur Seite, wähle diesmal das dunkelrosa Fleisch darunter, trenne ein Stück vom Knochen ab – und bin entzückt. Dieser Part des Eisbeins ist wunderbar zart, saftig und voller Aroma.

Die folgende halbe Stunde schaufle ich Gabel um Gabel in meinen Mund. Doch während mein Magen immer lautere Stoppsignale ans Gehirn sendet, scheint der Fleischberg vor mir nicht an Höhe zu verlieren. Und das sollen schmächtige Chinesen restlos verputzen?

Kurz darauf muss ich die Waffen strecken und lege Messer und Gabel beiseite. Auf dem Teller thront immer noch genug Eisbein für ein zweites Abendessen. Mein Bauch hingegen fühlt sich an wie ein zu prall aufgepumpter Luftballon. Horvaths Sohn kommt an den Tisch, räumt ab und kann sich beim Blick auf meinen Teller ein Grinsen nicht verkneifen. «Sie haben tatsächlich versucht, die ganze Fettschicht zu essen?», fragt er. «Den meisten Gästen reicht das Fleisch darunter vollkommen aus.»

Ich blicke ihn verwundert an und würde gern nach der geheimnisvollen Verzehrtechnik der Chinesen fragen – doch der Kampf mit dem Eisbein hat mich zu sehr ausgelaugt. Stöhnend stemme ich mich vom Stuhl hoch, wanke zur Tür und verabschiede mich von den Horvaths. Oder zumindest glaube ich das zu tun, denn der riesige Fleischberg, das Fett und nicht zuletzt die gefühlten 3000 verzehrten Kalorien haben meine Sinne derart benebelt, als sei mein Gehirn aus watteweicher Eisbeinschwarte.

Die nächste vollwertige Mahlzeit nehme ich erst wieder eineinhalb Tage später zu mir.

REZEPT:

BÖTEL MIT LEHM UND STROH
(für 4 Personen)

Zutaten

    4 gepökelte Hintereisbeine
    1 kg Sauerkraut
    500 g gelbe Erbsen (geschält)
    6 Lorbeerblätter

10 Pimentkörner

10 Pfefferkörner

6 Gewürznelken

Zucker

2 Wacholderbeeren

1 EL Schmalz

1 Zwiebel

Salz

Pfeffer

Majoran

Zubereitung Eisbein

1. *5 l Wasser mit 4 Lorbeerblättern, je 6 Piment- und Pfefferkörnern, 4 Gewürznelken und 2 EL Zucker aufsetzen. Eisbeine hineingeben und 2,5–3 Stunden lang kochen lassen.*
2. *Mit Sauerkraut und Erbsbrei servieren.*

Zubereitung Sauerkraut

1. *Schmalz im Topf erhitzen, Zwiebel in Streifen schneiden und darin glasig dünsten.*
2. *Sauerkraut sowie 2 Lorbeerblätter, je 4 Piment- und Pfefferkörner, 2 Gewürznelken und 2 Wacholderbeeren dazugeben und mit ca. 200 ml der Eisbeinbrühe aufgießen. Etwa 1 Stunde lang köcheln lassen.*
3. *Mit Salz und Pfeffer abschmecken.*

Zubereitung Erbsbrei

1. *Topf mit Wasser aufsetzen und darin Erbsen mit Salz, Pfeffer und Zucker weichkochen.*

2. *Erbsenwasser abgießen und aufbewahren.*
3. *Erbsen mit einem Pürierstab pürieren und mit Majoran würzen.*
4. *Erbsbrei so lange mit dem Erbsenwasser auffüllen, bis die gewünschte Konsistenz erreicht ist.*

Das Rezept stammt von Familie Horvath aus der Bötelstube in Magdeburg.

BRANDENBURG:

WO SICH KNIEPER-FUCHS UND HASE GUTE NACHT SAGEN

HASENWINKEL! MÜSSTE ICH EINE RANGLISTE JENER ORTE IN DEUTSCHLAND ERSTELLEN, die ich wohl niemals besuchen werde – dieses Fleckchen Erde wäre noch bis vor kurzem unter den Top Ten gelandet.

«Sie wollen sicher zu den Theaterleuten, oder?», fragt der Busfahrer und blickt in den Rückspiegel. Ich bin der einzige Fahrgast – und seiner Verwunderung beim Einsteigen nach zu urteilen, fährt er die Strecke für gewöhnlich mit einem komplett leeren Bus.

«Ja, ich glaube schon», antworte ich zaghaft.

«Dann sind Sie dort richtig», sagt der Busfahrer und zeigt mit dem Finger auf eine große Scheune, halb versteckt zwischen Holzhüttchen und wildwucherndem Grün.

Ich bedanke mich, steige aus und gehe die wenigen Schritte bis zum Holzgatter; dahinter führt ein Trampelpfad zum Anwesen. Keine Klingel, kein Namensschild. Ich richte meinen Blick auf die Scheune: Einst war sie wohl Teil eines weitläufigen Gehöfts, doch inzwischen sieht alles so abgewirtschaftet aus, als würde hier seit Jahren niemand mehr wohnen. Allein der weiße Kastenwagen vor dem Haus und die sorgsam aufgeschichteten Brennholzstapel verheißen Leben. Irgendwo bellt ein Hund.

Hasenwinkel also. Ein abgeschiedener Weiler unweit des Städtchens Pritzwalk im brandenburgischen Nordwesten. Jener menschenleere Teil des Niemandslandes, wo sogar der Fuchs keinen Hasen zum Gute-Nacht-Sagen findet. Und hier soll ich die kommenden zwei Tage unterkommen?

Ich weiß kaum etwas von Pritzwalk, geschweige denn von dem winzigen 65-Seelen-Nest Hasenwinkel, als ich am Morgen in Magdeburg aufbreche. Dem Internet entnehme ich, dass mein heutiges Etappenziel Pritzwalk mit seinen 12 500 Einwohnern die zweitgrößte Stadt der Prignitz ist und diese wiederum der am dünnsten besiedelte Landkreis in ganz Deutschland. Doch genau dort ist die Heimat des Knieperkohls – eines bemerkenswerten Gerichts mit einem noch bemerkenswerteren Vorkämpfer.

Als Anhalterplatz habe ich eine Tankstelle am Stadtrand von Magdeburg gewählt, an der viele Autos vorbeikommen und problemlos anhalten können. Dennoch dauert es fast zwei Stunden, ehe eine ältere Dame neben meinem Rucksack stoppt und mir anbietet: «Bis nach Colbitz kann ich Sie mitnehmen.»

Ein Blick auf die Karte verrät: Das sind immerhin 25 Kilometer in die nördliche, also in meine Richtung. Im Auto frage ich die Frau, warum sie mich mitnimmt. Schließlich waren die überwältigende Mehrheit meiner bisherigen Fahrer Männer – was auch in den kommenden Wochen so bleiben wird.

«Wissen Sie, ich habe selbst fünf Kinder», entgegnet sie. «Und als ich Sie an der Tankstelle gesehen habe, da habe ich mir gedacht: Der will sicher nach Hause.»

Ich erzähle ihr, dass mein Zuhause etwa 550 Kilometer südlich von hier liege und ich heute noch nach Pritzwalk müsse.

«Ich würde Sie ja hinfahren», antwortet sie lächelnd (ob sie wohl weiß, dass es rund zwei Stunden bis Pritzwalk sind?). «Aber mein Mann liegt daheim krank im Bett», fährt die Frau fort. «Ich muss mich um ihn kümmern.»

Dennoch will sie mich auf einen Kaffee zu sich einladen. Doch ich lehne ab – noch liegt eine weite Anhalterstrecke vor mir, und dieser Landstrich ist nicht gerade für seine hohe Verkehrsdichte bekannt. In Colbitz warte ich allerdings nur eine Viertelstunde, ehe ein Geländewagen mit Magdeburger Kennzeichen in der Einfahrt hinter mir anhält. Genauer gesagt ist es eher ein Schiff auf Rädern, groß genug, um einen Kleinwagen im Kofferraum zu verstauen. Ich eile zum Beifahrerfenster, das sich mit leisem Surren öffnet. «Ich müsste in Richtung Stendal», rufe ich – halb ein Echo erwartend – in den Innenraum.

Hinter dem Lenkrad sitzt ein Mann Anfang 50, halblange Haare, Sonnenbrille, Kinnbart – eine Mischung aus Jack Nicholson und Jeff Bridges. «Ich bin auf dem Weg zur Ostsee», antwortet Jack Bridgelson; seine Stimme klingt reichlich geteert und mit Whisky bewässert: «Bis Stendal kann ich dich mitnehmen.»

Ächzend erklimme ich den Beifahrersitz, krame meine Karte hervor und erkenne: Der Weg zur Ostsee führt sogar direkt an Pritzwalk vorbei; umgehend willigt der Fahrer ein, mich dort abzusetzen. Ein Glücksfall – und das in doppelter Hinsicht.

Denn Jack ist nicht nur Anwalt und könnte mit seinem Aussehen in jedem Justizthriller mitspielen, sondern auch ein extrem unterhaltsamer Erzähler. Und obendrein so schonungslos offen und ehrlich, als säße er unter Eid vor Gericht – und nicht neben einem Tramper in einem Monstrum von einem Geländewagen. «So ein Gerät würde ich normalerweise nie fahren», sagt er entschuldigend. Diese Stimme! Wie Joe Cocker nach einer durchzechten Nacht. «Aber den kann ich gut von der Steuer absetzen.»

Zum Wummern des Motors erzählt Jack seine Lebensgeschichte. Sie beginnt in der DDR, wo er seine ersten 14 Lebensjahre verbringt, ehe die Familie nach Hannover ausreist. «Die hatten meinem Vater damals verboten, zum Begräbnis seines Vaters in den Westen zu fahren», erklärt Jack. «Weil das dem Abkommen von Helsinki widersprach, wurden wir auf eine Ausreiseliste gesetzt und konnten bald darauf die DDR verlassen.»

Doch im Westen fühlt sich Jack nie richtig wohl. «Ich kam mit der Mentalität nicht klar. Alles war so oberflächlich, man wurde nach seinem Besitz beurteilt, es ging nur um Status.» Im Anschluss an ein Jurastudium zieht es ihn nach der Wende wieder zurück in seine Heimatstadt Magdeburg. Dort macht er sich als Anwalt selbständig und hat schnell Erfolg.

«Willst 'n Kappo?», fragt Jack und biegt in eine Tankstelle ein. Drinnen spendiert er uns einen Kaffee – und ein Los. «Wenn ich gewinne, kriegen Sie die Hälfte», verspricht er der hübschen Verkäuferin. Sie errötet. Doch es ist eine Niete.

Jack freilich kann das nicht die Laune verderben: «Ich bin ein Sonntagskind, ich habe in meinem ganzen Leben nur Glück gehabt.» Wir sind wieder auf der Straße, und ich blicke ihn erstaunt an. Hat er nicht eben von seiner Scheidung erzählt und von seinem Burn-out? «Das war ein Warnschuss zur richtigen Zeit», entgegnet Jack. «Danach habe ich mein Leben umgestellt und weniger gearbeitet. Im Gegensatz zu all den anderen Anwälten will ich nicht Millionär werden. Aber ich liebe meinen Job, deshalb habe ich weitergemacht.»

Jack erzählt und erzählt. Von der Beziehung zu seinem Sohn, von Gerichtsverhandlungen, in denen er die Richter über den Tisch gezogen hat, und vom legendären 2:0-Sieg des FC Magdeburg im Europapokalfinale 1974 gegen den AC Mailand. «Das weiß ich noch, als wäre es gestern gewesen. Da habe ich fast geheult vor Freude.»

Wir sind inzwischen in Pritzwalk angekommen. Jack fährt mich bis ins Zentrum und steigt extra aus, um sich von mir zu verabschieden. «Wenn du mal 'nen guten Anwalt brauchst», brummt er lachend und drückt mir einen Kugelschreiber mit seinen Kanzleidaten in die Hand. Ich blicke auf den Stift: Jack heißt Hans-Günther. Ich muss grinsen. Doch da sitzt Jack-Günther schon wieder hinter dem Lenkrad, und mein «Viel Spaß an der Ostsee!» geht im Dröhnen des Autoschiffs unter.

Ich drehe mich um und stapfe zum Marktplatz. Die Mittagssonne strahlt vom Himmel, im Schatten sitzen einige Rentner und löffeln Eis aus Bechern; es ist fast beängstigend still, etliche Geschäfte haben geschlossen. Der erste Eindruck: irgendwo zwischen beschaulich und ausgestorben. Auch in Pritzwalk ist die

Bevölkerungszahl seit 1990 um ein Fünftel zurückgegangen – so wie im gesamten Landkreis Prignitz. Und den Prognosen zufolge wird sie bis 2030 noch einmal um ein Fünftel sinken.

Die Folgen des Bevölkerungsrückgangs sind auch im Zentrum von Pritzwalk zu beobachten: Etliche Häuser stehen leer, einige Geschäfte sind augenscheinlich schon seit längerem zu vermieten und junge Menschen zwischen 20 und 40 eine rare Spezies. Immerhin, ein paar Halbstarke lungern auf den Bänken vor der charmanten Backsteinkirche herum. Höflich erklären sie mir den Weg zur Touristeninformation. Sie ist zehn Minuten zu Fuß entfernt und befindet sich im Brauereimuseum. Doch als ich dort ankomme, sind die Türen verschlossen – hier ist die Mittagspause noch heilig.

Geduldig warte ich bis, und beim Glockenschlag betrete ich gemeinsam mit der Angestellten die Touristeninformation. Meine Eile hat einen Grund, denn ich verspüre ein allzu menschliches Bedürfnis. Doch meine Frage nach der Toilette scheint die Dame hinterm Tresen zu irritieren: «Na ja, ausnahmsweise», sagt sie nach einigem Hin und Her. «Aber wenn das jeder machen würde, dann wären wir bald pleite.» Mein erstaunter Blick entgeht ihr nicht: «Na, denken Sie doch mal an das Wasser. Oder glauben Sie vielleicht, dass das kostenlos ist?»

In Anbetracht meiner Not verzichte ich auf weitere Kommentare, auch wenn ich mir kaum vorstellen kann, dass Pritzwalk genug Touristen anzieht, um die Stadt in die Pleite zu pinkeln.

Von der Toilette zurückgekehrt, plagt mich dennoch das schlechte Gewissen. Als Wiedergutmachung kaufe ich eine Knieperkohlfibel und versuche mit der Touristendame ins Gespräch zu kommen. Welche Sehenswürdigkeiten in Pritzwalk sie mir empfehlen könne, frage ich – und ernte einen konsternierten Blick.

Dann kommt ihr ein Geistesblitz: «Das Brauereimuseum!», ruft sie stolz. Wahrlich eine reife Leistung, denn im Vorraum ebenjenes Museums befinden wir uns ja gerade.

Ob es vielleicht noch andere besuchenswerte Orte gebe, bohre ich unbarmherzig weiter.

Mein Gegenüber legt die Stirn in Falten und spricht mehr zu sich als zu mir: «Vielleicht den Marktplatz? Aber der ist nicht wirklich schön. Und dann gibt es noch den Nikolaiturm – aber der ist zurzeit geschlossen. Sonst ist hier nicht viel.»

Einen Moment lang fühle ich mich lebhaft an eine rothaarige Kollegin der Dame in Cottbus erinnert. Doch dann schiebe ich den Gedanken an sie beiseite und bedanke mich mit möglichst wenig Sarkasmus in der Stimme für die sachkundigen Informationen und den außerordentlichen Toilettenerlass.

Im Nachhinein bin ich der Dame jedoch dankbar, dass sie mir indirekt von einer weiteren Erkundung Pritzwalks abgeraten hat. Denn am Bahnhof stelle ich beim Blick auf den Fahrplan fest, dass der letzte Bus nach Hasenwinkel – meinem Etappenziel für heute – bereits am Nachmittag fährt. Es ist eine von nur drei Verbindungen werktags; am Wochenende wird der Verkehr komplett eingestellt. Ein leiser Verdacht regt sich in mir: Könnte es sein, dass Hasenwinkel so etwas wie die Diaspora Brandenburgs ist?

Spätestens als ich mutterseelenallein im Bus sitze, bereue ich meine Herbergswahl. Dabei blieb mir im Grunde genommen keine andere Möglichkeit, denn einen Couchsurfing-Gastgeber in Pritzwalk habe ich vergeblich gesucht. In meiner Not kontaktierte ich Lisa, bei der ich in Cottbus untergekommen bin und die früher in der Prignitz gelebt hat. Ihre Antwort kam prompt: Sie kenne eine Theaterkünstlerin namens Maia, die mit Mann und Tochter in der Nähe von Pritzwalk lebe und mich sicher gern aufnehmen werde.

Und so stehe ich nun also in Hasenweiler, blicke verunsichert auf diese halbverfallene Scheune und muss an jene Sätze denken, die ich auf Maias Website gelesen habe: «Meine darstellende Arbeit verstehe ich als exemplarische, poetische Vorgänge, die in

Zonen jenseits von Anpassung und Ablehnung führen können. Das Sich-aus-Setzen der Idee, dem Text gegenüber sucht die Umkehrung, die Einschreibung in eine Metamorphose … Zwischenräume schaffen. Ich nenne es poetische Animation.» Trotz mehrfacher Lektüre blieb mir dieser Text ein Rätsel – ob die hier im Nirgendwo vielleicht berauschende Kräuter anbauen?

Ich gebe mir einen Ruck, schließe die Schubladen, aus denen ich schon wieder ein paar Vorurteile zu zaubern geneigt bin, und öffne das Gatter. Schnellen Schrittes steuere ich auf das Hauptgebäude zu, vorbei an einer Feuerstelle, einer verfallenen Ruine und mehreren Baumstämmen, von denen ich nicht zu sagen vermag, ob sie Kunst sind oder Brennholz. Die Tür zur Scheune steht offen; auch hier sehe ich keine Klingel, sondern nur ein Glockenspiel. Vorsichtig rüttle ich daran, es klingelt. Keine Reaktion. «Hallo?», meine Stimme gleicht einem leisen Krächzen – wieder nichts. Ist Maia womöglich nicht daheim? Oder gerade beschäftigt, ihre Metamorphosen umzukehren?

Ich betrete die Scheune, entdecke hinter dem Eingang eine Tür und greife zur Klinke – da lässt mich plötzlich lautes Hundegebell zusammenzucken. Mein Blick wandert nach unten: Im Fußbereich der Tür ist eine Katzenklappe angebracht, und durch sie kläfft mich ein riesiger Hundeschädel böse an.

«Keine Angst, der tut nichts», ruft eine weibliche Stimme. Sekunden später öffnet die dazugehörige Frau die Tür, hält mit der einen Hand den kalbgroßen Hund zurück und streckt mir die andere zur Begrüßung entgegen. «Hi, ich bin Maia. Du musst Patrik sein.»

Wenig später sitzen wir am Küchentisch und trinken Kaffee. Maia ist Mitte 40, groß, schlank, athletisch und wirkt viel jünger. Mit ihrer lauten, klaren Stimme und ihrer pulsierenden Energie kann ich sie mir gut auf der Bühne vorstellen. Maia erzählt gern, lacht viel und strahlt Herzenswärme aus – schon jetzt schäme ich mich für meine herablassenden Gedanken von vorhin. Nur weil jemand eine verfallene Scheune dem schnieken Reihenhaus vorzieht, nur weil sein Garten eher an Dschungel denn an Golfplatz erinnert und nur weil er wenig auf gesellschaftliche Normen gibt – nur deshalb braucht er noch lange kein verschrobener Spinner zu sein. Jedenfalls nicht verschrobener als ein Nimmersatt, der sich quer durch Deutschland futtert.

Maia erzählt, wie sie damals mit ihrem Lebensgefährten Josua und der gemeinsamen Tochter aus Berlin nach Hasenwinkel gezogen ist. «Wir hatten ein wenig Geld geerbt und wollten etwas Eigenes kaufen.» In Berlin hätte es höchstens für eine kleine Wohnung gereicht, also zogen sie in die brandenburgische Provinz. «In der Scheune habe ich Platz für meine Theaterprojekte», erklärt Maia. «Und Josua kann dort Kung-Fu-Kurse geben. Außerdem haben wir den Garten und viel Platz.»

Wie groß das Areal ist, erkenne ich nachher beim Spaziergang um die Scheune. Neugierig blicke ich über den Zaun zu den Nachbargrundstücken. Dort sehe ich gepflegte Gärten, akkurat gestutzte Hecken und wie mit dem Lineal gezogene Beete; die großen Bauernhäuser glitzern strahlend weiß in der Sonne und könnten sofort als Kulisse für einen Milch- oder Joghurtwerbespot herhalten. Der Kontrast zu der abgehalfterten Wohnscheune mit dem unberührten Naturgarten ist enorm. Die Kulisse erinnert mich an den Film *Sommer in Orange* von Marcus H. Rosenmüller: Darin lässt sich eine Gruppe Berliner Hippies auf einem Bauernhof in der bayerischen Provinz nieder und wirbelt das Dorfleben gehörig durcheinander.

Hier in Hasenwinkel habe es jedoch nie Probleme mit den Nachbarn gegeben, erzählt mir Josua am Abend. «Natürlich waren wir die Neuen, die Zugezogenen und wurden erst mal zurückhaltend empfangen. Aber das hat sich bald gelegt, und heute kommen wir mit den Nachbarn gut aus.» Dabei fällt Josua hier draußen allein schon durch sein Äußeres aus dem Rahmen: Zur rasierten Glatze trägt er einen zweigeteilten Bart, dessen Spitzen ihm bis auf die Brust reichen. Sein gedrungener, durchtrainierter Körper steckt meistens in zerrissenen Kapuzenpullis und Jogginghosen.

Neben seiner Kung-Fu-Schule ist Josua als Hypnosetrainer tätig und kümmert sich obendrein um schwer erziehbare Jugendliche. Trotz oder eher wegen seiner Liebe zur Kampfkunst ist er ein in sich ruhender und äußerst friedliebender Mensch. Vor allem eine Geschichte über seine Beziehung zur Natur bleibt mir in Erinnerung. «Ich habe in Berlin als Gärtner gearbeitet, und eines Tages sollten wir vor einer Villa am Wannsee eine Weide fällen», erzählt Josua. «Das war ein riesiger, alter Baum, und wir haben den einfach so umgehauen – nur weil sein Schatten den Hausbesitzer gestört hat.» Als er den Baum für den Abtransport vorbereiten wollte, habe er einen Ast mit dem Fuß auf den Boden gedrückt. «Doch irgendwie habe ich nicht aufgepasst. Da ist der Ast nach oben geschnellt und hat mich direkt im Gesicht erwischt.» Josua holt tief Luft und blickt mich mit seinen blauen Augen durchdringend an. «Das war ein Zeichen. Sozusagen die Rache des Baumes. Seitdem habe ich keinen einzigen Baum gefällt, das mache ich nicht mehr.» Josua lacht. «Stattdessen rede ich jetzt mit den Bäumen, und manchmal habe ich das Gefühl, dass sie auch mit mir reden.»

Wie Maia ist mir auch Josua vom Fleck weg sympathisch. Gern würde ich mich am nächsten Tag noch ausführlicher mit ihnen unterhalten, sie über ihr Leben in Hasenwinkel, Maias Theaterprojekte und Josuas Kung-Fu-Schule ausfragen. Doch noch bevor die beiden aufgestanden sind, breche ich schon in Richtung Pritzwalk auf. Zu Fuß, denn heute ist Samstag und damit Hasenwinkel busfreie Zone. Aber vielleicht ist dieser 90-minütige Marsch genau die richtige Vorbereitung, denke ich, während ich bei strahlendem Sonnenschein über verlassene Feldwege trotte. Schließlich warten in Pritzwalk der Knieperkohl und Horst Fenske. Und der hat mich bereits am Telefon ermahnt, Hunger mitzubringen. Denn beim Knieperfuchs müsse ein jeder Knieperkohl probieren.

Nein, im Fuchskostüm kann ich mir diesen eloquenten, älteren Herrn beim besten Willen nicht vorstellen – und so ging es anfangs auch Horst Fenske selbst. Ich mache mich doch nicht zum Affen und ziehe das an, dachte er, als die Idee aufkam. Doch dann schenkte ihm seine Schwester 2008 die Montur zum Geburtstag. Fenske ließ sich überreden und schlüpfte erstmals beim Bahnhofsfest ins Fuchskostüm.

Es war der Beginn einer Erfolgsstory. Denn inzwischen gehört das Plüschmaskottchen zu Pritzwalk wie das Schnitzel zu Wien: Bei Umzügen, Feiern und sonstigen Veranstaltungen darf der Fuchs nicht fehlen. Warum Fenske nach anfänglichem Widerwillen doch noch den tierischen Ganzkörperdress übergezogen hat? «Weil es der Sache hilft», sagt er. Und in seinem Fall bedeutet das: weil es dem Knieperkohl hilft.

Seit zwei Stunden sitze ich mit Horst Fenske in seiner Gaststätte Deutsches Haus in Pritzwalk, landläufig bekannt als Zum Knieperfuchs. Heute ist Ruhetag, doch für meinen Besuch hat der Wirt extra die Küche geöffnet und sich Zeit genommen – so, wie er sich stets Zeit nimmt, wenn es um den Knieperkohl geht. Dieses Nationalgericht der Prignitz besteht aus 60 Prozent Weißkohl, 30 Prozent Braunkohl und 10 Prozent Grünkohl, die zusammen mit Salz und Weinreben in großen Steintöpfen sauer eingelegt werden.

Ich selbst habe noch nie Knieperkohl gegessen, aber bei meiner Recherche einiges darüber gelesen. Umgehend setzte ich das Gericht auf meinen Speisereiseplan, denn es erfüllte gleich mehrere meiner Kriterien. Erstens ist Knieperkohl zwar in seiner Heimat populär und gilt dort als Nationalgericht – außerhalb der Prignitz jedoch kennt das Sauergemüse kaum jemand. Zweitens blickt der Knieperkohl auf eine lange Geschichte zurück, genauer gesagt, bis in die Zeit kurz nach dem Dreißigjährigen Krieg. Damals litten die Menschen in der Prignitz an Hungersnot; ihr übliches Winteressen, das Sauerkraut, war knapp geworden. Da kam ein findiger Landwirt auf die Idee, den bis dato nur als Viehfutter verwendeten Braunkohl einzulegen und zu essen. Über die Jahre kamen dann noch Weiß- und Grünkohl hinzu.

Zum Dritten lockte mich auch der Name: Knieperkohl. Das klang in meinen Ohren nach einem Gericht, das ich probieren sollte. Der Legende nach ist der Name übrigens von den Folgen des Verzehrs hergeleitet: «Essen Sie einmal reichlich Knieperkohl», wird Horst Fenske mir später mit auf den Weg geben. «Dann spüren Sie am nächsten Tag das Kniepen im Magen.» Und viertens hat der Knieperkohl einen nimmermüden Anhänger, der sich das Gericht quasi zur Lebensaufgabe gemacht hat. So, wie André Schakaleski dem Mutzbraten verfallen ist, so, wie Peter Besser stundenlang über die Teichelmauke referieren kann, so kämpft auch Horst Fenske für seinen Knieperkohl – und schlüpft dafür sogar ins Fuchskostüm.

Dabei war seine Beziehung zu dem Gericht keineswegs Liebe auf den ersten Biss. «Ich kenne Knieperkohl noch von meinem Großvater», erzählt Fenske, der im nahen Perleberg aufgewachsen ist. «Aber als Kind hat mir das überhaupt nicht geschmeckt.» Erst in den achtziger Jahren beginnt er sich wieder für das Gericht zu interessieren, das zu DDR-Zeiten fast in Vergessenheit gerät. «Da waren es nur wenige Privatpersonen, die zu Hause Knieperkohl hergestellt und die Tradition am Leben erhalten haben.»

Weil das Gericht immer schwerer zu bekommen ist, entscheidet sich Horst Fenske ebenfalls für die Eigenproduktion. Und so bietet der gelernte Kellner seinen hausgesäuerten Knieperkohl auch in der hölzernen Imbisshütte an, die er nach der Wende in Pritzwalk eröffnet. 1997 übernimmt Fenske die Gaststätte Deutsches Haus – «und ab da habe ich begonnen, mich ernsthaft mit dem Knieperkohl auseinanderzusetzen». Er erforscht dessen Geschichte, sammelt Rezepte und schreibt ein Büchlein über den Knieperkohl. Allen voran treibt ihn aber eine Frage um: Wie lässt sich das Traditionsgericht populärer machen? Die Lösung: konsequentes Marketing.

So holt Fenske 2003 den Pritzwalker Tourismusverein ins Boot. Gemeinsam veranstalten sie Knieperfeste und Kniepertouren, verlegen eine Knieperkohlfibel, sichern sich die Markenrechte am Knieperkohl und überzeugen die Stadtoberen, am Ortseingang den Schriftzug «Knieperstadt» anzubringen. Über das Internet verkauft Fenske Knieperkohlkonserven; zudem kreiert er immer neue Gerichte wie Knieperbrot, Kniepersülze oder Knieperrollbraten. «Bei alldem hatte ich immer zwei Ziele im Kopf», sagt der Wirt. «Erstens: Werbung für meine Gaststätte. Und zweitens: dem Knieperkohl zu mehr Bekanntheit zu verhelfen.»

Deshalb auch das Fuchskostüm? Die Frage liegt mir auf der Zunge – da steht plötzlich Fenskes Ehefrau Elke am Tisch. In ihrer Hand ein gusseisernes Pfännchen mit Kartoffeln, einer dicken Kohlwurst und einer extragroßen Portion Knieperkohl.

«Bei der Zubereitung hat jeder Koch sein eigenes Geheimrezept», berichtet Horst Fenske. «Unser Opa hat immer gesagt: In den Knieper gehört alles, was fett ist und Rauch hat.» Dies können Kassler, Speck, Eisbein, Knacker oder eben Kohlwürste sein. Mit dem Fleisch und reichlich Schmalz wird der Kohl dann in einer Schmorpfanne gebacken – «ohne Umrühren», wie Fenske betont.

Ich nicke freundlich; vor lauter Wasser im Mund bringe ich nämlich kein Wort mehr heraus. Eilends schneide ich ein Stück von der Wurst, türme darauf einen kleinen Berg Knieperkohl und lasse alles in meinem Mund verschwinden. Der Geschmack erinnert mich an in Butterschmalz gebratenes Sauerkraut – mit einem Hauch Speck. Das saftige und fettgetränkte Gemüse harmoniert dabei exzellent mit der salzigen Kohlwurst.

Pflichtbewusst nehme ich mir mit dem nächsten Bissen eine Kartoffel vor, doch da der Knieperkohl so deftig ist, bräuchte ich eigentlich gar keine Beilage. «Der Kohl nimmt das Fett und den Geschmack des Fleisches auf», erklärt Fenske. «Wir servieren ihn zwar das ganze Jahr, aber eigentlich ist es ein typisches Winteressen.»

Unter den Augen von Fenske und seiner Frau putze ich die Pfanne bis zum letzten Stückchen Kohl leer. Ein wohlig-sattes Gefühl steigt in mir auf.

«Zur Verdauung», sagt der Wirt und reicht mir ein Schnapsfläschchen. Darauf: ein orangefarbener Plüschfuchs mit weißer Schnauze. «Ja, der Knieperfuchs», Fenske muss grinsen. «Den habe ich als Maskottchen für den Knieperkohl erfunden, und er ist ein voller Erfolg.»

Denn nachdem Fenske beim Bahnhofsfest erstmals in das Kostüm geschlüpft ist, um die Werbetrommel für sein Gericht zu rühren, meldet sich prompt die Lokalzeitung. Wenig später steht das Fernsehen vor der Tür. «Der Fuchs ist sehr gut angekommen bei den Medien – und auch bei den Menschen», sagt Fenske. «Also haben wir ihn beibehalten.» Inzwischen prangt das Konterfei des Knieperfuchses prominent an der Fassade der Gaststätte, lacht als Aufkleber von Fenskes Auto, hat einen eigenen Blog, ist bei Facebook und Youtube; es gibt die Knieperfuchshymne auf CD, Knieperfuchsschlüsselanhänger und für die Kleinen Knieperfuchsstofftiere.

Zu gern würde ich Fenske in seinem Kostüm sehen. «Geht leider nicht», bedauert er. «Das ist gerade in der Reinigung.» Und ohnehin schlüpfe inzwischen meist sein Sohn in den Fuchs – Fenskes Herz macht derlei Trubel nicht mehr mit. Dennoch will der Siebzigjährige seine Gaststätte noch ein paar Jahre führen, auch weil von den Kindern wohl keines den Betrieb übernehmen wird.

«Wissen Sie, die Zeiten sind nicht mehr so gut», erzählt Fenske, während er mich zur Tür bringt. Der Knieperfuchs wirkt abgekämpft. «Das Geld sitzt nicht mehr so locker bei den Menschen.

Vor allem die Jungen ziehen weg von hier, weil es keine Arbeit gibt. Mehrere Geschäfte in der Innenstadt stehen leer und finden keinen Mieter. Und all das spüren wir natürlich – auch wenn es unserem Haus noch gutgeht.» Dank Knieperkohl und Knieperfuchs? Fenske lächelt. «Ich sage es einmal so: Wir haben den Knieperkohl wieder zum Leben erweckt und die Voraussetzungen dafür geschaffen, dass es ihn auch in den nächsten Jahrzehnten geben wird. Das macht mich schon ein bisschen stolz.»

Ich bedanke mich bei Fenske und verlasse den Bau des Knieperfuchses. Im Vorraum der Gaststätte entdecke ich auf einem Tisch ein Körbchen mit Plastikkuverts, darin kleine, schwarze Kügelchen. Ein Schild mahnt: «Ohne Braunkohl kein Knieperkohl. Kostenlose Samenprobe hier!» Sogar daran hat Fenske gedacht.

Zwei Tage später werde ich von ihm eine E-Mail erhalten, im Anhang eine Auswahl seiner Gedichte. Sie handeln allesamt – natürlich – vom Knieperkohl. So heißt es in der Prignitzer Knieperhymne von Horst Fenske:

«Steige auf, du Duft vom Knieper,
weit in die Welt hinaus.
bis weit nach Bayern und nach Baden.
Heil dir, du leck'rer Winterschmaus!»

REZEPT:

KNIEPERKOHL
(für 4 Personen)

Zutaten

400 g Schweinebauch oder Schweinebacke
20 g Pökelsalz
4 Lorbeerblätter

6 Pimentkörner
1 Prise Zucker
1 kg Prignitzer Knieperkohl
   (frisch aus dem Fass oder aus der Konserve)
300 g fetten Speck
400 g Kasslernacken gegart
4 Kohlwürste
1 kg Kartoffeln

Zubereitung

1. *Schweinebauch in einer kräftigen Brühe mit Pökelsalz, Lorbeerblättern, Piment und Zucker abkochen.*
2. *Knieperkohl in die Brühe geben und 40 Minuten lang ziehen lassen.*
3. *Kohl abtropfen lassen und in eine mit Speck ausgelegte Schmorpfanne geben.*
4. *Kasslerscheiben und Kohlwürste in den Kohl legen.*
5. *Schmorpfanne ca. 30 Minuten lang bei 200 °C in den Backofen stellen.*
6. *Kohl mit Pell- oder Salzkartoffeln sowie den Würsten und dem Kassler servieren – je nach Geschmack mit etwas Senf.*

Das Rezept stammt von Horst Fenske vom Deutschen Haus in Pritzwalk.

MECKLENBURG-
VORPOMMERN:

DIE QUAL MIT DEM WAL

AUF EINEM SOLCHEN HOLZSTÜHLCHEN MUSS ICH ZULETZT VOR 20 JAHREN GESESSEN HABEN; meine Knie befinden sich etwa auf Ohrläppchenhöhe. Fast zwei Dutzend Achtklässler blicken mich erwartungsvoll an.

«Jetzt habe ich euch also von meiner kulinarischen Reise erzählt», setze ich an. «Könnt ihr mir ein paar Gerichte aufzählen, die ich hier in Schwerin essen sollte? Die typisch sind für Mecklenburg-Vorpommern?» Streng genommen lauten meine Worte: «Can you tell me a few dishes that I should eat during my stay in Schwerin? Dishes that are typical for Mecklenburg-Vorpommern?» Schließlich ist dies eine Englischstunde, und die Lehrerin – zugleich meine Couchsurfing-Gastgeberin – hat mich gebeten, ihren Schülern auf Englisch von meiner Reise zu erzählen.

Ich warte – keiner rührt sich. Zugegeben: Die mecklenburg-vorpommerische Küche ist in der Fremde sicher nicht so bekannt wie etwa die bayerische oder schwäbische. Aber hier in Schwerin wird eine Gruppe Achtklässler doch schon mal von «Himmel und Erde» gehört haben? Von Tollatschen, dem Pommer'schen Gänsebraten, Fischspezialitäten aus der Ostsee oder zumindest dem Aushängeschild der Region: dem Mecklenburger Rippenbraten?

Ein Schüler reckt den Arm. Na also. Ich nicke ihm aufmunternd zu. Er grinst: «Dönerkebab!»

Ich blicke ihn entgeistert an.

Ein zweiter Schüler ruft in die Runde: «Ja – und Pizza!»

Vereinzeltes Lachen. Ob die Mädels und Jungs wissen, dass sie gerade meinen Glauben an die Jugend in seinen Grundfesten erschüttern?

Da meldet sich ein großgewachsener Bursche zu Wort: «Ich

weiß etwas Typisches, das Sie unbedingt essen sollten.» Er macht bislang den gewieftesten Eindruck von allen; er wird mich retten. «Eine Ketwurst!»

Nun sollte ich zweierlei erklären. Erstens: Die Ketwurst ist mir bis zu diesem Moment so unbekannt wie dem gemeinen Inder ein Rindsgulasch. Sie war der Hotdog der DDR und bestand aus einer etwas größeren Bockwurst, einem länglichen Brötchen und Ketchup. Erfunden wurde die Ketwurst Ende der siebziger Jahre im «Rationalisierungs- und Forschungszentrum Gaststätten» in Berlin – wie übrigens auch die Grilletta, der DDR-Hamburger. Angeblich sollten beide dazu dienen, die Besuchermassen am Alexanderplatz abzufüttern, da die lokalen Gaststätten überfordert waren. Der Name Ketwurst leitet sich von den Wörtern Ketchup und Wurst ab – Anglizismen wie «Hotdog» waren in der DDR ja bekanntermaßen tabu.

Zweitens will ich keinen falschen Eindruck von meinem Besuch in der Schweriner Waldorfschule vermitteln. Denn auch wenn in puncto regionale Küche etwas Nachhilfe nicht schaden würde, verbringe ich doch eine unterhaltsame Stunde mit den Achtklässlern. Die Schüler sind äußerst interessiert, höflich und aufgeschlossen; zudem komme ich vor unserem Essensgespräch in den Genuss zweier Referate über Roald Amundsen und den Bluesgitarristen Stevie Ray Vaughan. Beide auf Englisch und beide frei gehalten. Ob ich das in dem Alter gekonnt hätte? Eher nicht. Ganz abgesehen davon, dass ich den Namen Stevie Ray Vaughan selbst heute noch googeln muss.

Überhaupt steht mein Besuch in Schwerin unter einem guten Stern. Da ist zum einen meine Couchsurfing-Gastgeberin Katharina, Anfang 50, Lehrerin an einer Waldorfschule und alleinerziehende Mutter von vier Kindern. Mit zweien lebt sie in einer geräumigen Wohnung im Zentrum von Schwerin. Und wie schon bei der Familien-WG in Görlitz habe ich auch hier das Gefühl, für die kurze Zeit meines Besuchs nahezu vollkommen ins Leben meiner Gastgeber eintauchen zu dürfen. Schon am zweiten Tag sitzen wir gemeinsam beim Abendbrot, spielen danach eine Partie Risiko, und anschließend lese ich dem zehnjährigen Sohn Tim zum Einschlafen aus der Nibelungensage vor.

Zum anderen ist Schwerin in meinen Augen eine sensationell schöne Stadt und vielleicht die positivste Überraschung meiner bisherigen Reise. Das hat in erster Linie mit ihrer Lage zu tun: Zwar ist die Ostseeküste 35 Kilometer entfernt, doch weil die kleinste deutsche Landeshauptstadt sich rund um zwölf Seen ausgebreitet hat, ist das Wasser nie fern. Dazu kommen in der Altstadt herrliche Fachwerkhäuser, klassizistische Gebäude und mehrere Backsteinkirchen, zuerst der kolossale gotische Dom. Und als wäre das noch nicht genug, thront auf einer Insel auch noch das märchenhafte Schweriner Schloss, die Hauptattraktion der Stadt. Es blickt auf eine tausendjährige Geschichte zurück; für seine heutige Gestalt standen vor allem französische Renaissance-schlösser Pate. Fast ebenso prächtig ist die umliegende Seen- und Parklandschaft, die im Zuge der Bundesgartenschau 2009 neu gestaltet wurde.

Hier soll es angeblich auch die beste Ketwurst der Stadt geben, hat mir der Achtklässler bei meinem Besuch in der Waldorfschule versichert. Doch ich mache erst einmal einen Bogen um den Kiosk und fahre stattdessen durch die Altstadt zum malerisch gelegenen Pfaffenteich und weiter in Richtung Norden. Katharina hat mir das Fahrrad ihrer Tochter geborgt und einen Ratschlag mit auf den Weg gegeben: Ich solle zum Medewegehof am Schweriner Stadtrand fahren. Dort habe sie einst im Waldorf-Kindergarten gearbeitet, und dort würde ich sicher mehr über die mecklenburgische Küche erfahren.

Nach einer halbstündigen Tour erreiche ich das frühere Gutsgelände, auf dem heute 14 Familien mit mehr als 30 Kindern leben. Unter anderem gibt es Ackerbau, Viehzucht und eine Gärtnerei, einen Kinderbauernhof, Kunst- und Handwerksbetriebe sowie Kulturveranstaltungen. Ähnlich wie Maia und Josua in ihrer Scheune nutzen hier vorwiegend junge Menschen den Raum und die günstigen Grundstückspreise, um innovative Projekte ins Leben zu rufen. Dies ist die andere Seite des ländlichen Ostdeutschlands, über die ich mindestens ebenso häufig staune wie über leerstehende Häuserzeilen, Plattenbauten und schrumpfende Städte.

Nach einem Spaziergang über die Anlage frage ich im Hofcafé nach Kay, wie mir Katharina geraten hat. Wenig später sitzen wir zu zweit an einem Holztisch in der Sonne. Kay ist Koch im Medewegehof, Anfang 30, trägt kurzrasierte Haare, buschige Koteletten und eine schwarze Hornbrille. Wären wir hier in Berlin, würde er bedenkenlos als Hipster durchgehen.

Ich habe meinen Besuch im Vorfeld nicht angekündigt, dennoch sagt Kay ohne Zögern: «Klar habe ich Zeit für dich, wir können uns gern zehn Minuten unterhalten.» Zwei Stunden später sitzen wir immer noch zusammen. Und was noch bemerkenswerter ist: Seit zwei Stunden steht ein Stück hausgemachter Streuselmohnkuchen vor mir auf dem Tisch. Unberührt, weil Kay und das Gespräch mich derart fesseln.

«Kochen und Essen sind Teil meiner Lebensphilosophie», erzählt Kay. Leider sei diese in Deutschland nicht allzu weit verbreitet. «Ich vermisse hier oft die Wertschätzung für gutes Essen. In Italien oder Frankreich habe ich erlebt, dass man stundenlang zusammensitzt, sich über Gerichte unterhält und das gemeinsame Essen fast schon zelebriert. Hier bei uns geht es oft nur um zwei Dinge: Billig und reichlich – so soll das Essen sein.»

Ich muss an die Heerscharen von Menschen denken, die ich auf meiner Reise in den Innenstädten beobachtet habe; die im Gehen, im Auto oder im U-Bahn-Gedränge Hamburger, Hotdogs und belegte Brötchen verschlingen, offenbar getreu der Maxime: möglichst wenig Zeit verlieren, möglichst wenig kauen, möglichst wenig schmecken. Drei Tage später werde ich in Stralsund in einer Mischung aus Faszination und Ekel sprachlos vor einem Gasthof stehenbleiben. Ursache meines Entsetzens ist ein Werbeschild: «Essen können Sie überall – schnell und preiswert aber nur hier!»

Kay kocht im Medewegehof unter anderem für Schulen, und gerade die Einstellung vieler Kinder zum Essen sei erschreckend: «Die wissen oft gar nicht, was sie auf dem Teller haben und wo es herkommt. Die haben noch nie Gemüse gesehen oder kennen den Geschmack einer Tomate nicht.» Den Schülern freilich will der Koch keinen Vorwurf machen: «Es sind die Eltern, die keine Zeit oder keine Lust haben, mit den Kindern zu kochen. Stattdessen rennen sie zu McDonald's, kaufen Pizza oder Döner.» Kay gerät allmählich in Fahrt – ich verzichte daher auf eine Schilderung meines Besuchs in der Englischstunde.

Besonders am Herzen liegt Kay die Küche seines Heimatlandes: «Kartoffeln, Gemüse, Fleisch, Fisch, Obst – in Mecklenburg-Vorpommern haben wir alles, was wir brauchen. Die traditionelle Küche hier ist einfach, aber solide und voller hochwertiger Produkte.»

Warum rangiert sie dann im Vergleich zu anderen Regionalküchen dennoch unter «ferner liefen»?

«Das hat sicher mit der Schöpfungsgeschichte von Mecklenburg-Vorpommern zu tun», vermutet Kay. «Außerdem tun wir uns schwer, die Traditionen und Vorzüge unseres Landes offensiv nach außen zu bewerben – und das gilt nicht nur für die Küche.» Den Charme und die Reize Mecklenburgs und seiner Bewohner hält Kay als passionierter Fotograf auch mit der Kamera fest. Herausgekommen sind zwei sehenswerte Bildbände: *Mecklenburg Gigolo* und *Küstenluder*.

Zum Abschluss unserer Unterhaltung gibt mir Kay noch ein

halbes Dutzend Restauranttipps mit auf den Weg – doch ein Gasthof in der Landeshauptstadt ist nicht darunter. «In Schwerin? Da gehe ich nicht essen», winkt Kay ab. «Da versuchen alle nur, die Touristen anzulocken und abzuzocken. Denen geht es nicht darum, Kunden zu halten.»

Nun hat Kay sicher mehr Erfahrung im Schweriner Gastroleben als ich – aber zumindest ein Lokal möchte ich von seiner Kritik ausschließen. Denn dort spüre ich am Abend nicht nur dieselbe Liebe zum Essen, die auch Kay und ich teilen. Sondern ich bekomme auch jenes Traditionsgericht vorgesetzt, das ich so gern von den Schülern gehört hätte: den Mecklenburger Rippenbraten.

Zuvor jedoch steht eine Straßenbahnfahrt an, denn mein Ziel, die Gaststätte Tau Helga, liegt im äußersten Südosten der Stadt. Es ist zugleich eine Reise durch das andere Schwerin – kaum hat die Tram das pittoreske Stadtzentrum verlassen, tauchen graue Plattenbausiedlungen auf. Hier kämpfen viele Bewohner mit Arbeitslosigkeit und Armut, und hier ist auch der Bevölkerungsrückgang am deutlichsten sichtbar: Seit der Wende ist die Einwohnerzahl von Schwerin um rund 40 000 auf heute 95 000 gefallen.

Zugleich führen die tristen Betonblöcke in den Außenbezirken vor Augen, wie es heute im gesamten Schwerin aussehen könnte. Denn Ende der sechziger Jahre fasste das DDR-Regime den Plan, die komplette Innenstadt bis auf einige historische Gebäude abzureißen. Die großteils marode Bausubstanz sollte durch Plattenbauten ersetzt werden. Nur weil die finanziellen Mittel fehlten, wurde die Idee letztlich verworfen – aus heutiger Sicht zum Glück.

Von der Haltestelle laufe ich etwa zehn Minuten, ehe ich die Gaststätte Tau Helga am Schweriner Innensee erreiche. Beim Blick auf die ausgehängte Speisekarte zucke ich zusammen: Auf vier Doppelseiten sind nicht weniger als zwei Dutzend Hauptspeisen gelistet. Ich muss an Kays Worte denken: «Wenn ich 30 Gerichte auf der Karte sehe, dann gehe ich da gar nicht rein. Wie sollen die das frisch zubereiten? Das ist unmöglich!» Immerhin entdecke ich einen Hinweis, der die Gäste um Geduld bittet. Denn: «Bedenken Sie, dass wir unsere Speisen frisch zubereiten.»

Schon eine Stunde später habe ich Karte und Hinweis vergessen – für mich existieren nur noch mein Hunger und dieser fruchtig-fleischige Traum von einem Rippenbraten vor meiner Nase. Die liebenswerte Wirtin Carola Schmaler hat mir zuvor im Detail erzählt, dass bei Tau Helga die Schweinerippchen in einer Soße aus Zwiebeln, Dörrpflaumen und Äpfeln mindestens drei Stunden im Backofen gebraten werden. «Traditionell wird in das Rippenstück eine Tasche geschnitten; dort kommt die Füllung rein. Doch wir trennen die Rippen vorher, damit man sie leichter portionieren kann», verrät Schmaler. Bevor sie wieder in die Küche verschwindet, blickt sie mich fragend an: «Wollen Sie eine normale Portion oder lieber eine kleine?» Sie macht eine kurze Pause und fährt dann leiser fort: «Für Senioren?»

Nun also schwimmt vor mir das gebratene Rippchen in Soße, daneben hausgemachter Apfelrotkohl und ein Berg Kartoffeln – die Portion für Nichtsenioren, versteht sich. Meine Vorliebe für die Kombination aus Frucht- und Fleischgeschmack habe ich bereits in Görlitz erwähnt. Doch dieser Rippenbraten entlockt mir sogar noch mehr Begeisterung als das Schlesische Himmelreich. Oder liegt es nur daran, dass die Erinnerungen ob der vielen Geschmackserlebnisse verblassen? Genüsslich verspeise ich das zarte Fleisch, das dank der langen Backzeit quasi beim ersten Blickkontakt vom Knochen fällt. Im Gegensatz zur amerikanischen Grillversion, den Spareribs, muss hier niemand an den Rippen nagen.

Fast noch wichtiger aber ist die Soße: dickflüssig, fruchtig herb, mit Backpflaumen und Äpfeln. Sie schmeckt so gut, dass ich gerade verstohlen meinen Teller ablecken will. Da setzt sich Carola Schmaler noch einmal zu mir. «Mein Mann und ich sind gelernte Köche, wir kommen beide aus Schwerin und haben diese Gaststätte von den Eltern übernommen», erzählt sie. «Wir kochen hier saisonal und wechseln regelmäßig unsere Speisekarte. Aber den Rippenbraten muss es immer geben – sonst würden die Stammgäste Sturm laufen.» Sie greift zum Teller und entführt ihn in die Küche; wehmütig blicke ich dem letzten Klecks Soße hinterher.

Wenig später verabschiede ich mich von Carola Schmaler und fahre mit der Straßenbahn zurück in die Innenstadt – satt, träge und glücklich. Es ist schon erstaunlich: Ich könnte mit gebrochenem Bein im Krankenhaus liegen, die Kündigung vom Chef in Händen halten und meine Frau gerade beim Seitensprung ertappt haben – ein Gericht wie dieser Rippenbraten würde mir dennoch ein seliges Lächeln ins Gesicht zaubern.

In Gedanken steige ich die Treppe zu Katharinas Wohnung empor. Sie selbst spricht gerade am Telefon, also lese ich Tim die letzten Seiten der Nibelungen vor. Wieder wird gemetzelt und getötet, gerächt und geschmachtet, das Blut fließt und spritzt – doch der Zehnjährige schlummert alsbald friedlich. Ich setze mich zu Katharina an den Küchentisch; wir sprechen über ihre Schüler, über Kinder im Allgemeinen und über ihr Leben.

Es ist schon spät, als sie plötzlich eine Kiste aus dem Regal zieht. «Diese Tugendkarten habe ich aus Schottland», erzählt Katharina und breitet sie vor mir auf dem Tisch aus. «Du darfst jetzt eine Tugendkarte ziehen, die dich auf deiner Reise begleiten soll. Das ist wie eine Art Engel, der für eine bestimmte Zeit über einen wacht.» Katharina lacht leise.

Wie so oft kann ich nicht sagen, wie viel Ernst in ihren Worten steckt. Ich ziehe eine Karte und lese darauf nur ein Wort: Integrität. Ich reiche sie verdeckt zurück; Katharina packt die Karten wieder in die Kiste. «Und jetzt gute Nacht.» Sie steht auf. «Es hat mich gefreut, dass du unser Gast warst.»

Ich bedanke mich freundlich, warte, bis Katharina das Zimmer verlassen hat, und zücke mein Smartphone: «Integrität», lese ich im Online-Lexikon, «ist eine ethische Forderung des philosophischen Humanismus, nämlich die Übereinstimmung zwischen idealistischen Werten und der tatsächlichen Lebenspraxis, nicht in jedem kleinsten Detail, aber im Ganzen.»

Der Satz spukt noch durch meinen Kopf, als ich wenig später im Bett liege. Ist damit womöglich mein ständiges Schubladendenken gemeint, obwohl ich es doch eigentlich verurteile? Für gewöhnlich pflege ich zu jeglicher Form von Spiritualität eine ähnlich emotionslose Nichtbeziehung wie zu Zwieback. Aber irgendwie lässt mich dieses Wort nicht los – Integrität. In den kommenden Wochen werde ich immer wieder an Katharinas Karte denken müssen.

Jetzt sticht mich sogar George W. Bush aus – dieser Gedanke schießt mir durch den Kopf, als Henry Rasmus unser Telefonat beendet. «Tut mit leid», tönt es unverkennbar norddeutsch aus dem Hörer. «Aber ich habe keine Zeit für Sie.» Einen Moment später tutet es am anderen Ende der Leitung: Der Fischhändler aus Stralsund hat aufgelegt, meine Pläne durchkreuzt und mich nebenbei auch noch auf irgendwo unterhalb von George W. Bush degradiert.

Doch der Reihe nach. Stralsund habe ich wegen Henry Rasmus und seines Bismarckherings auf meinen Speisereiseplan gesetzt; er bereitet ihn nach einer 130 Jahre alten Rezeptur zu. Damals soll der Fischhändler Johann Wiechmann ein Fässchen der sauer eingelegten Heringslappen an Otto von Bismarck geschickt haben. Der Reichskanzler war angeblich so begeistert davon, dass er Wiechmann das Privileg gewährte, diese Spezialität fortan als «Bismarckheringe» zu vermarkten.

Von Wiechmanns Nachkommen gingen das Bismarck'sche Patent sowie das Rezept 2001 auf Henry Rasmus über. Und wie sein Vorgänger beschenkt auch der Stralsunder Händler am liebsten die hohe Politik mit seinen Fischhäppchen. So durften sich die Kanzler Gerhard Schröder und Angela Merkel über Bismarckheringe aus dem Hause Rasmus freuen. Und auch George W. Bush bekam bei seinem Besuch an der Ostsee 2006 ein Fässchen überreicht. Rasmus, in weißer Latzhose zwischen lauter Anzugträgern, drückte es dem US-Präsidenten damals persönlich in die Hand, worauf dieser sich – eloquent wie immer – mit einem «Very, very good» bedankte.

Allein wegen dieses tiefschürfenden Dialogs hätte ich Rasmus gern getroffen – und natürlich möchte ich auch seine Bismarckheringe probieren. Doch erstmals auf meiner Reise bekomme ich eine Abfuhr: Mit dem amerikanischen Expräsidenten und Liebhaber markiger Sprüche kann ein Liebhaber markanter Speisen wie ich offenbar nicht mithalten. Trotzdem will ich meinen Besuch in Stralsund nicht absagen, denn ich habe bereits eine Unterkunft gefunden, und zudem gilt die Altstadt, die zum UNESCO-Welterbe zählt, als äußerst sehenswert.

Ein Speiseplan B muss also her. Bei der Recherche stoße ich schnell auf ein Gericht namens Stralsunder Fischtopf. Doch wo einen Einheimischen finden, der mir das Rezept verrät? In meiner Not wende ich mich an die Redaktion der Ostsee-Zeitung, die daraufhin in ihrer Stralsunder Lokalausgabe einen Aufruf veröffentlicht. Und tatsächlich: Am Tag meiner Ankunft meldet sich der Chefpräparator des Meeresmuseums, Uwe Beese. Er kenne ein traditionelles und schmackhaftes Rezept. Am Telefon kommen wir überein: Beese verrät mir sein Rezept, und im Gegenzug soll ich ihm bei einer Umräumaktion im Museum zur Hand gehen. Wir verabreden ein Treffen für den nächsten Morgen. Doch zunächst setze ich meine Hoffnung in eine andere Person. Denn die hilfsbereite Zeitungsredakteurin hat mir zudem den Kontakt zu der Autorin eines Stralsund-Kochbuchs vermittelt, bei der ich umgehend anrufe.

«Leider fahren wir schon übermorgen in Urlaub», erklärt mir Katrin Hoffmann am Telefon. «Aber wenn Sie am Abend spontan Zeit haben, dann würden wir Sie gerne in der Hoffmann'schen Küche empfangen.»

Ich sage zu und kann mein Glück kaum fassen: Soeben stand ich noch ohne Plan und Gericht da, und nun wird mich eine ausgewiesene Expertin der Ostseeküche bekochen.

Voller Vorfreude, mit einer Flasche Wein in der Hand und vor allem hungrig stehe ich am Abend vor dem Haus der Hoffmanns in der Stralsunder Altstadt. Ein Mann Mitte 40 öffnet die Tür, groß und schlank, den Kopf rasiert, Brille, Typ marathonlaufender Versicherungsvertreter. «Ich bin Peter Hoffmann, der Mann von Katrin», begrüßt er mich freundlich. «Kommen Sie rein.»

Ich betrete das Haus und versuche zu erschnuppern, was auf dem Herd köchelt – doch ich rieche rein gar nichts. Hoffmann geleitet mich in die Küche, wo seine Frau Katrin wartet. Aber auch hier Fehlanzeige: kein Topf, keine Pfanne, kein Teller, kein Essen in Sicht. Mit einem Schlag wird mir klar: Hier wird heute Abend nicht gekocht. Offenbar habe ich Katrin Hoffmann am Telefon falsch verstanden. Mein leerer Magen lässt ein Grummeln der Enttäuschung hören.

Doch meine Gastgeberin geht elegant darüber hinweg und legt los: «Herr Stäbler, freut mich, Sie zu sehen, gern erzähle ich Ihnen etwas über die Stralsunder Küche. Setzen Sie sich. Ein Glas Wasser? Von Kochbuchautor zu Kochbuchautor, das ist ja spannend, nicht wahr?» Katrin Hoffmann – brauner Wuschelkopf, rundes Gesicht, Brille, Typ nicht marathonlaufende Grundschullehrerin – feuert Sätze wie aus dem Maschinengewehr, lässt ihre Hände durch die Luft fliegen und redet in rekordverdächtigem Tempo.

In den folgenden eineinhalb Stunden ergießt sich ein beeindruckender Redeschwall über mich – nur unterbrochen von gelegentlichen Fragen meinerseits, Einwürfen ihres Mannes und einem kurzen Abstecher ins Wohnzimmer. Denn dort bewahrt Katrin Hoffmann ihre Schätze auf: 600 Kochbücher, dazu rund 30000 ausgerissene und ausgeschnittene Rezepte in Kisten und Kartons. «Ich habe immer eine Schere dabei», erklärt Hoffmann. «Seit ich 14 Jahre alt bin, sammle ich Rezepte.»

Zumindest gefühlt geht sie an diesem Abend auf jedes einzelne ein. Vom Heringssalat springt sie zum Prasselkuchen, über Wassersuppe und Fischsoljanka biegt sie zu Tollatschen ab und landet schließlich bei Störtebekers Biergulasch. Kurz Luft geholt, und weiter geht's: «Für unser Stralsund-Kochbuch haben wir Altenheime abgeklappert, im Stadtarchiv gewühlt und alte Bücher gewälzt», berichtet Hoffmann. «Diese traditionellen Rezepte gehörten einfach mal aufgeschrieben. Für mich ist das eine Reminiszenz an meine Heimatstadt.»

Mit viel Fachwissen und noch mehr Leidenschaft absolviert Katrin Hoffmann einen verbalen Speisenmarathon durch ihre Rezeptesammlung – und das im Stil eines 100-Meter-Sprinters. Doch so verheißungsvoll die Gerichte auch klingen und so nachhaltig mein Interesse an diesem Thema auch ist: Je größer das Loch in meinem Magen wird, desto schwerer kann ich der kulinarischen Parforcejagd folgen.

Es ist beinahe zehn Uhr, als Peter Hoffmann nach langer Zeit wieder einen vollständigen Satz über die Lippen bringt: «Na, jetzt haben wir Sie aber ganz schön zugetextet, oder?»

Ich drücke mich um eine allzu offene Antwort und danke den beiden für ihre Zeit, ihre Rezepte und ihr reichhaltiges Küchenwissen. Zum Abschied drückt mir das Ehepaar noch einen Stralsund-Krimi in die Hand, den es gemeinsam verfasst hat und der ebenso wie das Kochbuch im familieneigenen Strandläufer-Verlag erschienen ist.

Die Bücher verkauft Peter Hoffmann im Sommer übrigens direkt am Ostseestrand. Dann schnallt er sich einen Bauchladen um und klappert die Badeorte ab. Kurz überlege ich, ihn noch zu seinen Verkaufsstrategien am FKK-Strand zu befragen – darüber hat er sich mit einem Reporter von Spiegel-Online unterhalten. Doch zum einen bezweifle ich, dass ihn seine Frau zu Wort kommen ließe. Und zum anderem ähnelt mein Magengrummeln inzwischen einem Donnergrollen, das jedes Gespräch unmöglich machen würde.

Und so sage ich den beiden Adieu und haste durch die Stralsunder Altstadt. Für die fabelhaften Backsteinkirchen, das gotische Rathaus und die bunten Bürgerhäuser mit ihren typischen Giebeln habe ich jetzt kein Auge – der Hunger betäubt all meine Sinne. In den Wulflamstuben ist die Küche schon geschlossen, weshalb der Kellner mich auf das Restaurant vis-à-vis verweist. Ohne einen weiteren Blick eile ich hinein, setze mich an den erstbesten Tisch und sehe mich um: Das Interieur erinnert an ein Raumschiff, buntes Licht wabert durch den Raum, Fahrstuhlmusik plätschert, überall sind Spiegel, in der Ecke stehen Palmen, und auf einem Flachbildschirm flackern Flammen. Genug Gründe also, um Reißaus zu nehmen – wäre da nicht mein Hunger.

Ich greife zur Karte: zwei Seiten Tapas! Ich liebe Tapas, aber passt das zu meiner Mission, das kulinarische Deutschland zu erkunden? Ich muss an Katharinas Karte denken: Integrität! Mit einem Seufzer blättere ich weiter, ignoriere Pasta ebenso wie Omelettes und die mediterrane Hähnchenbrust.

Da taucht der Kellner vor mir auf. «Können Sie mir einen großen Teller Bratkartoffeln bringen?», frage ich. «Nur Bratkartoffeln – sonst nichts.»

Er nickt.

«Und dazu hätte ich gern ein Bier von hier», füge ich hinzu

und hoffe auf einen Trunk aus der ortsansässigen Stralsunder Brauerei. Sie soll eine der besten des Landes sein.

Doch der Kellner schüttelt den Kopf: «Wir hätten höchstens eines aus Rostock.»

Ich nicke resigniert.

Zehn Minuten später stellt der Kellner eine dampfende Schüssel Bratkartoffeln auf den Tisch. «Ketchup dazu?», fragt er. «Remoulade? Barbecuesoße?»

Ich verziehe das Gesicht: «Nein, danke.» Mit leuchtenden Augen greife ich zur Gabel, denn gut gemachte Bratkartoffeln ziehe ich jedem Steak oder Fischfilet vor. Doch diese hier sind nicht gut gemacht – im Gegenteil. Die labbrigen Kartoffelscheiben schwimmen in einer Ölsuppe, garniert mit einem Berg halbroher Zwiebeln. Ich nehme ein paar Bissen und versuche den Geschmack mit dem Bier hinunterzuspülen. Doch die rötliche Plörre schmeckt, als hätte man Bier mit Wasser verdünnt – im Verhältnis eins zu acht.

Ein demoralisiertes Lächeln huscht über mein Gesicht: Da befinde ich mich zum einen in der Stadt, deren Brauerei bei internationalen Bierwettbewerben zahllose Preise eingeheimst hat. Da habe ich zum anderen in den vergangenen zwei Stunden etwa 4000 regionale Rezepte vorgebetet bekommen. Und was steht jetzt vor mir? Ein Teller scheußliche Kartoffeln und ein Glas Möchtegernbier.

In diesem Moment höre ich den Kellner im Vorbeigehen fragen: «Bei Ihnen alles in Ordnung?»

Ich atme tief durch und umschiffe die Wahrheit zum zweiten Mal an diesem Abend wie ein Kleinwagen den Elch beim Test: «Alles bestens!»

Am nächsten Morgen liegen mir die öligen Bratkartoffeln noch im Magen, als ich im Meereskundemuseum die mächtige Pranke von Uwe Beese schüttle. Es mag an der Umgebung liegen, doch bei seinem Anblick muss ich sofort an Käpt'n Ahab denken. Beese ist gebürtiger Stralsunder und hält ein «Guten Morgen» offenbar für genug Smalltalk: «Na, dann kommen Sie mal mit.»

Der Mittfünfziger führt mich ins Rückgebäude des Museums und zu einer überdimensionalen Tiefkühltruhe. «Der hier muss rüber auf meinen Seziertisch», sagt Beese, klappt den Deckel auf, und zum Vorschein kommt ein gefrorener Schweinswal.

Völlig perplex greife ich zu den Seilen, die um Kopf und Flosse gewickelt sind, und hebe den Kadaver in die Luft. Gemeinsam schleppen Beese und ich den etwa einen Meter langen und locker 50 Kilo schweren Brocken in den Nebenraum und hieven ihn auf einen Metalltisch. Dort erklärt mir Beese, wie er den Wal Schritt für Schritt auseinandernehmen wird, damit die Museumsgäste in ein paar Monaten ein säuberlich präpariertes Skelett bewundern können. «Er ist einem Fischer ins Netz gegangen», erzählt Beese. «Er hat uns zum Glück sofort verständigt. Das machen leider nur die wenigsten, dabei ist das fast unsere einzige Chance, an guterhaltene Tiere zu kommen.»

Kurz darauf will ich mich von Beese verabschieden, doch er hält mich zurück. «Sie bekommen doch noch Ihr Rezept», sagt er und schwenkt ein Blatt Papier. Vor lauter Schweinswal hätte ich das beinahe vergessen. Ich danke dem Präparator und ziehe von dannen – gut gelaunt und zufrieden. Denn auch wenn ich den Fischtopf erst Wochen später am heimischen Esstisch probieren und sofort lieben werde – allein diese Episode im Museum war den Besuch in Stralsund wert. Denn wie immer man zu George W. Bush auch stehen mag: Mit einem gefrorenen Schweinswal kann er in keinem Fall mithalten.

REZEPT:

STRALSUNDER FISCHTOPF

(für 4 Personen)

Zutaten

100 g Margarine
4 Zwiebeln
1 Gurke
Salz
Pfeffer
Knoblauchpulver
4–6 gekochte Kartoffeln
3 EL Tomatenmark
500 g Fischfilet (fester Fisch, z. B. Seehecht)
scharfer Gewürzpaprika
250 ml Brühe
250 ml Kaffeesahne
1 EL Senf
2 Bund Dill

Zubereitung

1. *Margarine zerlassen, grobgehackte Zwiebeln und gewürfelte, entkernte Gurke darin andünsten.*
2. *Mit Salz, Pfeffer und Knoblauchpulver würzen, grobgewürfelte Kartoffeln und Tomatenmark dazugeben.*
3. *Fisch in mundgerechte Stücke schneiden, leicht salzen, mit Paprika würzen.*
4. *Fisch zur Zwiebel-Gurke-Mischung hinzugeben, mit Brühe aufgießen, zugedeckt fast bis zum Kochen bringen und den Fisch gar ziehen lassen.*

Die Qual mit dem Wal

143

5. *Kaffeesahne mit Senf und dem gehackten Dill verrühren und zum Schluss dazugeben.*
6. *Fischtopf mit Schwarzbrot oder Baguette servieren.*

Das Rezept stammt von Uwe Beese.

SCHLESWIG-HOLSTEIN:

DIE UNENDLICHE SUCHE NACH DEM SCHNÜSCH

IN WAS FÜR EINEM WAGEN ICH DA SASS, MERKE ICH ERST BEIM AUSSTEIGEN. Soeben habe ich dem Fahrer meine Visitenkarte in die Hand gedrückt und mich verabschiedet – da erblicke ich den dezenten, aber unübersehbaren Schriftzug auf der Autotür. In diesem Moment vermittle ich sicher keinen allzu intelligenten Eindruck, wie ich sekundenlang auf das Fahrzeug stiere, mir die Gesichtszüge entgleiten und ich dann auflache. Denn jetzt ist mir einiges klar.

Vor zehn Minuten bin ich am Stadtrand von Lübeck nichtsahnend in diesen Wagen gestiegen. Halb sind meine Gedanken schon beim Marzipan, das ich in der Hansestadt in rauen Mengen verkosten will; halb muss ich noch an das junge Pärchen im VW-Bus denken, das mich von Rostock bis hierher mitgenommen hat – unter Dauerbeschallung mit Rockmusik in Düsenjägerlautstärke. Doch trotz des Pfeiftons im Trommelfell könnte mir die Länge dieses Wagens durchaus auffallen. Oder die Form. Oder das abgeriegelte Heck. Was aber nicht der Fall ist.

Und so unterhalte ich mich auf dem Weg in die Innenstadt angeregt mit dem Fahrer, einem Mittvierziger in schwarzem Anzug, mit schwarzer Krawatte. «Dich stört es doch nicht», fragt er nach ein paar Minuten, «dass hinten einer mitfährt?» Er nickt in Richtung Heck und grinst. Doch noch immer sitze ich auf dem Schlauch.

Des Rätsels Lösung kommt mir erst, als ich nach dem Aussteigen das Logo auf der Seitentür erblicke: den Namen eines Bestattungsunternehmens. Ich habe also die letzten zehn Minuten in einem Leichenwagen gesessen. Mit Leichnam an Bord, wie mir nun klar wird.

Entgeistert starre ich durchs offene Fenster meinen Fahrer an, der immer noch angestrengt meine Visitenkarte studiert. «Können Besucher auf deiner Website etwas hinterlassen?», fragt er interessiert. Ich nicke. «Ah, sehr schön», freut er sich. «Dann schreibe ich dir mal. Wir Bestatter pflegen nämlich unsere Kontakte.» Er lacht, hebt die Hand zum Abschied, und der Leichenwagen rollt davon – noch ehe ich entschieden habe, ob dieser letzte Satz nur so dahergesagt war oder ein gängiger Bestatter-Witz ist.

Im Lübecker Bahnhof sperre ich meinen Rucksack ein und wandere über die Puppenbrücke zum Holstentor, dem Wahrzeichen der Stadt. So kerzengerade, wie es einst auf dem 50-Mark-Schein prangte, steht das spätgotische Gebäude schon lange nicht mehr. Vielmehr neigen sich die Türme bedenklich nach vorn, weil der Südturm mehrere Meter in den morastigen Untergrund eingesunken ist. Einsturzgefahr soll aber nicht bestehen.

Vor einer genaueren Inspektion des schiefen Tors von Lübeck biege ich in die Touristeninformation ab. Angesichts meiner schlechten Erfahrungen in Cottbus und Pritzwalk rechne ich mit allem, obwohl mich eine junge Dame mit strahlend weißem Lächeln empfängt. Nachdem sie mir einen Stadtplan über den Tresen geschoben hat, frage ich wie stets nach drei Sehenswürdigkeiten – und ernte einen entrüsteten Blick.

«Nur drei?», fragt sie zurück, knipst aber schon im nächsten Moment ihr Zahnpastalachen wieder an. «Das sind doch viel zu wenige für Lübeck!», flötet sie. «Da gibt es das Holstentor hier vorn und das wunderschöne Rathaus. Und die Marienkirche, die drittgrößte Kirche Deutschlands. Außerdem müssen Sie unbedingt ins Buddenbrookhaus und nach Travemünde.»

Vor Überraschung merke ich gar nicht, dass wir bereits bei fünf Sehenswürdigkeiten angelangt sind. Diese Frau ist ein Profi. Wie es mit kulinarischen Spezialitäten in Lübeck aussehe, frage ich weiter.

«Da sind Sie hier genau richtig», trällert der Strahlemund. «Denn nur in Lübeck gibt es das berühmte Lübecker Marzipan.» Die Frau hält kurz inne und schlägt verschämt ihre Augen nieder, als wolle sie gestehen, dass sie für diese Süßigkeit sogar ihre Oma bestehlen würde. Großartig, diese Show! «Am besten gehen Sie zu Niederegger», fährt sie fort. «Da finden Sie auch Informationen zur Geschichte des Marzipans.»

Tief beeindruckt bedanke ich mich und befolge – natürlich! – ihren Rat. Mit dem Touristenstrom spaziere ich durchs Holstentor bis zum Lübecker Rathaus, einem der größten und schönsten seiner Art in Deutschland. Doch so glanzvoll der Backsteinbau auch sein mag: Noch mehr Touristen zieht das Gebäude gegenüber an – das Café Niederegger. Dort empfangen die Besucher Marzipanbrote in allen Größen und Farben, bunte Marzipankartoffeln, grinsende Marzipanschweine, dazu Baumkuchen, Nougatbrocken, Stollen, Gebäck und ein süßlicher Duft, der schwer wie eine Smogglocke über dem Laden hängt. Benebelt schaufeln die Touristen Berge von Süßkram in ihre Körbe, kämpfen mit Zähnen und Klauen um die besten Plätze in der Schlange und stolzieren wie siegreiche Raubtiere mit ihrer Beute von dannen.

Es ist ein schaurig-süßes Spektakel, bei dem ich kräftig mitmische. Denn der feine Marzipangeruch wirkt auf meine Sinne wie Alkohol – das heißt, er schickt mich auf der Evolutionsleiter hinab zu den Menschenaffen. So räume ich wie ein Footballspieler zwei ältere Herren aus dem Weg, bugsiere eine Handvoll Marzipanbrote in meinen Korb und drängle mich an der Warteschlange vorbei ganz nach vorn an die Kasse. Die Kassiererin hat mir noch nicht mal das Wechselgeld gereicht, da steckt auch schon die erste Marzipanstange in meinem Mund. Ein Glück, dass die Frau solche Ausfälle offenbar häufiger erlebt, denn sie ignoriert meine fast schon obszönen Laute der Begeisterung.

Das Lübecker Marzipan schmeckt nicht so klebrig-süß wie

die Masse vieler anderer Hersteller, sondern intensiv nach Mandeln. Diese werden für die Zubereitung geschält, gemahlen und mit Zucker erhitzt. Das Ergebnis ist die Marzipanrohmasse, die beim handelsüblichen Marzipan noch einmal mit der gleichen Gewichtsmenge Zucker vermischt wird. Anders beim Lübecker Marzipan: Es muss mindestens 70 Prozent Rohmasse enthalten. Und das Niederegger-Marzipan verzichtet sogar ganz auf den weiteren Zusatz von Zucker und besteht vollständig aus Marzipanrohmasse.

Zehn Minuten und ein halbes Marzipankilo später habe ich mich wieder so weit im Griff, dass ich das Schlaraffenland im Erdgeschoss unbeschadet durchqueren und in den ersten Stock aufsteigen kann. Hier warten noch mehr süße Verführungen – diesmal hinter Glas und in Form von opulenten Kuchen und Torten. Bedienungen im Kleidchen bringen die Kalorienbomben und Kaffeetassen zu den dunklen Holztischen; von der Decke hängen goldene Kronleuchter, aus dem Lautsprecher dringt leise Walzermusik, und das nostalgische Flair erinnert an Wiener Kaffeehäuser. Zwar habe ich meinen Magen soeben besänftigt, doch beim Anblick der marzipanschweren Tortenstücke sendet er schon wieder unmissverständliche Signale aus.

Ich ignoriere jedoch das leise Grummeln und klettere stattdessen noch ein Stockwerk höher, wo die Firma ein kleines Marzipanmuseum eingerichtet hat. Dort erfahren die Besucher mehr über die Süßigkeit, die ihren Ursprung im Orient hat und im Mittelalter mit den Arabern nach Europa kam. Anfangs wurde Marzipan nur in Apotheken verkauft und galt als Heilmittel gegen Verstopfung und Potenzprobleme. Erst später fand die Süßigkeit ihren Weg über die adligen Höfe zur breiten Bevölkerung. Heute ist neben dem Lübecker vor allem das Königsberger Marzipan weltbekannt, das abschließend gebacken wird, sodass es eine gebräunte Oberfläche erhält.

Wo genau in dieser Marzipanhistorie Wolfgang Joop vorkommt, muss ich wohl überlesen haben. Und doch steht eine Statue des Modeschöpfers hier oben im Museum – lebensgroß und aus Marzipan. Daneben sitzen und stehen elf weitere Berühmtheiten: von Firmengründer Johann Georg Niederegger über Thomas Mann bis hin zum Weihnachtsmann. Eine halbe Tonne Marzipan soll der Bildhauer Johannes Kiefer in die zwölf Figuren gesteckt haben, und doch ist das süße Dutzend beileibe nicht das skurrilste Marzipankunstwerk der Stadt, wie ich am nächsten Tag erfahre.

Denn auch wenn Niederegger mit Abstand Marktführer ist und der Firmenname im Rest der Republik als Synonym für Lübecker Marzipan gilt: In der Hansestadt gibt es noch mehrere andere Hersteller. Am verbissensten gegen den Platzhirsch kämpft wohl Burkhard Leu, der keine 500 Meter Luftlinie vom Café Niederegger im Lübecker Marzipan-Speicher residiert. Knapp eine Stunde unterhalte ich mich mit Leu – eine Stunde, in der er seinen Widersacher partout nicht einmal beim Namen nennen will. Stattdessen spricht er von «dem Marktbewerber», «dem großen Konkurrenten» oder schlicht von «ihm». Und auf «ihn» ist Leu überhaupt nicht gut zu sprechen – doch es bleiben die einzigen Momente in unserem Gespräch, in denen so etwas wie Emotionen hinter seiner zuckersüßen Fassade hervorblitzen.

Ansonsten spult Leu souverän sein Programm ab und schlüpft in seine Rolle, wie er selbst offen zugibt: «Ich habe meine Figur in den siebziger Jahren erfunden», beschreibt Leu den «Lübäcker», einen Konditor im weißen Gewand mit rotem Halstuch und überdimensionaler roter Mütze. «Und dann habe ich selbst die Rolle übernommen.» Während sein Bruder im Hintergrund die Fäden im Unternehmen ziehe, sei sein Job «die Rampensau». Und im Schatten des «großen Konkurrenten» bedeute das: auffallen um jeden Preis.

Deshalb steht Leu in seinem Lübäcker-Kostüm Tag für Tag selbst im Geschäft und bietet den Touristen Probierhäppchen an; deshalb hat er eine tägliche Marzipanshow entwickelt, in deren Verlauf die Besucher eigene Marzipanfiguren modellieren; und deshalb setzt der dauerlächelnde 61-Jährige auf kuriose Rekorde, die er gleich zu Beginn unserer Unterhaltung herunterrattert. «Meine erste Idee war Erwin der Eber», beginnt Leu und zeigt auf ein Plakat an der Wand, das ihn Arm in Arm mit einem riesigen Marzipanschwein zeigt. «Fünfmal ist er mir auseinandergebrochen, doch am Ende habe ich es geschafft. Jetzt stehen wir damit sogar im Guinness-Buch der Rekorde.» Denn Erwin ist das schwerste Marzipanschwein der Welt und bringt etwas mehr als eine Tonne Gewicht auf die Waage.

Doch mit einem Rekord – und den dazugehörigen Schlagzeilen – gibt sich der Lübäcker nicht zufrieden: «Man muss immer aktiv sein, im Gespräch bleiben. Der große Konkurrent sitzt uns im Nacken.» Also kreiert Leu das erste Marzipankleid der Welt aus 25 000 Pralinen und landet erneut im Guinness-Buch. Sein dritter Streich ist eine 20 Quadratmeter große Kopie von Leonardo da Vincis Abendmahl – aus 1,5 Tonnen Marzipan. «Ich war mit meiner Frau in Mailand, und wir wollten das Gemälde sehen», erzählt Leu. «Doch dazu hätte man zehn Stunden anstehen müssen. Also habe ich zu meiner Frau gesagt: Ich bau dir das nach – aus Marzipan. Und genau das habe ich getan.»

Leu hält inne, um auf den ungläubigen Blick des Gesprächspartners zu warten, der an dieser Stelle immer kommt, und setzt dann seine Rekorderzählung fort: «Der Heide Simonis, unserer ehemaligen Ministerpräsidentin, habe ich sogar mal einen Hut aus Marzipan überreicht. Und wissen Sie, was das Beste war?» Wieder die Künstlerpause. «Heide Simonis hat den Spaß mitgemacht und sich den Hut aufgesetzt!»

Die Geschichte von der Marzipanhaube ist in Fotos und Zeitungsausschnitten im hauseigenen Café dokumentiert – neben Leus übrigen Geniestreichen. Doch ich habe nach unserer Unterhaltung vorerst genug von den Anekdoten und Anekdötchen. Stattdessen gönne ich mir endlich das ersehnte Stück Marzipantorte, das im Marzipan-Speicher übrigens nur halb so viel kostet wie bei «ihm». Dennoch schmeckt der Kuchen vorzüglich – ebenso wie das Marzipan, von dem ich schon aus Gründen der Fairness ebenfalls reichlich probieren muss.

Mein Urteil werden jedoch weder Leu noch die Niederegger-Erben gern hören, denn selbst im direkten Geschmacksvergleich kann ich kaum einen Unterschied festmachen: Im Marzipan-Speicher schmeckt das Marzipan ebenso süß, ebenso lecker – und auch hier ist der Duft so betörend, dass ich eine ältere Dame unsanft in die Rippen boxe, nur um schneller an den süßen Stoff zu gelangen. Als der Marzipanrausch langsam abklingt, wird mir klar: Wenn ich nicht vollends zum Neandertaler degenerieren will, sollte ich Lübeck schleunigst verlassen.

Während ich Lübeck als zuckersüßen Marzipanhappen in Erinnerung behalte, ist Kiel eher eine Scheibe Schwarzbrot. Hier die prächtige Hansestadt mit dem von der UNESCO prämierten Zentrum, dort die graue Hafenstadt mit der einfallslosen Nachkriegsarchitektur. Hier Deutschlands prächtigstes Rathaus, dort Deutschlands älteste Fußgängerzone (wobei die seit 1953 autofreie Holstenstraße genauso mit Modeketten, Fast-Food-Läden und Drogeriemärkten vollgestopft ist wie all die anderen gesichtslosen Fußgängerzonen der Republik auch). Hier die gebürtigen Lübecker Thomas Mann und Willy Brandt, dort die Kieler Oswalt Kolle und Kim «Dotcom» Schmitz. Hier das süße und edle Marzipan, dort die fette und salzige Kieler Sprotte.

Immerhin, wegen dieser Fischspezialität habe ich die nördlichste Landeshauptstadt auf meinen Speiseplan gesetzt: Wie bei etlichen Gerichten auf meiner Reise habe ich zwar von Kieler Sprotten gehört und gelesen, doch noch nie welche gegessen. Und das ändert sich auch in Kiel nicht, denn zu meiner Überraschung lese ich kurz vor der Ankunft in einem schleswig-holsteinischen Kochbuch: Die Kieler Sprotte kommt überhaupt nicht aus Kiel, sondern aus dem 30 Kilometer entfernten Eckernförde.

«Der Grund dafür ist, dass wir früher keinen Verladebahnhof in der Stadt hatten», erklärt mir Berndt Kruse von der Fischräucherei Meergold, als ich ihn in dem kleinen Ostseeort aufsuche. «Also wurden die geräucherten Sprotten mit Pferdefuhrwerken von Eckernförde nach Kiel gebracht und in große Holzkisten gepackt. Erst dort kam ein Versandstempel drauf, sodass alle Welt dachte, die Fische stammen aus Kiel.»

Ende des 19. Jahrhunderts wurden die Bahngleise schließlich verlängert, worauf die Räuchereien ihre Sprotten mit einem Eckernförder Stempel versahen – doch nur kurz. Denn die Kunden verlangten umgehend die gewohnten Kieler Sprotten, sodass die Hersteller alsbald wieder zu dem alten, irrigen Namen zurückkehrten.

«Damals gab es an die 40 Räuchereien in Eckernförde», erzählt Kruse bei unserem Rundgang durch die Produktionshalle. Heute gibt es nur noch eine: seine Fischräucherei Meergold. Und obwohl hier in Hochzeiten bis zu 50 000 Sprotten pro Tag nach ganz Deutschland verschickt werden, machen die kleinen, silbernen Fische nur noch einen Bruchteil des Umsatzes aus. «Früher hieß es: In Eckernför dar hebbt wi't rut, ut Sülver Gold to maken», verfällt Kruse ins Plattdeutsche. «In Eckernförde haben wir es raus, aus Silber Gold zu machen.» Heute jedoch sei der Aufwand im Verhältnis zum Ertrag zu groß. Schließlich müssen die etwa zehn Zentimeter langen Sprotten einzeln von Hand aufgespießt werden, ehe sie in speziellen Öfen im Buchen- und Erlenholzrauch ihre goldene Farbe erlangen. «Die Kieler Sprotte ist für uns in erster Linie eine Marketingsache», gibt Berndt Kruse zu. «Doch wenn die Herstellungskosten weiter steigen, dann weiß ich nicht, wie lange es unsere Kieler Sprotten noch geben wird.»

Wenig später sitze ich an der Strandpromenade von Eckernförde, auf dem Schoß eine kleine Holzkiste mit dem Meergold-Emblem. Nun also werde ich endlich eine Kieler Sprotte probieren. «Mutige essen sie mit Kopp und Steert», hat mir Kruse gesagt, also inklusive Kopf und Schwanz. Ich angle eine Sprotte aus der Schachtel, lasse sie über meinem offenen Mund baumeln und blicke dem Fisch für einen kurzen Moment direkt ins tote Antlitz. Dann beiße ich beherzt zu – und bin begeistert vom Geschmack. Das fette Fleisch erinnert ein wenig an Hering, dazu kitzelt das deftige Räucheraroma angenehm auf der Zunge. Gierig stecke ich mir zwei weitere Sprotten in den Mund. Ein Kleinkind, das mich entsetzt anblickt und in die Arme des Opas flüchtet, ignoriere ich geflissentlich.

Erst bei Sprotte Nummer vier versuche ich Kopf, Schwanz und Hauptgräte zu entfernen, wie es heutzutage die meisten Esser tun. Vorsichtig trenne ich den Kopf ab. Danach drücke ich sanft auf den Fischkörper, um den Schwanz mitsamt der Gräte herauszuziehen, so wie Kruse es beschrieben hat. Doch meine Fingerfertigkeit ist leider ähnlich schwach ausgeprägt wie meine Selbstbeherrschung, sobald ich einen Feinkostladen betrete. Und so klebt mir bald eine Handvoll Fischbrösel zwischen den Fingern, die ich umso genüsslicher ablecke. Wie schade wäre es, wenn es diese Köstlichkeit irgendwann nicht mehr geben würde? Wenn eine weitere deutsche Esstradition aussterben und dafür zwei Dutzend neue Fast-Food-Tempel in den Holstenstraßen dieser Republik eröffnen würden?

Oder wie Gregori Dracke es in Anspielung auf das McDonald's-Logo formuliert: «Da ist vieles ausgestorben, seitdem die goldene Möwe nach Deutschland geflattert ist.» Ich sitze mit dem 52-jährigen Koch in seiner Gaststätte Alter Kirchkrug in Großsolt etwa zehn Kilometer südlich von Flensburg. Es wird eine der denkwürdigsten Begegnungen meiner Reise sein – auch weil ich erst nach langer Suche auf Gregori Dracke gestoßen bin und am Ende unseres Treffens ein vortreffliches Gericht stehen wird. Doch zunächst einmal ist da nur ein Wort: «Schnüsch». Oder auch wahlweise «Schnüüsch» oder «Schnusch».

Allein dieser kuschelige Name weckt sofort mein Interesse, als ich in einer Kochzeitschrift erstmals darüber stolpere. Darin erfahre ich, dass es sich bei Schnüsch um einen Milch-Gemüse-Eintopf aus Schleswig-Holstein handelt. Genauer gesagt ist es sogar das Nationalgericht der Region Angeln im äußersten Nordosten des Bundeslandes.

Umgehend setze ich Schnüsch auf meinen Speiseplan, denn es hat noch einen weiteren Vorteil: Zwar wird der Gemüseeintopf traditionell mit Katenschinken oder Matjes als Beilage gegessen, doch das Gericht an sich ist vegetarisch – und damit die Ausnahme auf meiner Reise. Der Grund hierfür ist simpel: Was heute als traditionelle, deutsche Hausmannskost gilt, ist in der Regel das, was früher sonntags auf den Tisch kam – wenn nicht gar nur an Feiertagen. Und das war in der Regel ebenso deftig wie fleischlastig. Denn unter der Woche gab es vorwiegend billige Lebensmittel wie Kartoffeln, Getreide, Steckrüben und Gemüse.

Je näher ich der Region Angeln komme, desto häufiger werde ich auf Schnüsch hingewiesen. «Ja, genau! Das ist typisch für diese Gegend, das musst du probieren», rät mir beispielsweise ein Student, der mich bis nach Schleswig fährt. Damit ist er keineswegs allein. Doch einen Haken hat die Sache: Niemand kann mir sagen, wo ich dieses ominöse Schnüsch essen könnte. «Bei uns hat das früher die Oma gemacht», erzählt der Student. «Aber sonst … keine Ahnung.»

In Schleswig, der größten Stadt Angelns, klappere ich zig Restaurants ab – Fehlanzeige. Hilfesuchend wende ich mich an die Lokalzeitung – ohne Erfolg. Ich stöbere im Internet, frage Bekannte, wälze Kochbücher – keine Spur von Schnüsch. Zugegeben: Da das Gemüse frisch sein muss, ist der Eintopf eine saisonale Speise, und ich bin einige Monate zu früh dran. Aber kann es tatsächlich sein, dass *das* Traditionsgericht einer Region dort nirgendwo aufzutreiben ist?

Meine letzte Hoffnung setze ich in den Heimatverein Angeln, bei dem ich am Tag vor meiner Ankunft anrufe. Ich habe kaum meinen ersten Satz beendet, da fällt mir die Frau am anderen Ende der Leitung ins Wort: «Schnüsch? Sie interessieren sich für Schnüsch? Dann warten Sie mal einen Moment, denn zufälligerweise ist gerade die Frau Pütsch hier. Die kann Ihnen alles über Schnüsch erzählen.»

Hastig entgegne ich, dass ich bereits allerlei über Schnüsch weiß – nur nicht, wo ich es probieren könne. Doch meine Worte verhallen ungehört; offenbar reicht sie den Hörer gerade weiter.

«Hier Pütsch», höre ich es kurz darauf aus meinem Handy tönen. Ich setze von neuem an – und komme wieder nicht über den ersten Satz hinaus.

«Ja, unser Schnüsch, das schmeckt hervorragend», legt Frau Pütsch los. Der Stimme nach zu urteilen, hat sie die achtzig bereits hinter sich. «Da nehmen Sie frische Karotten, frische Erbsen, frischen Kohlrabi …» Aus dem Kopf rattert Frau Pütsch das Rezept herunter und schließt ihren Monolog nach fünf Minuten mit einem: «Ich hoffe, ich konnte Ihnen helfen.»

Aufgeregt rufe ich in den Hörer: «Halt! Stopp! Ja, das haben Sie. Eines aber würde mich noch interessieren.»

Einen Moment herrscht Stille am anderen Ende der Leitung. Dann ertönt ein leises «Ja?».

Ich schildere Frau Pütsch meine unendliche Suche nach dem Schnüsch. «Dann versuchen Sie es doch mal im Alten Kirchkrug in Großsolt», schlägt sie vor. «Sie kennen doch Großsolt, oder?»

Ich murmle einen unverständlichen Vokalbrei, um mein Unwissen zu kaschieren. Erst später, im dritten Anlauf, werde ich den 1800-Seelen-Ort auf der Karte finden – irgendwo zwischen Schleswig und Flensburg.

«Der Alte Kirchkrug gehört dem Gregori Dracke», fährt Frau Pütsch fort. «Sagen Sie ihm einen schönen Gruß von mir und dass er Ihnen einmal ein anständiges Schnüsch kochen soll.»

Voller Dankbarkeit verabschiede ich mich von der alten Dame und habe schon im nächsten Moment die Nummer von Gregori Dracke gewählt. Fünf Minuten und ein uninspiriertes Gespräch später haben wir ein Treffen vereinbart. Der Wirt war in Eile, hat etwas in Richtung «keine Schnüsch-Saison» gebrummt und letztlich doch eingewilligt, sein Rezept mit mir zu teilen.

Nun sitze ich ihm seit einer Dreiviertelstunde gegenüber. Wir sind längst beim Du angelangt und diskutieren so angeregt, als würden wir uns aus Sandkastenzeiten kennen. Gregori ist seit dreieinhalb Jahrzehnten Koch und liebt seinen Beruf von ganzem Herzen. Doch seine Prognosen sind düster: «Von unserer Esskultur ist in den vergangenen Jahren so viel verloren gegangen. Vor allem bei den jungen Menschen sind die Geschmacksnerven regelrecht verkümmert.» Er selbst sei in einer Gastronomiefamilie groß geworden, erzählt Gregori. «Ich kenne aus meiner Kindheit noch viele einfache, aber leckere Gerichte, die man heute fast nirgendwo mehr bekommt.» Darunter auch Schnüsch, dessen Rezept er von seiner Oma geerbt hat. «Die ist früher am Morgen in den Garten gegangen, um die Zutaten zu pflücken, und schon mittags gab's Schnüsch. Das ist ein Gericht, das von seiner Frische lebt.»

Gebannt hänge ich an Gregoris Lippen, bis sich der Wirt plötzlich erhebt. «Jetzt haben wir so lange über Schnüsch gesprochen», sagt er und grinst. «Jetzt wollen wir es auch kochen. Ich habe da was vorbereitet.»

Ich folge ihm in die Küche und kann dort nur mit Mühe einen Jubellaut unterdrücken. Denn in diversen Schüsseln entdecke ich frisches Gemüse, Kartoffeln, Petersilie und Milch – die Zutaten für Schnüsch.

«Erbsen und Bohnen sind tiefgefroren, weil es noch keine frischen gibt», sagt Gregori fast entschuldigend. «Aber ich wollte unbedingt, dass du unser Schnüsch auch probierst.»

Vor Rührung würde ich Gregori am liebsten um den Hals fallen. Doch er steht schon hinter dem Herd und ist sofort in seinem Element. In den folgenden 40 Minuten werde ich staunend verfolgen, wie Gregori Schnüsch kocht. Und nebenbei eine Scholle brutzelt – schließlich sitzen im Gasthof hungrige Gäste. Und nebenbei seine zwei Lehrlinge durch die Küche dirigiert. Und nebenbei mit den beiden Späßchen macht. Und nebenbei eine Pilzsoße anrührt. Und mir nebenbei Kochtipps gibt. Und nebenbei das Schnüsch abschmeckt. Und nebenbei eine Anekdote nach der anderen erzählt. Und all das mit einer Gelassenheit, als würde er nur zwei Butterstullen schmieren.

Wenig später sitzen Gregori und ich in der Gaststube, zwischen uns ein großer, dampfender Topf voll Schnüsch. Dazu gibt es Pellkartoffen, Schinken und obenauf reichlich Petersilie. Gregoris Frau leistet uns für einen Teller Schnüsch Gesellschaft; kurz darauf setzt sich der Sohn mit an den Tisch. Auch den anderen Gästen bietet der Wirt eine Probierportion an, schließlich steht das Traditionsgericht auch im Alten Kirchkrug nicht auf der Karte, sondern wird nur zu besonderen Anlässen serviert.

Doch all das bekomme ich nur beiläufig mit, denn meine ganze Aufmerksamkeit gilt dem köstlichen Gericht vor mir. Der Milchgeschmack hält sich angenehm im Hintergrund, stattdessen hat die Soße das frische Gemüsearoma förmlich aufgesogen.

Eine leichte Süße zieht sich durch den Eintopf, was wiederum hervorragend mit dem salzigen Schinken harmoniert. Und dann ist da noch der Augenschmaus: Orangefarbene Karotten schwimmen neben gelben Kartoffeln und grünen Bohnen in der weißen Milch.

Beglückt löffle ich den ersten Teller, schöpfe mir eine noch üppigere, zweite Portion nach und lehne mich nach dieser beseelt im Stuhl zurück. Was ich zu dem Zeitpunkt noch nicht ahne: Das fleischlose Schnüsch – ausgerechnet! – wird das erste Gericht sein, das ich nach dem Ende meiner Reise am heimischen Herd nachkoche. Und es wird nicht nur mich, sondern auch meine Gäste begeistern.

Bleibt eigentlich nur die Frage nach dem flauschigen Namen. «Wieso es Schnüsch heißt?», wiederholt Gregori und blickt mich so überrascht an, als hätte er sich darüber noch nie Gedanken gemacht. «Na ja, schau es dir doch einfach mal an», fährt er nach einer kurzen Pause fort und zeigt lachend mit der Hand auf den Topf. «Bei uns hier oben ist das halt Schnüsch.»

REZEPT:

SCHNÜSCH
(für 4 Personen)

Zutaten

    800 g Kartoffeln
    250 g dicke Bohnen (Pferdebohnen)
    250 g Kohlrabi
    250 g grüne Bohnen
    Muskat
    250 g Erbsen

Salz
Zucker
250 g Karotten
1 l Milch
50 g Butter
frische Petersilie

Zubereitung

1. *Kartoffeln schälen und kochen.*
2. *Pferdebohnen, Kohlrabi und grüne Bohnen jeweils separat in wenig Salzwasser kochen, dazu 1 Prise Muskat geben.*
3. *Erbsen in wenig Wasser mit etwas Salz und Zucker kochen.*
4. *Erbsenwasser abgießen und darin die Karotten kochen. Anschließend das Wasser abgießen und aufheben.*
5. *Milch in einem großen Topf erhitzen, ohne dass sie kocht.*
6. *Gemüse bis auf die Kartoffeln in die Milch geben und etwa 20–30 Minuten garen lassen.*
7. *Schnüsch mit dem Erbsen-Karotten-Wasser abschmecken – meist sind danach keine weiteren Gewürze nötig.*
8. *Butter im Schnüsch zerfließen lassen.*
9. *Schnüsch auf Salzkartoffeln und mit reichlich gehackter Petersilie servieren. Je nach Geschmack kann man rohen Schinken oder Matjes dazu reichen.*

Das Rezept stammt von Gregori Dracke aus dem Alten Dorfkrug in Großsolt.

HAMBURG:

BUTTJES SAGENHAFTER SEEMANNSSCHMAUS

**SEIT ZEHN MINUTEN SITZE ICH ZWISCHEN FRANZ BECKEN-
BAUER UND GEORGE CLOONEY UND WARTE.** Das Licht ist ge-
dimmt hier im Old Commercial Room in Hamburg; Mahagoni
und Messing erinnern an ein englisches Pub, dunkles Holz ziert
ebenfalls Boden und Wände. Die einzelnen Tischnischen, die
mit viel Phantasie Kajüten ähneln, tragen klingende Namen wie
«Captain's Table», «Künstler-Stammtisch» oder «Freunde der
Seefahrt», und an den Wänden hängen Schiffsgemälde, Fahnen,
Wimpel und Promifotos. Unzählige Promifotos. Von Otto Schily
bis Otto Waalkes, von Willy Brandt bis Wildecker Herzbuben.
Birkin, Bohlen, Bon Jovi und von Beust. Und eben Clooney und
Beckenbauer.

Interessanter als all die signierten Bilder ist aber der Mann
aus Fleisch und Blut, der keine fünf Meter von mir entfernt am
«Captain's Table» thront und sich abwechselnd mit seiner 20 Jahre
jüngeren Frau und einem handtaschengroßen, kläffenden Hund
unterhält: Reinhard Rauch, genannt Buttje, Mitte 60, träger Körper, wache Augen. Er trägt den Schädel blankrasiert, den Hauch
eines Schnauzers auf der Oberlippe und ein süffisantes Dauerlä-
cheln im Gesicht. Zur dunklen Anzughose spannt sich ein weißes
Hemd über dem Bauch; die obersten beiden Knöpfe stehen offen. «Hamburger Original» oder «Vollblutgastronom» schreiben
die Reporter, wenn sie über Rauch und sein Traditionsrestaurant
gegenüber dem Hamburger Michel berichten. Oder natürlich:
«Labskausbotschafter».

Denn ein Besuch bei Buttje ist Pflicht, wenn man sich für Labskaus interessiert, und Labskaus wiederum ist Pflicht, wenn man
traditionellen deutschen Gerichten nachspürt. Die Fleischpampe

gehört zu Hamburg wie der Hafen – auch wenn unklar ist, wo das Gericht erfunden wurde. Fest steht: Labskaus wird schon seit Jahrhunderten auf Segelschiffen gegessen und bestand anfangs vor allem aus Pökelfleisch. Dieses wurde gekocht und mit Kartoffeln und Zwieback zerstampft – angeblich, weil die vom Skorbut angegriffenen Zähne der Seemänner keine feste Nahrung mehr vertrugen. Gutes Labskaus, heißt es, könne man sogar mit dem Strohhalm essen. Heute kommt das Gericht vor allem in Skandinavien, Norddeutschland sowie in der Region um Liverpool auf den Tisch, und es hat den Anschein, als gäbe es mehr unterschiedliche Labskausrezepte als Fische in der Nordsee.

Die Kardinalfrage lautet dabei: Fisch oder kein Fisch? Wenn es nach Buttje Rauch geht, dann gibt es keine Diskussion. «Fisch hat im Labskaus nichts verloren», bellt er mir zur Begrüßung mit unverkennbar hanseatischem Unterton entgegen. Es ist sein erster Satz, nachdem er sich an meinen Tisch bequemt, eine dicke Zigarre angezündet und zwei tiefe Züge genommen hat. «Denn Fisch hatten die Seefahrer jeden Tag», fährt Rauch paffend fort. «Das hing denen zum Hals raus.»

Über die Seeleute hielt Labskaus vor knapp einem Jahrhundert Einzug in die Hamburger Küche, geriet aber nach dem Zweiten Weltkrieg fast in Vergessenheit. «In den sechziger Jahren stand das höchstens noch ganz unten rechts auf der Speisekarte», erinnert sich Rauch und kommt zu seinem Lieblingspart der Labskaushistorie. «Dass es heute wieder als Hamburger Nationalgericht gilt, ist meinem Vater und mir zu verdanken. Wir haben das Labskaus wiederbelebt.»

Ausgangspunkt sei der Old Commercial Room gewesen – ein ehemaliges Hotel, das Rauch senior 1970 zum Restaurant umfunktioniert. Dort setzt er das Labskaus ganz oben auf die Karte, erklärt sich zum Labskausbotschafter und rührt die Werbetrommel. So präsentieren Vater und Sohn das Seefahrergericht bei

Buttjes sagenhafter Seemannsschmaus

Rudi Carrell in der TV-Show «Am laufenden Band», sie organisieren das weltgrößte Labskausessen im Hamburger Hafen und verschiffen Labskaus sogar in Konserven. Außerdem locken sie Promis in die Gaststätte – zuvorderst Altkanzler Helmut Schmidt, der stets zu Grog und Labskaus gekommen sei, erzählt Buttje Rauch.

Heute hängt im Old Commercial Room nicht nur eine Ahnengalerie der berühmtesten Besucher an der Wand, sondern es liegen auch Handzettel mit einer Übersicht aus, welcher Promi an welchem Tisch gesessen hat. «Die Idee dazu kam mir an Heiligabend», sagt Rauch und rechnet vor: «Wenn 20 Gäste den Zettel mitnehmen und ihren beiden besten Freunden zeigen, dann hören auf einen Schlag 40 Personen den Namen Old Commercial Room.»

Außerdem erhält jeder Besucher, der Labskaus bestellt, eine Urkunde, die ihm bescheinigt, dass er das «einmalige, berühmte Labskaus» vom «Captain's Table» gegessen habe. Und nicht zuletzt lockt auch die über Jahrzehnte aufgebaute Marke Buttje die Gäste an – mit seiner Zigarre im Mundwinkel, seinem Hündchen, seiner jungen Frau, seinem Hamburger Akzent und seinen knorrigen Sprüchen. «Die Leute kommen nicht wegen des Essens», gibt Rauch zu und grinst sein Buttje-Grinsen. «Die wollen den Verrückten sehen.»

Er setzt gerade an, «die Geschichte mit Charlie Sheen» zu erzählen, da kommt eine Bedienung an den Tisch und informiert ihn, dass sich ein Kollege krankgemeldet habe. «Der Hund war gestern bestimmt besoffen», ruft Rauch erzürnt seiner Frau zu, die immer noch am «Captain's Table» sitzt. «Und ausgerechnet heute lässt der uns sitzen, wo wir am Abend eine große Gesellschaft im Haus haben.» Es folgt ein mittelschwerer Wutausbruch samt einer Kaskade von Schimpfwörtern.

Ich muss an die Schlagzeile einer Boulevardzeitung denken,

die den Labskausbotschafter einst als «Hamburgs fiesesten Chef» gebrandmarkt hat. Doch jetzt scheint mir der falsche Zeitpunkt, um Rauch auf dieses Thema anzusprechen. Außerdem hat die Bedienung gerade einen Teller mit Spiegelei, Roter Bete, Salzgurken und einer breiigen, rosafarbenen Masse auf den Tisch gestellt. Das Labskaus!

Hierfür werden im Old Commercial Room nur gepökeltes Rindfleisch und Kartoffelpüree durch den Fleischwolf gedreht, verrät mir Rauch, nachdem er sich wieder beruhigt hat. «Andere rühren auch Rote Bete dazu, aber das gibt es bei uns separat. Und natürlich Spiegelei, denn die Seefahrer hatten früher lebende Hühner an Bord.» Sein Labskausrezept habe er vom Vater geerbt, erzählt Rauch. «Und der hat es mit dem Stammtisch der Walfänger ausgetüftelt.»

Leicht beunruhigt blicke ich auf den Fleischbrei vor mir. Er sieht tatsächlich aus wie schon mal gegessen. Doch ich verkneife mir diesen Kommentar, denn Rauchs Standardantwort darauf kenne ich ohnehin aus diversen Zeitungsartikeln: «Bei Ihnen daheim muss es ja zugehen», entgegnet er dann immer. Stattdessen greife ich zur Gabel, nehme einen großen Bissen und setze den Kiefer in Bewegung. Doch mein Kauen geht ins Leere – denn die Konsistenz von Labskaus ähnelt der von zähflüssigem Kartoffelpüree. Der Geschmack indes ist hervorragend: Trotz Pökelsalz und Kartoffeln dominiert das Fleischaroma. Bei der zweiten Gabel nehme ich etwas Rote Bete und Spiegelei hinzu: Beides passt ausgezeichnet zum Labskaus und verleiht ihm einen noch saftigeren Geschmack. Binnen einer Viertelstunde ist mein Teller blank: Noch nie habe ich ein Gericht gegessen, bei dem Aussehen und Geschmack so wenig miteinander zu tun haben – nicht einmal auf meinen Reisen durch Asien.

Begeistert berichte ich Rauch von meinen gustatorischen Eindrücken, worauf der Wirt zufrieden nickt: «Das ist eben ein Essen für richtige Männer.» Was er damit meint, wird mir erst klar, als ich später die Geschichte zum umstrittenen Namensursprung des Labskaus nachlese. So besagt eine Version, die auch Rauch vertritt, dass das Wort vom englischen *lob's course* abstammt, was übersetzt «Speise für derbe Männer» heißt. Eine andere Theorie behauptet, dass der norwegische Ausdruck für «leicht zu Kauendes» als Namensgeber diente. Die meisten Experten vermuten jedoch, dass der Begriff Labskaus aus dem Baltikum kommt: Dort bedeutet *labs kausis* so viel wie «gute Schüssel».

Zwei Rauch'sche Anekdoten später – diesmal spielen Freddy Quinn und Mario Adorf die Hauptrollen – habe ich genug von der glitzernden Promiwelt. Ich bedanke mich bei meinem Gastgeber, zücke den Geldbeutel und winke die Bedienung an unseren Tisch, als plötzlich ein gefährliches Grollen ertönt.

Es kommt von Reinhard Rauch, dessen Blick mich für einen kurzen Moment aufzuspießen droht. «Wer mit Buttje Labskaus isst, der zahlt nicht», brummt er, bevor sich auf seinem Gesicht wieder ein Lächeln breitmacht. «Sie sind eingeladen. Ich hoffe, es hat geschmeckt.»

Das hat es zweifelsfrei – und dennoch giert mein Magen nach einem Nachschlag, kaum dass ich den Old Commercial Room verlassen und mich in Richtung Alster aufgemacht habe. Nicht dass die Labskausportion zu klein ausgefallen wäre. Es ist vielmehr das Verlangen nach Zucker, das sich nicht nur bei mir nach deftigen Mahlzeiten so zuverlässig regt wie das Schwindelgefühl nach einer Achterbahnfahrt.

Warum das so ist? Da geben diverse Frauenzeitschriften eine eindeutige Antwort. Schuld ist der Stress. Oder übermäßiger Süßstoffkonsum. Oder die Gene. Oder Durst. Oder Mineralstoffmangel oder zu kohlenhydratreiche Ernährung oder zu kohlenhydratarme Ernährung oder der weibliche Zyklus oder die Mondphase oder sonst was. Offenbar gibt es nur ein Thema, das solche Magazine häufiger aufgreifen als die Gründe für Heißhunger. Nämlich: Tipps gegen Heißhunger. Wahrscheinlich müssten zwei Dutzend Frauenzeitschriften auf der Stelle dichtmachen, wenn sich einmal mein Geheimrezept gegen Heißhunger herumspricht: einfach etwas Süßes essen.

Und so betrete ich wenig später eine nette, kleine Konditorei und reihe mich in die Warteschlange ein. Durch die Vitrinenscheibe lachen mich Kuchen, Schnecken, Plunder, Nussecken, Torten und Berliner an. Und eine Art plattgedrücktes Croissant, das ich bislang noch nie gesehen habe. Doch damit bin ich offenbar allein, denn vier der fünf Wartenden vor mir ordern zielsicher ein solches «Franzbrötchen» – mit Schokolade, Streuseln oder klassisch mit Zucker und Zimt. Neugierig kaufe ich ebenfalls zwei dieser Plunderteilchen und beiße noch im Laden hinein. Der buttrig-süße Geschmack jagt mir einen wohligen Schauer über den Rücken; dazu kommt der unwiderstehliche Duft von karamellisiertem Zucker und Zimt. So köstlich wurde mein heißhungernder Magen selten zum Schweigen gebracht.

Später lese ich, dass das Franzbrötchen in der Hamburger Küche mindestens ebenso tief verwurzelt ist wie das Labskaus. Und im Gegensatz zum Seefahrergericht muss sich die Stadt diese Delikatesse nicht mit anderen teilen. Denn Franzbrötchen gibt es praktisch nur in Hamburg, wo das Gebäck vor mehr als 100 Jahren erfunden wurde. Der Legende nach versuchten sich ortsansässige Bäcker an Croissants, was ihnen gründlich misslang. Heraus kam das Franzbrötchen – benannt nach den Einwohnern Frankreichs, des Heimatlands der Croissants. Ob es das Franzbrötchen aber jemals als Wundermittel gegen Heißhunger in die Frauenzeitschriften schaffen wird, bezweifle ich. Denn schon ein solches Gebäckstück enthält doppelt so viele Kalorien wie ein Hamburger bei McDonald's – und dreimal so viel Fett.

Entsprechend ausgiebig fällt mein Verdauungsspaziergang aus, ehe ich am Nachmittag den Alt-Hamburger Aalspeicher aufsuche. Dieses Traditionsrestaurant befindet sich in der pittoresken Deichstraße direkt am Wasser in einem der ältesten Häuser der Stadt. Nur wenige Meter von hier brach 1842 der verheerende Große Brand aus, doch wie durch ein Wunder wurde diese Reihe historischer Bürgerhäuser verschont. In der Gaststätte will ich einen weiteren Eckpfeiler dcr Hamburger Küche verkosten: die Hamburger Aalsuppe.

Doch zunächst geht es auf Zeitreise, denn mit Betreten des Aalspeichers fühle ich mich schlagartig um 40 Jahre zurückversetzt. Im engen Eingangsbereich steht eine Handvoll Tische mit Blümchendecken vor einem dunklen Holzbuffet. Auf dem Fliesenboden dämpft ein orientalischer Läufer die Geräusche, bunte Vorhänge sperren die hektische, moderne Welt aus.

Der hintere Gastraum führt zu einer schmalen Terrasse; von hier bietet sich ein traumhafter Blick über den Nikolaifleet. Auch in diesem Teil des Aalspeichers dominiert Siebzigerjahrecharme, irgendwo zwischen rustikal und altbacken. Norwegens König, Altkanzler Schmidt und Schauspielerin Helga Feddersen haben hier schon gespeist, doch nach effekthascherischen Promifotos sucht man vergebens. Wenn Buttjes Old Commercial Room so etwas wie die Heidi Klum unter Hamburgs Gaststätten ist, dann ist der Aalspeicher Heidi Kabel.

Betrieben wird das Restaurant seit mehr als drei Jahrzehnten von der Familie Eismann – und genauso lange habe man auf der Speisekarte nicht einen Buchstaben geändert, versichert mir Marcus Böse. Der Oberkellner ist der gute Geist des Hauses und hat sofort zugesagt, als ich am Telefon um ein Treffen gebeten habe. «Sie interessieren sich für die Aalsuppe?», hat er gefragt. «Dann sind Sie bei mir an der richtigen Adresse. Denn wir im Aalspeicher machen als eines der wenigen Restaurants in Hamburg noch eine richtige Aalsuppe. Da wird ja sonst viel Schindluder getrieben.» Diese drei Sätze waren nur die Einleitung zu einem Impulsreferat, das Böse nach zehn Minuten abrupt beendete: «Dann kommen Sie also zu uns. Sehr schön, ich freue mich.»

Noch geplättet von dem Redeschwall, wollte ich antworten – da hatte der Oberkellner schon aufgelegt. Nun sitze ich Böse also gegenüber: Mitte 40, spitzes Gesicht, eckige Brille. Sein Kopf ist kahl bis auf zwei Haarinseln über den Ohren. Böse trägt Hemd und Krawatte, darüber eine dunkelblaue Weste, aus der Brusttasche blitzt ein silberner Stift – müsste ich einen typischen Oberkellner beschreiben, er sähe aus wie dieser Mann.

«Eines müssen Sie zur Aalsuppe wissen», setzt Böse sofort nach der Begrüßung an. «Nämlich dass eigentlich gar kein Aal hineingehört.» Er blickt triumphierend drein: Diese Pointe hat Böse sicher schon zigtausend Gästen erzählt. Zufrieden registriert er mein ungläubiges Staunen und fährt fort: «Ursprünglich war die Aalsuppe nämlich eine klare Suppe mit Gemüse, Backobst und Mehlklößchen, den sogenannten Klüten. Und ohne Aal – denn es war ein Essen für arme Leute.» Der Name des Gerichts habe sich vielmehr vom Plattdeutschen *aal rin* abgeleitet, weil in die Suppe «alles hineinkam», was die Küche hergab.

Wieso heute dennoch Aalstückchen in der Aalsuppe schwimmen? «Daran sind die Touristen schuld», erklärt Böse. «Denn die gingen davon aus, dass in eine Aalsuppe auch Aal gehört. Und als in den sechziger und siebziger Jahren immer mehr Besucher nach Hamburg kamen, haben die Restaurants angefangen, diesen Wunsch zu erfüllen.» Auch im Aalspeicher habe man darauf reagiert: «Wir haben auf unserer Karte zwei verschiedene Aalsuppen», sagt Böse in einem Ton, als hätte er soeben ein Karnickel aus dem Zylinder gezaubert. «Eine mit Aal und eine traditionelle saure Aalsuppe ohne Aal.»

Wie aufs Stichwort verschwindet er in der Küche und kommt

umgehend mit einem Teller in der Hand zurück: «Eine Aal-suppe – mit Aal.»

Die erste Überraschung ist ihr Aussehen, denn ganz gegen meine Erwartung ähnelt das Gericht nicht einmal annähernd einer Fischsuppe. Vielmehr ist es eine klare Brühe und erinnert von der Farbe her an die süßsaure Suppe beim Chinesen. Darin schwimmen glänzende Backpflaumen, Mehlklößchen, eine Hand-voll fleischige Aalstücke und reichlich Kräuter – das sogenannte Aalkruut, eine Mischung aus bis zu einem Dutzend Gewürzen.

Ich greife zum Löffel, probiere zunächst nur die pure Suppe und bin erstaunt von der Geschmacksvielfalt: Die Süße der Pflau-men mischt sich angenehm mit einer sauren Essignote, dazu kommt das salzig-fettige Aroma der Fleischbrühe.

«Dafür nehmen wir geräucherte Schinkenknochen und lassen den Fond einen Tag ziehen», erklärt Böse.

Langsam wird mir klar, warum die Aalsuppe in der Hamburger Küche nicht etwa als Vorspeise, sondern als Hauptgericht gilt. Mit dem nächsten Löffel beiße ich auf ein großes Stück Aal: Von der Konsistenz und auch vom Geschmack her liegt es irgendwo zwi-schen Fisch und Fleisch, dazu glaube ich eine leichte Räuchernote zu entdecken. Auch wenn er ursprünglich nichts darin zu suchen hatte: Geschmacklich passt der Aal hervorragend in seine Suppe. Genüsslich leere ich den Teller, bis nur mehr ein paar Kräuterreste darin kleben. Entweder man liebt sie, oder man hasst sie, sagen viele Hamburger über ihre Aalsuppe – doch dem kann ich nicht zustimmen. Denn der Geschmack ist keinesfalls extrem und al-lein der Aal ein Erlebnis.

Zufrieden leere ich mein Glas und will mich verabschieden, doch so schnell mag Marcus Böse seinen aufmerksamen Zuhö-rer nicht entlassen. Denn wie schon Buttje Rauch hegt auch der Oberkellner eine große Liebe zum Erzählen – vor allem in der Ichform. Kühle und schweigsame Norddeutsche? Zumindest bei diesen zwei Exemplaren Fehlanzeige. Und so erzählt Böse von seiner Zeit in Asien, wo er mehr als ein Jahrzehnt gelebt und gearbeitet hat. In Hongkong habe er mit einem holländischen Kapitän gebechert, worauf dieser im Suff versprach, ihn auf seinem Containerschiff mit nach Hamburg zu nehmen. «Ich bin als Deutscher sozusagen illegal nach Deutschland eingereist», sagt Böse und lacht. «Im Gegenzug habe ich auf der Fahrt nach Hamburg für die Schiffsmannschaft gekocht.»

Wieder in Deutschland, zieht es Böse zunächst ins heimische Remscheid, aber «im Jägerschnitzelland» hält er es nicht lange aus. Und so kehrt er als Mittdreißiger nach Hamburg zurück und landet zufällig im Aalspeicher. «Ich habe mich auf Anhieb gut mit der Familie Eismann verstanden und meinen Vertrag immer nur per Handschlag verlängert.» Inzwischen hat sich Böse zum Oberkellner hochgearbeitet, lebt in einer kleinen Wohnung direkt über dem Restaurant und identifiziert sich «zu 100 Prozent» mit der Gaststätte. Und dann sei da natürlich noch Hamburg, «die vielleicht schönste Stadt der Welt».

Ich nicke artig und wünsche mir im Stillen ein Franzbrötchen für jedes Mal, dass ich diesen Satz während meines Besuchs in Hamburg zu hören bekomme. Gut, dass mich niemand erhört. Ich wäre zwar ein sehr glücklicher Mann – aber auch ein sehr dicker. Denn die Hamburger pflegen zu ihrer Stadt eine fast schon unanständig innige Liebe. Nirgendwo sonst in Deutschland höre ich so viele Menschen so oft und so begeistert von ihrer Heimat erzählen.

Aber warum gerade Hamburg? Meine Theorie: In Berlin sind die Einwohner so sehr damit beschäftigt, in der lässigsten Stadt Deutschlands zu leben, dass sie für deren Schönheit kaum etwas übrig haben. Die Münchner wiederum versuchen verzweifelt, so cool zu sein wie die Berliner – und übersehen dabei die Pracht ihrer eigenen Heimat. Den Frankfurtern wurde so oft erzählt, dass ihre hübsche Stadt ein hässliches Entlein sei, dass sie es mittlerweile selbst glauben. Und die Kölner? Die wissen sowieso, dass sie am schönsten Fleckchen des Universums leben, und brauchen es deshalb nicht ständig zu wiederholen.

Dabei ist Hamburg tatsächlich eine tolle Stadt, wie ich wieder einmal feststelle, nachdem ich Marcus Böse und dem Aalspeicher Lebewohl gesagt habe. Wo sonst kann man binnen eines halbstündigen Spaziergangs ein derart monumentales Rathaus bewundern, die Landungsbrücken passieren, des Menschen niedere Instinkte auf der Reeperbahn erkunden und nur zwei Ecken weiter durch alternativ-hippe Stadtviertel wie St. Pauli oder Sternschanze flanieren?

Und dann ist da ja auch noch die Hamburger Küche, die es wie kaum eine zweite in Deutschland versteht, ihren Charakter zu bewahren: Zu Labskaus und Aalsuppe gesellen sich Finkenwerder Scholle, Pannfisch und Hering in allen Variationen; dazu Ochsenschwanz in Madeira, Schwarzsauer sowie Birnen, Bohnen und Speck, und als Nachspeise gibt es überall Rode Grütt – also Rote Grütze mit Milch oder Sahne.

Trotz dieser vielen kulturellen und kulinarischen Leckerbissen werde ich Hamburg aber mit Groll im Bauch verlassen. Denn sosehr die Hanseaten ihre Stadt lieben und ihre Küche pflegen – von Anhaltern halten sie offenbar genauso wenig wie der St.-Pauli-Fan vom HSV, wie ich am kommenden Tag feststellen muss.

Von den Phantastilliarden Fahrzeugen, die an diesem Vormittag an mir vorbeidonnern, stoppt nur eines – und das ist ausgerechnet ein Polizeiwagen. «Sie dürfen da nicht stehen», ruft der Beamte durch das heruntergekurbelte Fenster. Er macht sich noch nicht einmal die Mühe auszusteigen. «Verschwinden Sie!», herrscht er mich an.

Wortreich versuche ich dem Polizisten zu erläutern, dass diese

Stelle der einzige Ort nahe der Autobahnauffahrt sei, wo ich ausreichend Fahrzeuge abfangen könne. Doch vergebens.

«Das ist mir egal», blafft er weiter. «Das hier gehört zum Autobahnbereich, also stellen Sie sich da vorn hinter die Kreuzung.» Und noch im Wegfahren brüllt er mir zu: «Oder fahren Sie mit dem Zug.»

Wütend stapfe ich davon und verfluche abwechselnd Hamburg und den Polizisten. Denn sein Anpfiff ist nur ein Nackenschlag von vielen an diesem Tag, der bislang so scheußlich dahergekommen ist, wie das rosa-breiige Labskaus auf den ersten Blick aussieht.

Dabei bin ich zuversichtlich, als ich in aller Frühe aufbreche. Bis spätestens 13 Uhr will ich im 125 Kilometer entfernten Bremen sein, da mein dortiger Couchsurfing-Gastgeber Helmut mir zum Mittagessen Kohl und Pinkel versprochen hat. Eigentlich ist die Saison für Grünkohl seit knapp einem Monat vorbei – es könnte also meine letzte Chance sein, das Bremer Traditionsgericht zu probieren. Deshalb habe ich meine Anhalterstelle kurz vor dem Elbtunnel gestern Abend vorab inspiziert und für gut befunden; und deshalb strecke ich schon um sieben Uhr morgens meinen Daumen in die Höhe.

Allein die Autofahrer scheint das herzlich wenig zu interessieren: Erst tröpfchenweise und später in kleinen Kolonnen brausen sie an mir vorbei. Nicht weniger als 600 Fahrzeuge zähle ich in den ersten drei Stunden – doch bis auf den Polizisten sieht sich niemand zum Anhalten bemüßigt. «Wahrscheinlich, weil die Hamburger zu sehr damit beschäftigt sind, ihre Stadt zu lieben», murmle ich frustriert, während ich nach dem Rüffel seitens der Obrigkeit davonschleiche und eine Straße weiter Posten beziehe. Inzwischen kommen auch hier die Autos im Zehn-Sekunden-Takt vorbei – doch ans Stoppen denkt ebenfalls niemand.

Erst jetzt fällt mir auf, dass erstaunlich viele Limousinen,

Sportwagen und Luxusschlitten darunter sind. Offenbar befinde ich mich nicht gerade im ärmsten Teil Hamburgs, der deutschen Stadt mit den meisten Millionären. Besonders erschreckend ist die Zahl jener panzergroßen Geländelimousinen, mit denen man wahrscheinlich den Himalaja überqueren könnte, die aber für jede deutsche Parklücke zu breit sind. Am Steuer dieser bourgeoisen Monstertrucks sitzen fast ausschließlich Damen, deren Sonnenbrillen vom Haaransatz bis zur Unterlippe reichen – und die einen verzweifelten Tramper am Straßenrand so geflissentlich ignorieren wie die Umweltbilanz ihrer rollenden Kleinflugzeuge. Höchstens einem Dutzend von ihnen scheint mein winkender Daumen überhaupt aufzufallen. Doch sie strafen mich allesamt mit derart fassungslosen Blicken, als würde ich ihnen einen anderen Körperteil entgegenstrecken.

Nach weiteren zwei Stunden und einer lautstarken Schimpftirade auf Hamburg habe ich genug: Grantig steige ich in einen Bus und stehe wenig später am Hauptbahnhof. Nach 50 Tagen und 56 Anhalterfahrten habe ich erstmals keine Mitfahrgelegenheit gefunden. Entsprechend ist meine Laune, als sich der Zug in Richtung Bremen in Gang setzt.

REZEPT:

HAMBURGER LABSKAUS
(für 4 Personen)

Zutaten
800 g gepökelte Rinderbrust
2 Zwiebeln
4 g geschroteter Pfeffer
400 g Kartoffeln (mehlig kochend)

Salz
Pfeffer
400 g Rote Bete
4 mittelgroße Salzgurken
8 Eier

Zubereitung

1. Rinderbrust mit den geschälten und geviertelten Zwiebeln und dem geschroteten Pfeffer in 2 Liter Wasser etwa 2 Stunden lang kochen.
2. Ist die Rinderbrust bissfest bis weich, den gesamten Inhalt aus dem Topf nehmen und warmstellen.
3. In der verbleibenden Brühe die Kartoffeln kochen und zu Brei zerstampfen. Überschüssige Brühe abgießen.
4. Fleisch und Zwiebeln durch den Fleischwolf drehen, möglichst mit grober Scheibe, und in den Topf mit den Kartoffeln zurückgeben. Das Ganze köcheln lassen und mit Salz und Pfeffer abschmecken.
5. Labskaus mit Roter Bete und Salzgurken sowie Spiegelei servieren.

Das Rezept stammt von Reinhard «Buttje» Rauch vom Old Commercial Room.

BREMEN:

WEIL'S DEM GRÜNKOHL WURST IST

**DEMORALISIERT LASSE ICH MEINEN RUCKSACK AUF DEN AS-
PHALT FALLEN UND SEHE MICH UM.** Vor mir endet die Straße
und wird zur Schlaglochpiste, rechter Hand wächst das Gras
brusthoch auf einem Feld, und auf der linken Seite schmiegen
sich die Parzellen einer anscheinend verlassenen Schrebergarten-
siedlung aneinander. Hinter dichtem Gestrüpp, knorrigen Bäumen und wucherndem Unterholz lugt hier und da eine verfallene
Hütte hervor. So stelle ich mir die Hecke rund ums Dornröschen-
schloss vor – nach dem hundertjährigen Schlaf. Nirgendwo eine
Menschenseele. Und ausgerechnet hier soll mein Couchsurfing-
Gastgeber Helmut leben? In diesem unwirtlichen Urwald am
Rand des Bremer Großstadtdschungels?

Irgendwo bellt ein Hund. Das Tier wird wohl kaum allein hier
hausen, denke ich, schwinge den Rucksack wieder auf den Rücken und stapfe fluchend weiter auf der unbefestigten Straße. Es
ist 12.45 Uhr, in einer Viertelstunde soll ich mit Helmut bei Kohl
und Pinkel sitzen – doch das erscheint mir im Moment so wahrscheinlich wie ein Wintereinbruch im August. Nach Polizisten-
anpfiff, Sonnenbrillenpanzern und Anhalterreinfall droht nun
der nächste Tiefschlag an diesem Tag.

Ich muss mich verlaufen haben; oder aber Helmut ist der erste
Couchsurfing-Schwindler, dem ich auf meiner Reise aufsitze. Seit
langem denke ich wieder einmal an mein Zelt, das seit 50 Tagen
unbenutzt am Rucksack baumelt und das ich schon 2300 Kilometer durch ganz Deutschland geschleppt habe. Hier zwischen
den Bäumen könnte ich wahrscheinlich monatelang mein Lager
aufschlagen, ohne dass ich einen Menschen zu sehen bekäme. Ob
heute mein «erstes Mal» sein wird?

Da taucht plötzlich inmitten der wilden Natur ein gepflegter Garten am Wegesrand auf, dahinter ein efeuumranktes Häuschen, und über dem Schornstein kräuselt sich Rauch. Ein Zeichen von Zivilisation! Ich trete an die Gartentür: ein Briefkasten, ein Glöckchen, eine «Warnung vor dem Hunde». Ebendieser begrüßt mich im nächsten Moment mit markerschütterndem Gebell und einem Blick, als sei sein Magen ebenso leer wie meiner und eine Tramperwade für ihn genau der richtige Mittagsimbiss. Erschrocken weiche ich zurück, denn mit etwas Phantasie könnte dieser Hund als Zwerggrizzly durchgehen.

Durch das Gebell höre ich eine Stimme: «Keine Angst, der tut nichts. Sprich einfach mit ihm, das beruhigt ihn.» Während ich dem Hund leise die Nationalhymne vorsinge – wieso fällt mir gerade diese Melodie ein? –, erblicke ich hinter dem Zaun eine imposante Figur, die auf mich zusteuert: Helmut dürfte Mitte 50 sein; auf seinem massigen Schädel trotzt nur noch ein weißer Haarkranz der Leere, und unter seinem buschigen, ebenfalls schlohweißen Vollbart setzt ein Körper an, der von der Liebe zum guten Essen zeugt.

«Jetzt komm erst mal rein. Nimm den Rucksack ab», begrüßt mich Helmut, dessen glockenhelle Stimme überhaupt nicht zu seiner wuchtigen Erscheinung passt. Mit einem Hüftschubser räumt er den immer noch bellenden Grizzly aus dem Weg. «Das ist unser Wachhund. Den brauchen wir. Denn hier wohnt ja fast keiner mehr außer uns. Und auch wir müssen bald weg. Obwohl wir so gern bleiben würden.» Auch Helmuts Sprechtempo steht im krassen Gegensatz zu seiner trägen Gestalt. «Aber jetzt komm erst mal rein. Marianne hat extra für dich Kohl und Pinkel gemacht. Du magst doch Kohl und Pinkel? Und hast hoffentlich Hunger? Ich bin selbst gerade erst angekommen. Und ich habe Hunger!»

Helmuts Mundwinkel klettern nach oben. Ich beobachte staunend, wie sich das Lachen in seinem Gesicht ausbreitet, Augen, Nase und Ohren erfasst, wie es Besitz ergreift vom restlichen Körper, wie der Bauch bebt, die Arme rudern, die Finger zucken. Einige Sekunden lang ist der ganze Helmut ein einziges, ansteckendes Lachen – vom wehenden Haarbüschel bis zur wippenden Zehenspitze. Schon jetzt ist mir dieser Mensch ans Herz gewachsen.

Eine Stunde später legt Helmut mit einem zufriedenen Seufzen Messer und Gabel beiseite; ich selbst habe schon vor zehn Minuten die Waffen gestreckt. Wir sitzen gemeinsam mit seiner Frau Marianne und einer Freundin in dem urgemütlichen Schrebergartenhäuschen. Aus dem Radio dudeln Oldies, in der Ecke bollert ein Holzofen, und die Einrichtung erinnert mich an ein Schützenheim – plus maritimem Flohmarkttand.

Vor uns auf dem Tisch steht ein waschkorbgroßer Kessel mit Grünkohl; darin schwimmen Kassler, Schweinebauch, Koch- und Pinkelwürste. Gefühlt habe ich soeben genug Nahrung für zwei Tage verdrückt, und die anderen haben ebenfalls ihr Bestes gegeben – dennoch werden wir auch übermorgen noch von diesem Topf zehren. Was übrigens ganz nach meinem Gusto ist, denn meine erste Begegnung mit Kohl und Pinkel wird mir nicht nur wegen der sympathischen Mitesser in freudiger Erinnerung bleiben.

Das Nationalgericht des Nordens ist eigentlich ein Winteressen. Glaubt man dem Volksmund, schmeckt der Grünkohl am besten, wenn er bereits Frost abbekommen hat. Das frische Gemüse wird mit Zwiebeln, Schmalz und etwas Wasser gekocht. Anschließend kommen reichlich geräuchertes Fleisch und Würste hinzu, die Fett und Geschmack an den Kohl abgeben.

Vor allem im Bremer und Oldenburger Raum dürfen dabei Pinkel nicht fehlen: weiche Würste, gestopft mit Hafergrütze, Bauchspeck vom Schwein, Zwiebeln und Gewürzen. Zwei oder drei von ihnen werden vor dem Servieren aufgeschnitten und unter das Gemüse gerührt; alternativ kommt eine Handvoll Haferflocken hinzu. Zu Fleisch und Grünkohl gibt es traditionell Kartoffeln – und meist Alkohol in rauen Mengen, doch dazu später mehr.

Helmut und ich begnügen uns an diesem Nachmittag allerdings mit je zwei Bremer Bieren. Und auch der Grünkohl ist nicht klassisch in einer aufwendigen Prozedur gerupft, gerissen und gewaschen worden, sondern kommt aus dem Glas, wie der Tischherr offen gesteht. «Den kippt man mit dem Kohlwasser in den Topf und lässt alles zwei Stunden köcheln», erklärt Helmut, der einst Koch gelernt hat und inzwischen als Altenpfleger arbeitet. «Das geht total einfach und schmeckt sehr lecker.»

Letzteres kann ich bestätigen, auch wenn der Eigengeschmack des Grünkohls im fertigen Gericht nur noch unterschwellig durchkommt. Vielmehr saugt das Gemüse das Räucheraroma aus dem Fleisch und wird so zu einem fettigen, herzhaften und vorzüglichen, grünbraunen Brei. Die ideale geschmackliche Ergänzung hierzu bilden Pinkel, die in unserem Fall aus dem Tiefkühlvorrat der Freundin stammen. Es ist die erste Grützwurst meines Lebens – denn ebenso, wie sich Grünkohl in meiner Heimat Süddeutschland nie gegen Sauerkraut durchsetzen konnte, zieht man dort der Hafergrütze als Wurstfüllung Brät vor.

Am nächsten Tag wird mir Marianne mit der Bremer Traditionsspeise Knipp noch eine weitere Grützwurst vorsetzen. Neben Hafergrütze und Brühe enthält sie Schlachtabfälle wie Schweinebauch, Schweinskopf, Schweinehaut oder Rinderleber. Knipp wird üblicherweise in einer baguetteähnlichen Stange verkauft, von der einzelne Scheiben abgeschnitten, angebraten und auf Vollkornbrot mit Gewürzgurke gegessen werden. Äußerlich macht die gräuliche Grützwurstpampe sogar dem Labskaus Konkurrenz. Doch auch Knipp schmeckt mir hervorragend; das würzige Fleischaroma harmoniert vortrefflich mit dem Geschmacksträger Hafergrütze.

Knipp und Pinkel waren ursprünglich Armeleuteessen – so wie einst nahezu alle Würste dazu dienten, auch die weniger ansehnlichen Teile der Schlachttiere zu verwerten. Heute ist Deutschland so etwas wie der Wurstweltmeister: Zwischen Warnemünder Aalrauchmettwurst und Berchtesgadener Weißwurst existieren von Nord nach Süd mehr als 1500 verschiedene Wurstsorten.

Nach meinem ersten Rendezvous mit Kohl und Pinkel steht mir der Sinn jedoch weniger nach Wurst, sondern eher nach etwas Zucker. Doch noch bevor ich meinen Blick überhaupt durch die Küche schweifen lassen kann, drückt mir Marianne schon ein Eissandwich in die Hand: «Zum Nachtisch – wenn du noch mehr willst, sag Bescheid.»

Nicht zum ersten Mal auf meiner Reise bin ich perplex ob der grenzenlosen Gastfreundschaft, die mir von den Couchsurfern entgegengebracht wird. Schließlich bezahle ich keinen Cent für Essen und Unterkunft – so, wie es die Organisation ausdrücklich wünscht. Vielmehr versteht sie sich laut Eigenbeschreibung als weltweite Bewegung von und für Menschen, die neue Leute und neue Länder kennenlernen wollen und bereit sind, anderen freiwillig und ohne Gegenleistung zu helfen. So können Nutzer, nachdem sie sich auf der Website angemeldet haben, sowohl bei anderen Mitgliedern übernachten als auch Couchsurfer bei sich zu Hause aufnehmen. Letzteres ist jedoch keine Pflicht: Alternativ kann man in seinem Profil auch angeben, dass man sich lediglich mit anderen Mitgliedern auf einen Kaffee treffen will oder momentan überhaupt keine Zeit hat. «Unser Ziel ist», heißt es auf der Internetseite, «nicht weniger, als die Welt zu verändern.»

Die Idee zu Couchsurfing stammt von dem US-Amerikaner Casey Fenton. Im Jahr 1999 ergatterte er einen billigen Flug für ein langes Wochenende in Island, wollte dort aber nicht im Hotel absteigen und «Tourist spielen». Also schrieb Fenton E-Mails an 1500 Studenten der Universität von Reykjavik und fragte, ob sie ihm die Stadt zeigen könnten und er bei ihnen auf der Couch übernachten dürfe.

Wie der Informatiker an die Adressliste gelangte, ist bis heute unklar. Fest steht jedoch: Binnen eines Tages luden mehr als 50 Isländer Fenton zu sich nach Hause ein. Beeindruckt von so viel Gastfreundschaft entwarf er noch auf dem Rückflug die Grundzüge dessen, was später als Couchsurfing eine weltweite Bewegung werden sollte.

In den folgenden Jahren programmierte Fenton eine Website, die 2004 online ging. Im ersten Jahr meldeten sich 6000 Menschen an, und danach explodierten die Nutzerzahlen. Heute zählt Couchsurfing mehr als fünf Millionen Mitglieder – die meisten in den USA, Europa und Australien, doch auch Asien und Südamerika holen auf. Parallel zur steigenden Popularität wurden neue Sicherheitsmaßnahmen eingeführt, nicht zuletzt nach einem traurigen Zwischenfall im englischen Leeds, wo 2009 eine Couchsurferin aus Hongkong von ihrem Gastgeber bedroht und vergewaltigt wurde. Inzwischen setzt die Plattform auf drei Schutzmechanismen. Erstens können sich Mitglieder über ihre Kreditkarte verifizieren lassen. Zweitens werden Couchsurfer dazu angehalten, öffentlich sichtbare Bewertungen ins Profil jener Mitglieder einzustellen, bei denen sie übernachtet oder die sie beherbergt haben. Und drittens besteht die Möglichkeit, für andere Mitglieder zu bürgen – nachdem zuvor mindestens drei Couchsurfer für einen selbst gebürgt haben. Hundertprozentige Sicherheit kann all dies natürlich nicht garantieren. Trotzdem höre ich von den 33 Couchsurfern, bei denen ich auf meiner Reise übernachte, kaum negative Erlebnisse. Und wenn, dann sind es eher harmlose Dinge: etwa ein kettenrauchender Gastgeber, dessen Wohnung ein einziger Aschenbecher ist, oder ein Besucher, der seine

Abende konsequent vor dem Fernseher verbringt – bekleidet nur mit einer Unterhose.

Marianne und Helmut hingegen verzichten nicht nur freundlicherweise darauf, sich vor meinen Augen zu entblößen, sondern sind auch sonst vorbildliche Gastgeber. «Wir haben Couchsurfing für uns entdeckt, nachdem unsere Kinder ausgezogen sind», erklärt Helmut, während er auf seinem Eissandwich kaut. «Wir haben gern Leute um uns herum und außerdem genug Platz, um Gäste aufzunehmen.» Dabei entsprechen die beiden Mittfünfziger eigentlich nicht dem typischen Couchsurfer: Mehr als zwei Drittel der Mitglieder sind jünger als 30 Jahre, und etwa jeder dritte von ihnen studiert.

Trotzdem komme ich auf meiner Reise nicht nur mehrfach bei älteren Ehepaaren unter, sondern auch bei jungen Familien, alleinerziehenden Müttern oder Singles in den Vierzigern; außerdem bei gutverdienenden Ingenieuren, Arbeitslosen, Polizisten, Lehrern, Migranten, Studenten und Rentnern – kurzum: bei Menschen aller Altersklassen und Schichten. Gerade dies macht die Begegnungen so lohnenswert, da ich sonst im Alltag – so wie wohl die meisten Menschen – vorwiegend mit Personen verkehre, die ähnliche Interessen haben wie ich, einen ähnlichen Bildungsstand und oft auch ein ähnliches Alter. Mittels Couchsurfing kann ich für einige Tage in fremde Leben eintauchen, die sich oft fundamental von meinem unterscheiden.

Das beste Beispiel sind Marianne und Helmut, die ihre Wohnung bewusst aufgegeben und sich für ein Leben im Schrebergartenhäuschen entschieden haben. Doch wie lange die gebürtigen Bremer dort noch wohnen dürfen, steht in den Sternen. «Wir haben bereits einen Räumungsbescheid von der Stadt erhalten», sagt Helmut, und zum ersten Mal an diesem Tag huscht ein Schatten über sein Gesicht. «Irgendwann müssen wir hier raus – vielleicht schon nächste Woche oder aber auch erst in sieben Jahren.»

Grund hierfür sei, dass die Stadtverwaltung auf dem Gelände nur noch «einheitliche und genormte 08/15-Parzellen haben will», erzählt Helmut. «Nach und nach machen sie die alten Häuschen platt. Deshalb sind hier auch so viele Grundstücke verwahrlost.»

Noch jedoch lebt das Paar in seinem «kleinen Paradies», wie Helmut es nennt. Hier haben sie Platz für Hund, Katze, Vögel und Fische; hier können sie bis spät in die Nacht bei Musik am offenen Lagerfeuer sitzen; hier hat Helmut sein kleines Gewächshaus, sein Kräuterbeet und seinen Räucherofen. Dieser kommt am Tag nach meiner Ankunft zum Einsatz. Diesmal sind Freunde und Familie dabei, dazu zwei Couchsurfer aus Stuttgart, die Helmut kurzerhand eingeladen hat. Gemeinsam sitzen wir im selbstgebauten Partyzelt im Garten, essen köstliche Forellen und Lachs direkt aus dem Rauch, tauschen Geschichten aus und beschließen den Tag erst, als die Dunkelheit schon lange hereingebrochen ist.

Eigentlich wollte ich an diesem Tag ja einige Restaurants in der Bremer Innenstadt abklappern, um noch mehr über die Tradition von Kohl und Pinkel zu erfahren. Doch zum einen habe ich dank Helmut und Marianne das Gericht bereits probieren können. Und zum anderen habe ich mich am Vorabend ausgiebig mit Henning Lühr unterhalten, der nicht nur Finanzstaatsrat der Hansestadt ist, sondern auch ausgewiesener Grünkohlexperte. Ein Kollege von Radio Bremen hat mir den 62-Jährigen als Gesprächspartner empfohlen; einen Anruf später ist das Treffen vereinbart. «Am Nachmittag gehe ich ins Stadion und schaue mir an, wie sich unsere Bremer gegen den FC Bayern schlagen», sagt Lühr am Telefon. «Aber danach können Sie gern bei mir vorbeikommen.»

Zum angegebenen Zeitpunkt sitze ich also im Salon seiner schicken Altbauwohnung in der Innenstadt. Unter der stuckverzierten Decke hängen Gemälde und Kunstdrucke an der Wand, eine hohe Schwingtür gibt den Blick auf das Bibliothekszimmer frei, und auf einem Servierwagen stehen flaschenweise Spirituosen bereit.

Werder Bremen hat soeben gegen den FC Bayern verloren, dennoch tritt Lühr dem Gast aus München betont freundlich gegenüber. Schnell merke ich: Der Finanzstaatsrat erzählt gern – und gut. In dem grauhaarigen Juristen mit der schwarzen Hornbrille steckt mindestens ebenso viel Schöngeist wie Zahlenmensch. Und eine Portion augenzwinkernder Humor: So hat Lühr als Finanzstaatsrat eine nicht ganz ernst gemeinte Studie veröffentlicht über die Rolle des Kekskonsums bei Dienstbesprechungen. Anhand von 512 Treffen, denen er beiwohnte, klassifizierte er die Teilnehmer in Kategorien wie Otto-Normal-Esser, Schlingpflanze oder Schaufelbagger. Zudem fand der Scherzkeks in seiner Studie «Management by Biscuits» heraus: In 36 Prozent der Besprechungen standen Kekse auf dem Tisch, nur 5 Prozent des dargereichten Gebäcks waren selbstgebacken und jeder vierte Keks von minderer Qualität.

Die Gebäckwissenschaft konnte Lühr jedoch nicht dauerhaft fesseln – im Gegensatz zum Grünkohl: Mit der Geschichte dieses Gemüses beschäftigt sich der gebürtige Niedersachse schon seit Jahrzehnten. Sogar ein Grünkohlkochbuch hat Lühr gemeinsam mit dem Sternekoch Jan Janning verfasst. Darin finden sich die Geschichte des Gemüses sowie 50 Rezepte aus 27 Ländern. «Dabei hat mir Grünkohl als Kind überhaupt nicht geschmeckt», erzählt Lühr und verzieht das Gesicht. «Denn bei uns zu Hause gab es ihn immer mit viel Zucker und Bregenwurst.» Erst während des Studiums in Bremen habe er seine Liebe zum Grünkohl entdeckt und sich zunehmend auch für dessen Kultur interessiert, sagt Lühr. «Woanders gibt es Karneval und Kirmes – wir haben die Grünkohlfahrten als fünfte Jahreszeit.»

Seit etwa 250 Jahren frönt man zwischen Buß- und Bettag und Gründonnerstag dieser Tradition: Sportvereine, Firmen, Kegelclubs, Nachbarn oder einfach nur Freunde ziehen dann, zum Teil in Hundertschaften, los. Im Schlepptau haben sie Bollerwagen, die meist bis oben hin mit Schnaps, Musik und diversen Utensilien gefüllt sind. «Das Grünkohlessen beginnt mit einem zwei- bis dreistündigen Spaziergang», erklärt Lühr, «wobei das eine oder andere Gläschen Hochprozentiges getrunken wird.» Was in den meisten Fällen noch untertrieben ist. Denn um die Wandersleute bei Laune und den Schnapsverbrauch hochzuhalten, werden auf dem Weg mehr oder weniger sinnfreie Spiele ausgetragen – etwa Teebeutelweitwurf, Besenwerfen, Eierlaufen oder das besonders in Ostfriesland populäre Boßeln, eine Mischung aus Kegeln und Boule.

Entsprechend beschwingt steuert die Gruppe anschließend einen Gasthof an, wo der Höhepunkt des Ausflugs wartet: das Grünkohlessen. Dabei schaufeln die Teilnehmer Berge des fettigen Gemüses mit Fleisch, Würsten und Kartoffeln in sich hinein, was bei manchem Spaziergänger eine durchaus ausnüchternde Wirkung hat. Um diesem Übel entgegenzuwirken, bechern die Kohlfahrer fleißig Bier und Schnaps und feiern und tanzen nach dem Gelage noch bis spät in die Nacht hinein. Bevor jedoch alle Hemmungen fallen, wird nach dem Essen noch rasch der Kohlkönig gekürt. Er ist derjenige, der zuvor entweder am meisten Grünkohl verdrückt oder sich bei den Spielen durch besondere Trinkfestigkeit hervorgetan hat. Dem Kohlkönig wird die ehrenvolle Aufgabe zuteil, die Kohlfahrt des kommenden Jahres zu organisieren, die so sicher folgt wie der Dröhnschädel am nächsten Morgen.

Henning Lühr ist so etwas wie ein Dauermonarch. Denn er organisiert seit mehr als 25 Jahren eine Kohlfahrt für etwa 100 Gäste, die in einer alten Dorfschule ihr Ziel hat. «Bei uns läuft das ganz klassisch ab mit Spaziergang, Kuchen und Kohlessen», erzählt Lühr, während er unsere Gläser mit Wasser füllt – seine Hausbar bleibt heute unangetastet. «Ich habe das Gefühl, dass insgesamt eine Rückbesinnung auf die Kultur stattfindet», fährt der Finanz-staatsrat fort. «Früher stand bei den Kohlfahrten das Event im Vordergrund, inzwischen ist das Essen mindestens ebenso wichtig. Und die kulinarische Qualität ist besser geworden.»

Nun mag das auf Lührs eher illustre Runde durchaus zutreffen. Doch bei den meisten Kohlfahrten spielt das Essen eine untergeordnete Rolle, wie mir mehrere Gesprächspartner auf meiner Reise bestätigen. «Am Abend ist man eh schon so betrunken, dass man alles in sich reinstopfen würde», meint etwa ein Fahrer, der mich zwei Tage später an einer Raststätte bei Delmenhorst aufgabelt. Er kommt aus Oldenburg – wie Bremen eine Hochburg der Grünkohlfahrten – und findet: «Da geht es nur ums Trinken. Für die meisten ist so eine Kohlfahrt ein willkommener Anlass, um sich mal wieder richtig vollaufen zu lassen.»

Ein gesellschaftlich geduldeter Alkoholexzess unter dem Deckmantel einer populären Veranstaltung: Diese Masche ist in Deutschland ungefähr so verbreitet wie die Liebe zur Wurst. In München versammeln sich Schluckspechte in großen Zelten und feiern Oktoberfest; in Köln ersetzt ein Jeckenhut die Lederhose, und die Party heißt Karneval; in Hannover kommen Hunderttausende Durstige und eine Handvoll Waffenträger zum alljährlichen Schützenfest zusammen; und auch andernorts gibt es Weinfeste, Heimattage, Bierfestivals, Weihnachtsmärkte oder Kirchweihen. Immer mit dabei: Spaß, Spiel – und Sprit.

So erstaunt mich die Meinung meines Oldenburger Fahrers zu Kohlfahrten nicht wirklich – im Gegensatz zu dem, was er mir kurz vor seiner Heimatstadt anvertraut. Denn als ich ihm berichte, dass mein nächstes Ziel Ostfriesland sei, blickt er so verständnislos drein, als hätte ich von einem Wellnessurlaub in Afghanistan geschwärmt.

«Das sollten Sie sich besser noch einmal überlegen», warnt er. «Denn in Ostfriesland sind die Menschen sonderbar.»

Ich blicke ihn fragend an: «Wie meinen Sie das?»

Doch mehr will er nicht preisgeben: «Na, sonderbar halt. Das werden Sie schon selbst sehen.»

Womit er recht behalten soll.

REZEPT:

GRÜNKOHL UND PINKEL
(für 4 Personen)

Zutaten

2 kg Grünkohl

25 g Schmalz

3 Zwiebeln

25 g Hafergrütze

5 Pinkelwürste

500 g Schweinespeck

Piment

4 Kohlwürste

500 g Kassler

1 Knoblauchzehe

Salz

Pfeffer

700 g Kartoffeln

Zubereitung

1. *Kohl putzen, waschen, abtropfen lassen.*
2. *Schmalz in einem großen Topf erhitzen und die gehackten Zwiebeln darin dünsten.*
3. *Etwas Wasser hinzugeben und den Kohl in drei Etappen einkochen.*

4. *Hafergrütze in heißem Wasser aufquellen lassen und dem Kohl zugeben. Eine Pinkelwurst enthäuten und mit dem Kohl garen.*

5. *Schweinespeck hinzugeben und den Kohl etwa 2 Stunden bei mittlerer Hitze köcheln. Eine Messerspitze Piment hinzugeben.*

6. *Etwa 1 Stunde vor dem Servieren die übrigen Würste und das Kassler auf den Kohl legen und bei geschlossenem Topf garen. Ausgedrückte Knoblauchzehe dazugeben.*

7. *Kohl mit Würsten und Fleisch mit Salz und Pfeffer würzen sowie mit gekochten Kartoffeln servieren – wahlweise als Brat- oder Salzkartoffeln.*

Das Rezept stammt aus dem Internationalen Grünkohl Kochbuch *von Henning Lühr und Jan Janning.*

NIEDERSACHSEN:

IM LAND DER SONDER-
BAREN OSTFRIESEN

ES IST FAST SCHON ERSCHRECKEND, WIE TIEF SICH DIESE TEXTE IN MEIN GEDÄCHTNIS GEGRABEN HABEN. Fassungslos starre ich auf die Leinwand und kann praktisch jedes Wort mitsprechen, jeden Kalauer, ja sogar die Lacher kommen mir vertraut vor. Dabei finde ich den Mann, der hier in Endlosschleife seine Witzchen reißt, heute in etwa so komisch wie Fußpilz. Doch zwischen meinem zehnten und zwölften Lebensjahr war ich der festen Überzeugung, dass diese Person mit den dünnen, langen Haaren und dem Erdmännchengesicht der lustigste Mensch des Erdballs sein müsse. Und seine Heimat Ostfriesland demnach der heiterste Ort der Welt – selbst wenn die restlichen Einwohner nur halb so amüsant wären wie dieser Otto Waalkes.

Tatsächlich lächelt auch die Frau in der Touristeninformation von Emden, während sie meine Frage nach den drei Topsehenswürdigkeiten der Stadt beantwortet. «Da ist zuallererst das Hafengebiet mit den Schauschiffen», beginnt sie ihre Aufzählung. «Zweitens natürlich das Otto-Huus – denn Otto Waalkes kommt ja ursprünglich aus Emden.»

Ein Museum nur für Otto? Ich schwanke zwischen Entzücken und Entsetzen, sodass ich den dritten Tipp samt Seitenhieb auf meine offenbar nicht allzu intellektuelle Erscheinung fast überhöre. «Und dann haben wir noch eine sehenswerte Kunsthalle», fährt die Frau fort, mustert mich von Kopf bis Fuß und fügt mit abschätzigem Blick hinzu: «Aber das wird Sie wohl kaum interessieren.»

Wo sie recht hat, hat sie recht, auch wenn sie es durchaus charmanter hätte verpacken können. Denn schon zehn Minuten später lasse ich besagte Kunsthalle links liegen und laufe in Richtung Hafen – zum Otto-Huus.

Bereits von weitem sehe ich das hübsche Backsteingebäude in der Fußgängerzone, aus dessen Fassade ein rosafarbener Schlauch hängt. Beim Näherkommen erkenne ich: Es ist der Rüssel eines Ottifanten, dessen Kopf aus der Hauswand ragt und die Passanten dämlich angrinst. «Tu dir das nicht an», mahnt die Stimme der Vernunft tief in mir. Doch die Neugier obsiegt: Ich passe einen Moment ab, in dem ich mich unbeobachtet fühle. Dann betrete ich hastig das Otto-Huus, um mich den Schatten der Vergangenheit zu stellen.

Schon im Erdgeschoss drängen Klänge der Kindheit an mein Ohr: Durch das offene Treppenhaus schallt einer von Ottos Scherzen. Ich sehe mich um: Die Regale sind vollgestopft mit Ottifanten-Plüschtieren, Ottifanten-Handytaschen, Ottifanten-Mousepads und Ottifanten-Handtüchern, dazu kommen Otto-DVDs, Otto-Bücher und Otto-Poster. Hinter der Kasse warten zwei gelangweilte Frauen auf Kundschaft, denn außer mir ist niemand im Raum. Ich frage sie, was mich im Otto-Museum erwarte.

«Na, die Geschichte von Otto Waalkes», antwortet die eine und flüstert mir fast verschwörerisch zu: «Außerdem Requisiten.» Sie macht eine kurze Pause, um die Spannung zu steigern. Ihre Stimme ist nur mehr ein Wispern: «Originalrequisiten aus den Otto-Filmen!»

Jetzt gibt es kein Zurück mehr. Ich nehme all meinen Mut zusammen, hole tief Luft und lege zwei Euro auf den Tresen: «Ein Erwachsener, bitte.»

Die Dame nickt zufrieden, reicht mir eine Eintrittskarte, und im nächsten Moment steige ich die Stufen zum ersten Stock hinauf. Oben stehen und hängen scheinbar wahllos ein Otto-Flipper, einige Fotos von Otto mit anderen Promis, weitgehend belanglose Filmrequisiten sowie eine überdimensionale Ottifanten-Figur. Das Ganze dürfte selbst für eingefleischte Cineasten so spannend sein wie die Lektüre eines Telefonbuchs.

Enttäuscht wende ich meinen Blick von der lebensgroßen Otto-Gummipuppe ab und steige eine weitere Treppe empor – doch umgekehrt proportional dazu sinkt das Niveau noch tiefer. So gehören das Fahrrad aus *Otto, der Außerfriesische* sowie ein Modell von Ottos rotgelbem Leuchtturm zu den Glanzlichtern des zweiten Stocks. Gefolgt von einer Flasche Wein, die Otto gemeinsam mit Jopie Heesters geleert hat. Ermattet lasse ich mich in einem der aufgestellten Kinosessel eine halbe Stunde lang von «Best of Otto» auf der Leinwand berieseln. Nebenbei rätsle ich, was erstaunlicher ist: erstens, dass ich nach zwei Jahrzehnten immer noch alle Lieder, Sketche und Kalauer parat habe. Zweitens, dass ich diesen sinnentleerten Klamauk früher wirklich komisch fand. Oder drittens: dass die Ostfriesen ihren Blödelbarden nicht etwa verschämt verleugnen, sondern ihm sogar ein Museum widmen – wenn man diesen Souvenirshop mit zwei Handvoll Requisiten denn überhaupt so nennen mag.

Immerhin entnehme ich meinem Ticket, dass das Eintrittsgeld für wohltätige Zwecke verwendet wird. Dennoch kommt mir nach 30 Minuten Otto-Dauerberieselung wieder der Satz meines Oldenburger Fahrers in den Sinn. Und zumindest, was ihren berühmtesten Sohn betrifft, muss ich ihm zustimmen: In puncto Otto sind die Ostfriesen wirklich sonderbar.

Ohne Erkenntnisgewinn und Souvenir verlasse ich das Otto-Huus und eile zum Bahnhof. Schließlich warten heute noch zwei Termine auf mich, die sich beide um eine weitere Eigenart der Ostfriesen drehen: ihre innige Liebe zum Tee. Genauer gesagt, zum Ostfriesentee, dieser speziellen Mischung aus bis zu einem Dutzend Schwarzteesorten, die hier im äußersten Nordwesten Deutschlands allgegenwärtig ist. Denn während der Rest der Republik dem Kaffee frönt, sind die Ostfriesen Weltmeister im Teetrinken: Auf 300 Liter pro Jahr kommt Otto-Normal-Friese – und rangiert damit weltweit auf Platz eins vor Kuwait und Irland.

Zum Vergleich: Der Durchschnittsdeutsche trinkt gerade einmal 25 Liter im Jahr.

Doch woher rührt die Liebe der Ostfriesen zum Tee? Diese Frage stelle ich Matthias Stenger, Leiter des Ostfriesischen Teemuseums in Norden.

«Tee gehört seit etwa 300 Jahren zur ostfriesischen Kultur, und das hat mehrere Gründe», antwortet der großgewachsene Bayer, den es ans andere Ende Deutschlands verschlagen hat. Da sei zum einen die Nähe zu den Holländern, die Anfang des 17. Jahrhunderts den Tee nach Europa brachten. «Zum anderen diente der mit Sahne und Zucker angereicherte Tee als nahrhafter Ersatz für Bier, das zuvor das Hauptgetränk in Ostfriesland war», erzählt Stenger und nippt an seiner Tasse – Tee, versteht sich. «Zwischen Meer und Moor war man hier relativ isoliert. Außerdem legen die Ostfriesen viel Wert auf Traditionen. Das sieht man schon am Plattdeutschen, das hier noch stark verbreitet ist.»

So glaubt Stenger auch nicht, dass der Ostfriesentee in naher Zukunft von Cappuccino und Co. verdrängt werden könnte. «Wir haben jedes Jahr 10 bis 15 Berufsschulklassen zu Besuch», erzählt der Museumsleiter. «Mindestens die Hälfte der Schüler kennt die Teetradition von zu Hause und weiß, welche Sorte daheim auf den Tisch kommt.»

Denn die Gretchenfrage für einen Ostfriesen lautet: Bünting, Thiele oder OnnO Behrends? So heißen die drei großen Teehandelshäuser der Region – und welchem dieser Götter ein Ostfriese huldigt, wird meist von Generation zu Generation weitergegeben.

Eine der wenigen Einheimischen, die ihrer Teesorte untreu geworden sind, ist Celia Hübl. Sie trank früher Thiele, doch seit einigen Jahren kommt ihr nur noch Bünting in die Tasse. Der Grund: Die sympathische Mittvierzigerin mit der Märchenerzählerstimme leitet das Teemuseum in Leer, und das wird von der

Firma Bünting betrieben. «Ich konnte doch nicht weiter das Konkurrenzprodukt trinken», erklärt Hübl und lacht. «Inzwischen habe ich fast meine ganze Familie von Bünting überzeugt. Nur eine Tante weigert sich beharrlich. Da sieht man, welch große Rolle die Teesorte bei uns spielt.»

Nach meinem Gespräch mit Matthias Stenger bin ich direkt von Norden nach Leer gefahren zu meinem zweiten Teemuseumsbesuch an diesem Tag. Offenbar gehen bei den Ostfriesen Tee- und Wissensdurst Hand in Hand. «Nun trinken wir erst mal in Ruhe eine Tasse», schlägt Hübl vor und führt mich in einen Ausstellungsraum, wo Rosinenstullen, Kandiszucker und Sahne bereitstehen. Denn Teetrinken ist in Ostfriesland mehr als nur Tee trinken. Vielmehr gibt es eine Zeremonie mit festen Regeln, erklärt Hübl, während sie die Kanne in heißem Wasser ausspült – «damit sich der Tee später nicht erschreckt». Anschließend gießt sie den Ostfriesentee mit sprudelndem Wasser auf und lässt ihn drei Minuten lang ziehen. Ich erhalte eine kleine Tasse mit einem murmelgroßen, weißen Stück Kandiszucker darin. Darauf, kaum zwei Finger breit, gibt Hübl einen Schuss Tee. Mit einem Knistern zerspringt der Kandis. «Das zeigt, dass der Tee heiß genug ist», sagt die Museumsleiterin und nimmt einen kleinen Schöpflöffel zur Hand, den Rohmlepel. Daraus lässt sie die Sahne vom Tassenrand in den Tee fließen – «entgegen dem Uhrzeigersinn, um die Zeit beim Trinken anzuhalten».

Ich tue es Hübl gleich und greife danach zum Löffel. Doch die Museumsleiterin gebietet mir Einhalt. «Nicht umrühren», mahnt sie lächelnd. «In Ostfriesland trinkt man den Tee weder geschüttelt noch gerührt.» Denn nur so entfalte er seinen Geschmack, der alle Facetten des Lebens widerspiegle: erst die sanfte Sahne, dann der bittere Tee und als süßer Abgang der Kandiszucker. Dieses gustatorische Triumvirat gönnt sich der Ostfriese mindestens dreimal pro Zeremonie, sagt Hübl, «denn drei Tassen sind Ostfriesenrecht». Erst danach komme der zuvor unberührte Teelöffel in die Tasse. «Er signalisiert, dass man genug hat.»

Eingeschüchtert von all den Regeln, habe ich die Hoffnung auf einen Schluck Tee fast aufgegeben, da nickt mir Hübl zu: «Jetzt dürfen Sie trinken.»

Ich greife zur Tasse, lasse die Flüssigkeit in meinen Mund laufen und versuche den Geschmack des Teegemischs herauszukosten. Doch vergebens: Inmitten von Zuckersüße und Sahneschwere dringt das Teearoma nur schwach durch. Und der Geschmack unterscheidet sich für mein Empfinden nur marginal vom Schwarzteebeutel aus dem Supermarkt. Kann es sein, dass die Ostfriesen sich nur etwas vormachen?

«Sie werden nicht glauben, was ich heute gehört habe», sage ich schnell, damit Hübl nicht nach meinem Urteil fragen kann. «Es soll Ostfriesen geben, die heimisches Leitungswasser mit in den Urlaub nehmen, weil ihnen der Tee nur damit schmeckt.»

Wie gut, dass ich nicht lache; die Museumsleiterin verzieht nämlich keine Miene. «Ja, mein Mann und ich haben das früher auch gemacht», sagt Hübl. Ich spüre förmlich das Fett an meinen Waden, so tief bin ich ins Näpfchen gestiegen. «Doch unser Wohnwagentank fasst leider nur 20 Liter Wasser», erzählt sie ungerührt weiter. «Also haben wir das aufgegeben. Jetzt trinken wir im Urlaub Kaffee und freuen uns auf zu Hause, wenn es endlich wieder eine gute Tasse Tee gibt.»

So sympathisch mir Celia Hübl auch ist – diese letzte Aussage ist das Tüpfelchen auf dem i von eigenartig. Erst Otto, jetzt Tee: Schon nach 24 Stunden in Ostfriesland regt sich in mir der Verdacht, dass der Ostfriese – vorsichtig ausgedrückt – wirklich eine Marke für sich ist.

Seine dritte Eigenart lerne ich am nächsten Tag kennen. Frühmorgens steige ich in den Bus nach Pilsum. Das Dorf an der Nordseeküste ist vor allem für eines bekannt: seinen rotgelb gestreiften Leuchtturm, der Otto Waalkes als Filmwohnsitz in *Otto, der Außerfriesische* dient und auch in diversen Bierwerbespots auftaucht.

Doch mich zieht es aus einem anderen Grund in den 600-Seelen-Ort: Ich will dort Mehlpütt kosten, ein typisch ostfriesisches Gericht, das mir von einem ehemaligen Arbeitskollegen empfohlen wurde. Er stammt aus Ostfriesland, liebt seine Heimat innig und verdient ebenfalls das Prädikat sonderbar – doch das nur am Rande.

Nach langer Recherche und etlichen Mails bin ich auf die Alte Brauerei in Pilsum gestoßen, die in einem fast 400 Jahre alten Backsteinhaus residiert und über die Ortsgrenzen hinaus für ihre landestypische Küche bekannt ist. Dass das dringend notwendig ist, merke ich bei meinem Rundgang durch das Dorf: Neben der Gaststätte thront eine Kirche mit Vierungsturm, in dessen Schatten es einen urigen Onkel-Otto-Laden gibt – und das war's dann schon mit der Infrastruktur.

Um die Gastwirtschaft scharen sich alte Bauernhäuser, zwischen denen sich ein Netz von engen Gassen dahinschlängelt, und dahinter beginnen die Felder. Im Ort sehe ich keine Werbeplakate, keinen Müll, und es ist auch gespenstisch still. Es wirkt, als hätte jemand vor achtzig Jahren die Zeit angehalten. Eher sterben in München die Biergärten aus, als dass in Pilsum je eine Dönerbude eröffnet.

Ziellos flaniere ich eine halbe Stunde durch das Dorf. Halb erwarte ich, dass im nächsten Augenblick ein Ochsengespann an mir vorbeiklappert, daneben ein derbgekleideter Bauernsohn, der die Tiere mit der Gerte antreibt. Doch wenn es in Pilsum Menschen gibt, dann verbergen sie sich gut. Ein paar scheinen sich trotzdem aus ihren Verstecken zu wagen, denn als ich die Alte Brauerei wenig später betrete, sitzt dort ein Grüppchen beim Morgenkaffee. Da nimmt mich auch schon Jürgen Itzenga in Empfang. Der

Wirt entstammt einer alteingesessenen ostfriesischen Familie und könnte in jedem Mittelalterfilm den König geben. Mit seinem vollen, angegrauten Haar, dem dichten Vollbart und der Gestalt eines Rugbyspielers erinnert mich der Mittfünfziger an eine Mischung aus Käpt'n Iglo und Halvar von Flake. Den Eindruck verstärken seine raubeinige Herzlichkeit und sein gemütlicher, norddeutscher Zungenschlag, der nicht redet, sondern klönt.

«Sie interessieren sich für Mehlpütt?», beginnt Itzenga ohne Umschweife. «Dann kommen Sie mal mit.» Ohne eine Antwort abzuwarten, führt er mich in die Küche. Offenbar gehört der Wirt zu jenen Nordlichtern, die ihre Sätze so sorgsam rationieren wie Kartoffeln im Krieg. «Der Mehlpütt besteht aus einem lockeren Hefeteig, der im Dampf gegart wird.» Itzenga hebt den Deckel von einem großen Topf. Darunter ist ein Tuch geknotet, in dem der Teig hängt. «Er darf das kochende Wasser nicht berühren», erklärt der Wirt und löst das Tuch vom Deckel. Zum Vorschein kommt ein handballgroßer, weißgelber Teigklumpen, von dem er je zwei Scheiben für uns beide abschneidet. Mit einer Kelle gießt er reichlich Vanillesoße darüber, dazu kommen in Rotwein geschwenkte Birnen.

Alles zusammen ist so köstlich, dass ich kurz mit dem Gedanken spiele, nach Ostfriesland zu ziehen – Tee und Otto zum Trotz. Geschmacklich erinnert mich der Mehlpütt an die bayerische Dampfnudel, nur dass sein Teig luftiger ist und nicht zusätzlich gebraten wird.

«Süße und Schwere sind typisch für die ostfriesische Küche», sagt Itzenga. «Beispielsweise gibt es da noch den deftigen Buttermilchbrei, den Karmelksbree.» Mein fragender Blick entgeht ihm nicht. «Das kennen Sie nicht? Dann warten Sie mal einen Augenblick.»

Der Wirt steht auf und lässt mich mit meinen Mehlpüttscheiben allein, sodass ich den süßen Leckerbissen den Garaus machen kann – ohne Rücksicht auf Tischsitten. Gerade als ich die letzten Reste der Vanillesoße vom Teller kratze, erscheint Itzenga wieder, in der Hand eine Schüssel mit einem milchreisartigen Brei. «Karmelksbree wird aus Graupen und Buttermilch hergestellt», erklärt der Wirt, während er mir einen Löffel in die Hand drückt. «Das essen bei uns vor allem noch die Älteren, auch weil es sehr gesund ist.»

Vorsichtig probiere ich einen Bissen, denn rein optisch reißt mich das Ganze nicht gerade zu Begeisterungsstürmen hin. Was nichts heißen will: Zwar geht dem Karmelksbree die durchdringende Süße der Vanillesoße ab, doch der Brei schmeckt frisch, belebend und milchig-lecker. Dazu reicht Itzenga Schwarzbrot, was mich anfangs irritiert, sich aber schnell als ideale Beilage erweist.

Beglückt löffle ich auch diese Schüssel leer – und mit jedem Bissen wird mir die ostfriesische Küche noch sympathischer. Und auch die Ostfriesen wachsen mir mehr und mehr ans Herz, denn trotz seiner anfänglichen Wortkargheit erweist sich Itzenga als ein äußerst angenehmer Zeitgenosse mit einem feinen Sinn für Humor. So veranstaltet der Wirt gemeinsam mit seinem Nachbarn, dem Komiker Holger Müller alias Ausbilder Schmidt, regelmäßige Comedy-Abende, die Fans aus ganz Norddeutschland ins kleine Pilsum locken. «Das machen wir, damit wir kulturell nicht einschlafen», sagt Itzenga und grinst. Nach einer kurzen Führung durch seine beeindruckende Alte Brauerei verabschiedet sich der Wirt von mir und verschwindet ebenso abrupt in der Küche, wie er zuvor aufgetaucht ist.

Drei Stunden später bin ich zurück in Emden, sitze im Kulturcafé und habe ein Déjà-vu: Wieder befinde ich mich in einem herrschaftlichen Haus, wieder hat mir ein sympathischer Ostfriese Einblick in die Esskultur dieses Landstrichs gewährt, wieder stehen vor mir Mehlpütt, Birnen und Vanillesoße – und wieder könnte ich nach dem ersten Bissen Freudentänze aufführen.

Denn auch diesmal ist es eine gelungene Komposition aus luftigsüßem Hefeteig, saftig-süßen Rotweinbirnen und cremig-süßer Vanillesoße. Glückselig genieße ich den zweiten Mehlpütt des Tages und bin heilfroh, dass ich dieses Rendezvous mit dem Traditionsgericht nicht abgesagt habe. Was ursprünglich mein Plan war.

Zwei Tage zuvor – ich habe gerade das Treffen mit Jürgen Itzenga vereinbart – flatterte eine Mail von der Emdener Touristeninformation in mein Postfach. Ich hatte mich nach Mehlpütt-Experten erkundigt, dann aber länger nichts gehört, selbst gesucht und die Alte Brauerei ausfindig gemacht. Nun jedoch entschuldigt sich die Mailschreiberin für die Verspätung und legt mir das Kulturcafé ans Herz – ein kleines Bistro in einem der ältesten Häuser der Stadt, in dem Menschen mit Behinderung zusammen mit Menschen ohne Behinderung arbeiten. Noch bevor ich antworten kann, erhalte ich bereits die nächste Mail: Die Frau von der Touristeninformation hat kurzerhand selbst beim Kulturcafé angerufen und ein Treffen vereinbart. Ab 14 Uhr werde mich die Küchenchefin empfangen, die gesamte Cafébelegschaft freue sich schon auf meinen Besuch.

Und genauso ist es: Schon fünf Minuten, nachdem ich das charmante Giebelhaus aus Backstein betreten habe, unterhalte ich mich so angeregt mit Ines Kordes, als würden wir uns seit Jahren kennen. Die junge Küchenchefin mit den dunklen, langen Haaren, dem runden Gesicht und dem warmen Lächeln ist dem Essen ebenso zugetan wie ich. «Ich bin mit ostfriesischer Küche aufgewachsen und koche nach den Rezepten meiner Oma», sagt Kordes und beginnt, sie alle aufzuzählen: Snirtjebraa, den ostfriesischen Schweinebraten, oder Updrögt-Bohnen, also Speckbohnen, die zum Trocknen auf Fäden gezogen werden, oder Schnippelbohnen mit Kartoffeln und Speck oder Grünkohl oder Labskaus …

Doch gerade diese traditionellen Gerichte seien vom Aussterben bedroht, bedauert Kordes. «Viele junge Leute kennen das gar nicht mehr, geschweige denn, dass sie es kochen könnten.» Schnell wird klar, dass sich die Küchenchefin mit diesem Thema ausgiebig beschäftigt hat. «Wo sollen sie die Rezepte auch kennenlernen? In der Schule gibt es keine Hauswirtschaftslehre mehr, und die Eltern haben oft keine Zeit, um mit den Kindern zu kochen.» Zudem nehme der allgemeine Schlankheitswahn vor allem Mädchen die Lust am Kochen und am Essen. «Inzwischen ist Nahrung für viele Kinder tendenziell etwas Schlechtes», ärgert sich die Küchenchefin. «Dabei ist Essen doch die einfachste Möglichkeit, sich Genuss zu verschaffen.»

Wie groß dieser Genuss sein kann, erfahre ich wenig später beim Verzehr des Kordes'schen Mehlpütts. Beseelt esse ich Bissen um Bissen, während mein Blutzuckerspiegel in schwindelerregende Höhen klettert. Doch der Gipfel ist noch nicht erreicht. Denn kaum habe ich auch diesen Teller bis zum letzten Soßenklecks geleert, steht schon der nächste auf dem Tisch.

«Hausgemachter Streuselkuchen mit dem ersten Rhabarber der Saison», sagt Kordes und blickt mich lächelnd an. «Sie dürfen erst gehen, wenn Sie den probiert haben.»

Und während ich diesen buttrig-süßen Traum genüsslich verspeise, wird mir langsam klar, dass die Ostfriesen noch über eine dritte Eigenart verfügen: nämlich über eine immense Gastfreundschaft. Und die bewahren sie sich hoffentlich auch dann noch, wenn niemand mehr den Namen Otto mit rosa Rüsseln und krampfigem Klamauk verbindet.

Ich sitze im Garten und staune – auch wenn ich nicht sicher bin, worüber am meisten. Da ist erstens das Gericht auf meinem Teller: Wurstebrot, das trotz seines Namens nichts mit einem Wurstbrot gemein hat. Vielmehr handelt es sich bei dieser Osnabrücker Spezialität um eine Grützwurst aus Roggenschrot, Speck, Brühe,

Zwiebeln und Schweineblut. Ähnlich wie Bremer Knipp wird sie in baguetteähnlichen Stangen verkauft, in Scheiben geschnitten und dann kross angebraten.

Mindestens ebenso bestaunenswert ist zweitens der Koch dieses Gerichts: Norbert Henze, Mitte 60, blankrasierter, markanter Kopf, schwarze Schuhe, schwarze Hose, schwarzes Hemd. Eine schwarzsilberne Schweißerbrille baumelt an seinem Hals. Norbert ist unter dem Namen Jonathan als Metallkünstler im Osnabrücker Raum bekannt; er fertigt Skulpturen, zeichnet und veranstaltet Feuershows. Und er ist ein leidenschaftlicher Hobbykoch.

Drittens ist da der Mann, der uns alle hier im Garten zusammengebracht hat: Daniel Hopkins, Mitte 30, dunkle Haare, Lausbubengesicht, in Wesen und Sprechweise so wuselig, als ob Ruhe und Stille für ihn tödliches Gift wären. Als Journalist ist Daniel via Couchsurfing um die ganze Welt gereist – in 80 Tagen, auf 80 Couches.

Zwei ungewöhnliche Männer, ein ungewöhnliches Gericht – und mittendrin ich. Dieser Tag, der so gemächlich mit einem Spaziergang durch die Osnabrücker Innenstadt begonnen hat, wird einer der denkwürdigsten meiner Reise werden. Und er wird erst nach reichlich Bier und Schnaps in den frühen Morgenstunden enden, sodass ich mir tags darauf zweimal die Zähne putze, ehe ich mich mit wackeligen Knien zur Weiterreise an den Straßenrand stelle. Doch der Reihe nach.

Ursprünglich steht Osnabrück gar nicht auf meiner Route, bis mir ein ehemaliger Arbeitskollege von einer dortigen Spezialität berichtet: Stopsel. Das sei eine Art Wurst, dem Vernehmen nach aus Schweinekopf und Schweinefüßen, so genau wisse er das nicht – aussehen würde das Ganze wie aufgeplatztes Gehirn.

Das weckt natürlich meine Neugier. Und so setze ich Osnabrück und Stopsel umgehend auf meinen Speiseplan. Doch wo soll ich dieses Gericht probieren? Wieder einmal vertraue ich dem Zufall – und werde nicht enttäuscht.

«Kein Problem, ich besorge dir jemanden, der Stopsel kocht», versichert mir Daniel Hopkins am Telefon. Vor wenigen Minuten habe ich dem Osnabrücker eine Anfrage über Couchsurfing geschickt, worauf er sich umgehend bei mir meldet. Meine Essensreise fände er klasse, gerne könne ich bei ihm übernachten, sagt Daniel in seinem immer etwas atemlos wirkenden Tonfall. Er selbst sei mit Couchsurfing um die Welt gereist, unbedingt müssten wir Geschichten austauschen, und außerdem habe er fast 1000 Kontakte bei Facebook, sodass sich dort sicher ein Stopselkoch finden werde.

Daniel ist mir vom Fleck weg sympathisch, und er hält Wort – zumindest fast: «Ich habe jemanden gefunden, der für dich kocht», teilt er mir am Tag vor meiner Ankunft mit. «Doch er wird kein Stopsel machen können. Denn dieses Gericht gibt es nur im Winter.» Vergeblich habe sein Bekannter zig Metzgereien abgeklappert – doch von Stopsel keine Spur. Also kein aufgeplatztes Gehirn für mich? «Stattdessen will er Wurstebrot für dich kochen», teilt Daniel mir mit. «Ich weiß selbst nicht genau, was das ist. Aber es soll mindestens so gut sein wie Stopsel.»

Nun habe ich bis heute kein Stopsel zwischen die Zähne bekommen, deshalb muss der Vergleich ausfallen. Doch in Anbetracht seines Namens und eher garstigen Äußeren schmeckt Wurstebrot überraschend lecker. Die einzelnen Scheiben der Grützwurst hat Norbert mit seiner schwarzen Machete abgesäbelt und in einer schwarzen Gusseisenpfanne auf seinem schwarzen Gasherd angebrutzelt, sodass sie schwarzen Hamburgern ähneln. Der Geschmack liegt irgendwo zwischen Blutwurst und Getreidebratling; im Ganzen etwas trocken, was jedoch durch die beigelegten Rote Bete und Essiggurken aufgefangen wird. Dazu gibt's krosse Bratkartoffeln, die Norbert mit seinem handgemischten

Masala-Gewürz verfeinert – geschmacklich ein himmelweiter Unterschied zu den öligen Scheiben, die ich in Stralsund verdrückt habe.

Doch so lecker die Kartoffeln und so interessant die Wurstebrotscheiben auch schmecken – meine Aufmerksamkeit gilt schon bald nur noch Norbert, der mit reibeisenrauer Stimme aus seinem bewegten Leben erzählt. Kinderheim, soziale Einrichtungen, Missbrauch und Zwangsarbeit sind nur einige Stationen seiner Vergangenheit, die er heute als Künstler aufarbeitet. Auch seine Liebe zum Kochen entspringt den qualvollen Jahren im Heim: «Dort bekamen wir nur schrecklichen Fraß vorgesetzt. Wie Schweine aus dem Trog mussten wir essen, was uns vorgesetzt wurde», erinnert sich Norbert. Damals habe er sich geschworen: «Irgendwann habe ich eine eigene Küche und koche nur noch, was mir schmeckt.»

Norbert lacht sein dröhnendes Lachen, kramt ein Päckchen Tabak hervor und dreht sich eine Zigarette. Um uns herum wuseln Menschen allen Alters durch den Garten. Denn Norberts Partner feiert heute Geburtstag – was ihn aber nicht davon abgehalten hat, Daniel und mich zum Essen einzuladen. «Kochen ist für mich Seelenmassage», fährt er fort. «Außerdem habe ich dadurch meinen Freund für mich gewonnen. Ich habe ihn eingeladen und Fondue gemacht. Da hat er sich in mich verliebt.»

Norberts Geschichte geht mir auch am Abend noch durch den Kopf, als ich in Daniels Garten sitze. Zu uns haben sich Mitbewohner, Freunde und Nachbarn gesellt; es ist eine fröhliche Runde, auf dem Tisch stehen eine Batterie Bierflaschen sowie der Kräuterlikör mit dem Geweih. Daniel erzählt von seiner Couchsurfing-Weltreise und ist in seinem Element: Mit Händen und Füßen schildert er Erlebnisse, ahmt Gesprächspartner nach, stellt rhetorische Fragen, nur, um sie sich sogleich selbst zu beantworten. Beim Zuhören entstehen ganze Bilderwelten vor meinem

Auge, sodass ich fast die Sonne Rios spüre, das weltschlechteste Bier auf der Pazifikinsel Rarotonga schmecke und die nervtötenden Moskitos in Daressalam summen höre.

Keine Frage, Daniel ist der geborene Geschichtenerzähler. Manche würden ihn einen Aufschneider nennen – doch im Gegensatz zu anderen steckt hinter seiner großen Klappe keine Luft, sondern Leistung. «Ich bin immer ehrlich und sage, was ich denke», sagt er über sich. «Damit haben einige Menschen ein Problem.» Einerseits.

Andererseits eröffnen ihm sein Mut und seine direkte Art immer wieder Chancen, von denen andere nur träumen können. Etwa als Daniel eines Tages im Fernsehen eine Reportage über Couchsurfing sieht. «Ich erinnere mich noch genau an den letzten Satz des Moderators», erzählt Daniel. «Er hat den Zuschauern geraten: Wenn Sie im Urlaub Geld sparen wollen, dann melden Sie sich bei Couchsurfing an.» Daniel hält kurz inne und blickt in die Runde: «Dabei ist das genau das Gegenteil der Philosophie von Couchsurfing.» Just in diesem Moment sei sein Blick auf ein Buch gefallen, das ihm der Großvater geborgt habe: *In 80 Tagen um die Welt* von Helge Timmerberg. «Und da ist mir die Idee gekommen», sagt Daniel. «Ich reise in 80 Tagen um die Welt und schlafe jede Nacht auf einer anderen Couch.» Die Berichterstattung über seine Tour soll vermitteln, worum es bei Couchsurfing wirklich geht.

An dieser Stelle würden 99 Prozent aller Menschen denken: Gute Idee! – und sie im nächsten Augenblick ad acta legen. Nicht so Daniel: Umgehend schreibt er einen Bekannten bei der Lufthansa an. Eine Woche später hat er die Zusage von der Luftfahrtgruppe Star Alliance: Sie sponsert alle Flüge. Und so bricht Daniel zu einer unvergesslichen Reise auf: 80 Tage, 34 Städte, 21 Länder, 5 Kontinente – und jede Nacht an einer anderen Schlafstätte.

Daniel erzählt vom Luxushotel in Dubai und der Lehmhütte in Tansania, von Angriffen im Senegal und einer verführerischen Australierin, vom Edelrestaurant in Sydney und dem Madenimbiss in Hongkong. Mein hölzerner Gartenstuhl wird zum Kinosessel; von Osnabrück reise ich auf Daniels Worten einmal um den Erdball.

Ich könnte nicht sagen, ob zehn Minuten oder zehn Stunden vergangen sind, als Daniel plötzlich innehält: «Verdammt, das Bier ist alle.» Überrascht blicke ich mich um: Inzwischen sitzen nur noch wir zwei in der Gartenlaube, die Bierflaschen haben sich ebenso geleert wie die Geweihflasche. Dem Zuckerwattengefühl in meinem Kopf nach zu urteilen, muss einiges davon auch durch meine Kehle geflossen sein. Dennoch sitze ich noch bis drei Uhr früh mit Daniel zusammen, ehe ich schlaftrunken ins Bett falle.

Am nächsten Morgen dröhnt mein Schädel, als würden darin 100 Zwerge mit kleinen Pickhämmern nach Gold schürfen. Parallel dazu fahren die, die freihaben, in meinem Magen Achterbahn. Und doch bereue ich keine Minute des gestrigen Tages, denn Daniel, Norbert und Wurstebrot werde ich so schnell nicht vergessen. Außerdem ist die Kombination von Kumpelei und Kater vielleicht nicht die schlechteste Vorbereitung für die nächste Station auf meinem Speiseplan: den Ruhrpott, die Heimat der Currywurst.

MEHLPÜTT MIT VANILLESOSSE UND ROTWEINBIRNEN

(für 4 Personen)

Zutaten Mehlpütt

30 g Hefe
1 TL Zucker
600 ml Milch
800 g Mehl
3 Eier
1 TL Schmalz
Salz

Zutaten Vanillesoße

20 g Speisestärke
1 l Milch
4 Eigelb
1 Vanilleschote
125 g Zucker

Zutaten Rotweinbirnen

4 Birnen
2 EL Zucker
1 Vanilleschote
1 Zimtstange
1 Sternanis
500 ml Rotwein

Zubereitung Mehlpütt

1. Hefe mit Zucker und 4 EL lauwarmer Milch verrühren.
2. Mehl, restliche Milch, Eier, Schmalz und 1 Prise Salz vermengen und zu einem Teig kneten.
3. Teig in ein bemehltes Tuch geben und 1 Stunde gehen lassen.
4. Teig im Tuch unter einen Topfdeckel binden und über dem Wasserdampf etwa 45 Minuten lang garen. Wichtig: Der Teig darf nicht ins Wasser hängen.
5. Teig aus dem Tuch nehmen, Mehlpütt in Scheiben schneiden und mit Rotweinbirnen sowie Vanillesoße servieren.

Zubereitung Vanillesoße

1. Speisestärke mit etwas Milch anrühren, die Eigelbe hinzugeben und gut verrühren.
2. Vanilleschote auskratzen und mit der Milch und dem Zucker zum Kochen bringen.
3. Eigelbmasse dazugeben und noch einmal kurz aufkochen lassen.

Zubereitung Rotweinbirnen

1. Birnen schälen, vierteln und entkernen.
2. Birnen in einen Topf geben und mit Zucker bestreuen. Gewürze dazugeben und mit Rotwein auffüllen.
3. Etwa 10 Minuten köcheln lassen, dann vom Herd nehmen und im Sud abkühlen lassen.

Das Rezept stammt von Ines Kordes aus dem Kulturcafé Emden.

NORDRHEIN-WESTFALEN:
ZUM LEICHENSCHMAUS GIBT'S SAUERBRATEN

ERDAL ERZÄHLT VON SEINER TÖDLICHEN KRANKHEIT MIT DER RUHE EINES TAGESSCHAUSPRECHERS – und dennoch herrscht im Auto beklemmende Stille. Sein Cousin Murat umklammert das Lenkrad, als wollte er es erwürgen, und Karl starrt mit zusammengepressten Lippen aus dem Fenster. Die beiden haben Erdals Geschichte sicher schon oft gehört. Trotzdem kriecht ihnen augenscheinlich jedes Wort unter die Haut – ebenso wie mir.

Dabei wäre ich um ein Haar nicht eingestiegen, als Erdal seinen Golf in Herten neben mir zum Stehen bringt. Die 120 Kilometer von Osnabrück ins Ruhrgebiet habe ich trotz Kopfhämmerns relativ schnell hinter mich gebracht; nun ist mein Ziel Bochum nur noch einen Katzensprung entfernt – aber der junge Mann in T-Shirt, Turnschuhen und Jogginghose, der am Steuer sitzt, sieht doch arg ramponiert aus. Im Gesicht hat er rote Flecken, auf den Unterarmen sind große Beulen zu sehen. Ich zögere, doch das wache Blitzen in seinen Augen und die freundliche, helle Stimme dämpfen meine Bedenken. «Ich fahre zu meinem Cousin nach Herne», ruft er mir zu. «Bis dahin kann ich dich mitnehmen.»

Im Auto erzähle ich von meiner Reise, und Erdal ist sofort begeistert. «Das ist ja eine coole Idee», sagt er und grinst. «Und dann kommst du ausgerechnet zu uns in den Pott.» Sofort bietet er mir an, bis nach Bochum zu fahren, wir müssten nur zuerst seinen Cousin Murat abholen. Ich willige ein und sitze wenig später auf einem Plastikstuhl vor dessen Wohnung. Murat trägt eine Jogginghose; sein durchtrainierter Körper steckt in einer Drei-Streifen-Jacke, der Kopf ist rasiert, der Bart akkurat getrimmt. Dritter im Bunde ist Murats Schwager Karl, ein schmächtiger

Bursche mit Mecklenburger Akzent, einem freundlichen Wesen und einer üblen Knoblauchfahne, über die sich die anderen lustig machen.

In höchstens fünf Minuten würden wir wieder aufbrechen, hat mir Erdal beim Aussteigen versichert. Inzwischen sitzen wir schon eine Dreiviertelstunde beisammen, doch das stört mich nicht – im Gegenteil. Angeregt unterhalten wir uns über Fußball, Frauen, Essen und die Lebensgeschichten von Erdal und Murat, die jenen so vieler Gastarbeiterkinder ähneln.

«Mein Vater kam damals wegen der Arbeit im Bergbau hierher», beginnt Erdal. Eigentlich habe er nur einige Jahre bleiben und danach wieder in die Türkei zurückkehren wollen. «Aber dann ist meine Mutter nachgezogen, und sie sind hiergeblieben.»

Erdal ist in Deutschland geboren, hat einen deutschen Pass, fühlt sich im Pott zu Hause und muss sich dennoch oft dumme Sprüche anhören. «Für viele bin ich immer noch ein Ausländer. Die sind unfreundlich oder haben Angst vor mir.»

Murat pflichtet ihm bei: «Stimmt! Aber das ist nicht in ganz Deutschland so. Als ich mal in Bayern war, haben die uns fast wie Könige behandelt. Superfreundlich, Mann!»

Ich blicke Murat erstaunt an, denke an meine Heimat, verkneife mir aber eine Erwiderung und greife zu der Limodose, die Erdal mir gereicht hat. Er selbst hält sich mit dem Trinken zurück – und das hat einen Grund. «Ich muss immer aufpassen, was ich esse und trinke, denn ich gehe dreimal die Woche zur Dialyse», erzählt Erdal, als wir später zu viert im Auto sitzen. Er zeigt mit dem Finger auf die Beulen an seinem Arm. Es sind die blutunterlaufenen Einstichstellen der Nadeln.

Von sich aus ist Erdal auf seine Krankengeschichte zu sprechen gekommen, die bereits im Alter von 17 Jahren begann. «Damals hatte ich einen Tumor im Kleinhirn. Ich wurde operiert, doch dabei ist einiges schiefgelaufen.» Seitdem sieht Erdal auf einem

Auge fast nichts mehr. «Außerdem musste ich alles neu lernen: sprechen, reden, essen.»

Erdal kämpft sich zurück ins Leben, bis ihn die nächste Hiobsbotschaft ereilt: Nierenkrebs. Deshalb muss sein Blut mittels Dialyse ständig gereinigt werden, und deshalb fährt er regelmäßig nach Freiburg, wo ihn ein Spezialist behandelt.

«Bald werde ich erfahren, ob sich weitere Metastasen in meinem Körper gebildet haben», sagt Erdal. «Wenn nicht, dann komme ich auf die Warteliste für Spendernieren. Doch bis ich ein Organ erhalte, kann es noch mal fünf bis sieben Jahre dauern.» Und falls man neue Metastasen findet? Erdals Antwort kommt so ruhig und abgeklärt, als spräche er übers Wetter: «Dann, hat der Arzt gesagt, werde ich nicht mehr lange leben.»

Mein Mund ist trocken, in der Ferne erkenne ich den Bochumer Hauptbahnhof. Ich weiß nicht, was ich sagen soll, doch eine Frage muss ich stellen: «Wie hältst du das aus?»

Erdal blickt mich lange an, er strahlt eine bewundernswerte Lebensfreude aus. «Natürlich gibt es immer wieder Momente, in denen ich mich frage: Warum ausgerechnet ich? In denen mich Wut und Trauer fast auffressen.» Doch dann denke er an die Zeit in der Klinik nach seiner ersten Operation zurück, erzählt Erdal. «Da habe ich kleine Kinder mit Tumoren gesehen, denen es noch viel schlechter ging als mir. Ich hingegen hatte immerhin 17 tolle Jahre, in denen ich alles erlebt habe, bevor das hier losging.» Er zeigt mit dem Finger erst auf seinen Kopf und danach auf den Arm, die sichtbarste Stelle seiner Leiden. Außerdem gebe ihm der Glaube Halt: «Für Moslems ist jede Krankheit eine Prüfung, die man aushalten muss», erklärt Erdal. «Und jeder Mensch bekommt nur die Prüfungen auferlegt, die er auch bestehen kann.»

Am Tag nach der bewegenden Fahrt mit Erdal sitze ich in der Bochumer Innenstadt. Von fern dringt der Duft von gebratener

Wurst und erhitzter Tomatensoße an mein Riechorgan. «Wenn du in den Pott kommst, musst du unbedingt Currywurst essen», hat mir Erdal gestern empfohlen. Aber wo? Da kommt auch für ihn nur ein Imbiss in Frage, den mir praktisch jeder Gesprächspartner im Ruhrgebiet ans Herz legt: die Grönemeyer-Bude.

Sie heißt eigentlich Bratwursthaus, und hier soll die Idee zu dem legendären Song «Currywurst» entstanden sein. Diese Anekdote lockt Einheimische wie Touristen in Scharen an. Dennoch gesteht die Inhaberin Lore Schoettler mit erfrischender Ehrlichkeit: «Ich finde das Lied grausam.»

Umgehend fällt ihr Mann ihr ins Wort: «Was heißt grausam? Das gehört nun mal zum Ruhrgebiet.»

Doch seinen Einwand wischt Lore Schoettler mit einer Handbewegung vom Tisch: «Nein, tut mir leid», sagt sie bestimmt. «Das Lied ist so was von primitiv, einfach schrecklich!»

Zu dritt sitzen wir vor einem Café am Engelbertbrunnen im Herzen des «Bermudadreiecks», der Ausgehmeile von Bochum. In Sichtweite steht das Bratwursthaus, das 1952 von der Metzgerei Dönninghaus eröffnet wurde und seit 1981 Lore Schoettler gehört. Hier also sollen Herbert Grönemeyer, Diether Krebs und Jürgen Triebel in ihrer Zeit am Bochumer Schauspielhaus den Liedtext zu «Currywurst» ersonnen haben, während sie in der Schlange warteten. Mit dem 1982 veröffentlichten Song landete Grönemeyer seinen ersten Hit – und bescherte dem Bratwursthaus eine kostenlose, aber unbezahlbare Werbung, die bis heute zieht. Zwar wird der Imbiss in dem Lied nicht explizit erwähnt, doch die Künstler erklärten mehrfach, dass das gemeinsame Currywurstessen an dieser Bude sie zu dem Text inspiriert habe. Und diese Anekdote findet sich bis heute in jedem Artikel und jedem Fernsehbeitrag über das Bratwursthaus ebenso wie in jedem Reiseführer, und auch die Inhaber selbst weisen auf Plakaten und Website immer wieder darauf hin.

«Ohne das Lied würde der Imbiss sicher nicht so gut laufen, wie er es jetzt tut», räumt Schoettler ein. «Vor allem Touristen kommen, weil sie zur Grönemeyer-Bude wollen – und nicht zum Bratwursthaus.» Die Mittfünfzigerin lehnt sich zurück und schlägt die Beine übereinander. Sie ist ganz in Weiß gekleidet und entspricht so gar nicht dem Bild, das ich von einer Currywurstbudenbesitzerin habe. Die dunklen Haare sind sorgfältig frisiert, ihr Körper wirkt durchtrainiert, das morgendliche Make-up dürfte länger dauern als die Zubereitung eines Drei-Gänge-Menüs, und statt einer Fahne Bratenfett zieht Schoettler eine Parfümwolke hinter sich her.

Ohnehin steht die Besitzerin selbst nur selten hinter dem Verkaufstresen, und eine Currywurst verdrückt sie höchstens einmal im Jahr. «Die Leute denken nicht an die Kalorien, die in so einer Wurst stecken», sagt sie und schüttelt verständnislos den Kopf. «Da kommen ganz dicke Menschen zu uns und bestellen Doppelcurrywurst mit Doppelpommes. Und dann wundern sie sich, warum sie so dick sind.»

Lediglich bei ihrem jüngsten Besuch in Berlin habe sie mehrere Currywürste probiert, erzählt Schoettler. «Weil es immer heißt, dass sie dort so lecker sein sollen.» Doch das könne sie nicht bestätigen: «Da war kaum eine gute dabei, und die Soße hat oft schrecklich geschmeckt.»

Da ist er wieder, der alte Streit um die Heimat der besten Currywurst. Neben dem Ruhrgebiet und Berlin reklamiert auch Hamburg diesen Titel für sich. Ich selbst habe an allen drei Orten Currywurst gegessen – und überall war sie ebenso fettig wie lecker. Wobei ich zugeben muss: Am besten schmeckt es mir im Pott, und besonders die Currywurst aus dem Bratwursthaus ist ein Gaumenschmaus. Wie überall im Ruhrgebiet kommen dort Bratwürste auf den Grill. Die Berliner Currywurst hingegen ist eine Brühwurst, die es in zwei Varianten gibt: mit und ohne

Darm. Doch entscheidend ist ohnehin die Soße. Sie basiert auf Tomatenmark oder Ketchup, wird mit Gewürzen verfeinert und mit reichlich Currypulver bestreut. Hier im Bratwursthaus schmeckt sie herrlich tomatig und würzig, kitzelt mit einer leichten Schärfe im Mund und kommt vor allem in gehöriger Menge über die Wurststücke.

800 Millionen Currywürste sollen die Deutschen jedes Jahr verdrücken – also etwa 13 pro Erwachsenem. So steht es im Currywurstmuseum, das zum 60. Geburtstag der Wurst in Berlin seine Pforten öffnete. Denn dass die Currywurst in der Hauptstadt erfunden wurde, gilt als weitgehend gesichert: 1949 war es Herta Heuwer, die an ihrem Imbissstand in Charlottenburg erstmals eine geschnittene Brühwurst in einer Soße aus Tomatenmark, Currypulver, Worcestersoße und weiteren Gewürzen verkaufte. Zehn Jahre später meldete sie ihre Chillup-Soße – eine Wortmischung aus Chili und Ketchup – beim Patentamt an. Das Rezept nahm Herta Heuwer trotz Drängens mehrerer Großkonzerne 1999 mit ins Grab.

Die Unternehmerin gilt als Mutter der Currywurst, auch wenn Uwe Timms Buch *Die Entdeckung der Currywurst* für Irritationen sorgte. Die Novelle wurde 1993 veröffentlicht und 2008 verfilmt. Sie erzählt von einer Hamburgerin namens Lena Brücker, die bereits 1946 an einem Imbiss am Großneumarkt Currywürste verkauft – also drei Jahre vor Herta Heuwer. Obwohl Timm mehrfach betonte, dass Lena Brücker eine fiktive Figur sei, nahmen viele Hamburger das Buch zum Anlass, um die Berliner Herkunft der Currywurst zu bestreiten. Allen voran tat dies der ehemalige Senator Ronald Schill, der 2003 im Blitzlichtgewitter der Fotografen eine Gedenktafel für Lena Brücker am Großneumarkt enthüllte.

Im Ruhrgebiet verzichtet man auf derlei Geschichtsklitterung, dafür steht dort eines außer Zweifel: Wenn schon nicht die erste, so stammt doch sicher die beste Currywurst von hier. Und zumindest in Bochum ist man sich einig, dass damit nur das Bratwursthaus gemeint sein kann. Dieser Ruf hat sich so fest in die Köpfe eingebrannt, dass sie dort wohl sogar Wiener Würstchen mit Ketchup anbieten könnten – und die Kunden würden den Verkäufern immer noch die Pappschalen aus den Händen reißen.

Ebenso hartnäckig hält sich der Ruf einer zweiten Imbissbude, die ich noch am gleichen Tag besuche und die fast ebenso häufig in den Medien auftaucht wie das Bratwursthaus: der Profi-Grill in Bochum-Wattenscheid, wo Raimund Ostendorp den Kochlöffel schwingt. Die Geschichte des Grills liest sich in den meisten Druckwerken so: Ein Sternekoch hat genug von der glitzernden Gourmetwelt, kauft eine Pommesbude und sattelt zum Würstchenwender um. Dass Ostendorp bereits 1990 seine Anstellung im Düsseldorfer Edelrestaurant Schiffchen an den Nagel hängte und dort nicht etwa Küchenchef war, sondern Demichef de Cuisine unter Sternekoch Jean-Claude Bourgueil, wird gern in einem Nebensatz versteckt – wenn es nicht ganz unter den Tisch fällt. Nie fehlt in den Berichten über Ostendorp hingegen zweierlei: erstens, dass er erst im eigenen Imbiss das wahre Glück gefunden hat, und zweitens die herausragende Qualität der Speisen im Profi-Grill, wo Ostendorp die Schnitzel nicht frittiert, sondern brät und seine Soßen jeden Morgen von Hand anrührt.

Vom Geschmack seiner Currywurst will auch ich mich überzeugen, als ich um die Mittagszeit den Imbiss betrete. Ich habe kaum die Tür hinter mir geschlossen, da hat mich Ostendorp schon entdeckt: «Das muss der Journalist sein», ruft er und kommt grinsend hinter der Theke hervor. «Du siehst schon aus wie so ein junger Goethe auf Reisen.»

Ist das eine Beleidigung? Oder ein Kompliment? Ich entscheide mich für Letzteres, lächle freundlich und folge Ostendorp vor die Tür, wo er sich an einen weißen Bistrotisch lehnt. In der folgenden halben Stunde erzählt Ostendorp seine Geschichte, wie ich sie bereits in diversen Artikeln gelesen habe. Dennoch langweile ich mich keineswegs, denn der großgewachsene Mittvierziger ist ein erstklassiger Erzähler, baut allerlei Scherze ein, plaudert zwischendrin mit Gästen, knufft mich kumpelhaft in die Seite und hebt alle naselang seinen rechten Arm. Anfangs vermute ich einen Tick, doch nach einiger Zeit wird mir klar: Ostendorp grüßt die Autofahrer. Ebenso die Radfahrer. Und alle Passanten in Rufweite. Zwei, drei Sätze übers Wetter, übers Viertel, übers Essen – für jeden hat der leutselige Koch einen Spruch übrig.

«Dieser Imbiss hier wurde mir damals betriebsfertig angeboten», erinnert er sich an die Anfänge 1991. «Der hat 80 000 Mark gekostet, und die Miete betrug 500 Mark – da musste ich zuschlagen.»

Wie groß die Umstellung für ihn gewesen sei? «Riesig», antwortet Ostendorp, hebt die Augenbrauen und sogleich die rechte Hand, um einen vorbeidonnernden Motorradfahrer zu grüßen. «Das war ein kulinarischer Absturz in die Kreisliga», fährt er fort. «Aber im Gegensatz zum Schiffchen konnte ich mein eigenes Ding machen. Und auch nach mehr als 20 Jahren macht mir das so viel Spaß, dass ich jeden Morgen hier reinkomme, als wäre es mein erster Tag.»

Diese Liebe zu seinem Imbiss merkt man auch dem Essen im Profi-Grill an, denn hier überlässt Ostendorp nichts dem Zufall. Statt Pappschalen und Piekser gibt es Geschirr und Gabel; Soßenspritzer auf dem Tellerrand sucht man vergebens, dafür liegt dort ein Petersilienblatt. Die Pommes frites sind bei ihm gekühlt, nicht gefroren und werden in Palmfett frittiert, weil es laut Ostendorp im Gegensatz zu anderen Ölen keinen metallischen Beigeschmack hat.

Stolz ist er auch auf seine Currywurst, die ein Wattenscheider Metzger für ihn herstellt und die sich beim Braten nicht verformt.

«Daran erkenne ich die Qualität», sagt Ostendorp, während er mir eine Currywurst mit einer Portion Pommes reicht. «Die Wurst darf auf dem Grill nicht platzen und sich nicht zusammenziehen. Das sind Anzeichen, dass sie zu viel Wasser enthält.»

Ich nicke artig und probiere gierig zunächst die Pommes frites. Sie sind nicht zu dick und nicht zu dünn, schmecken außen kross und innen kartoffelig, kurzum: sehr lecker. Dasselbe gilt für die Wurst und die Currysoße, die zwar nicht so reichlich ist wie im Bratwursthaus, dafür aber etwas würziger. Wie dort esse ich meine Portion rest- und klaglos auf.

Ich seufze wohlig und gerate ins Grübeln: Wo gibt es nun die bessere Currywurst? An der Grönemeyer-Bude oder beim Sternekoch? Zehn Minuten sitze ich reglos da und wäge das Für und Wider ab. Doch vergebens: Obwohl beide Würste unterschiedlich schmecken, kann ich keinen Favoriten benennen und einige mich auf ein Unentschieden. Oder eher einen Doppelsieg. Schließlich sang schon Herbert Grönemeyer:

«Mit Pommes dabei,

ach, dann gebense gleich zwei

Mal Currywurst.»

Ich warte auf die Frage, doch sie kommt nicht. Irritiert blicke ich hinüber zum Fahrersitz, wo Josko sein Auto durch den dichten Kölner Abendverkehr manövriert und eisern schweigt. 68 Fahrer haben mich seit meinem Aufbruch in München mitgenommen, und 68-mal habe ich die Geschichte meiner kulinarischen Reise erzählt. Angefangen von der Kurzversion in ein paar Sätzen bis zur ausführlichen Variante für längere Fahrten. Allein Josko ziert sich: Als ich in Köln eingestiegen bin, hat er sich kurz vorgestellt und danach kein Wort mehr gesprochen. Ist da etwas faul? Oder Josko nur desinteressiert?

Da geht mir plötzlich ein Kronleuchter auf: Ich stand ja gar nicht als Anhalter am Straßenrand, vielmehr habe ich Josko über eine Mitfahrzentrale im Internet kontaktiert und werde für diese Fahrt von Köln nach Aachen auch bezahlen. Sieht man einmal vom Bahn-Intermezzo in Hamburg ab, ist dies der erste Tag meiner Reise, an dem ich mein Ziel nicht per Anhalter erreiche. Wie konnte es so weit kommen?

Während Josko weiter schweigt, gehe ich in Gedanken noch einmal den heutigen Tag durch, der in aller Frühe auf einer Ausfallstraße vor dem Opel-Werk in Bochum begonnen hat.

Dort muss ich nicht lange warten, ehe mich ein Österreicher in seinem Lieferwagen etwa 25 Kilometer bis zum Rastplatz Sternenberg mitnimmt. Dies könnte ein entspannter Anhaltertag werden, denke ich – und liege gründlich daneben. Denn auf der Raststätte herrscht ungefähr so viel Betrieb wie in einer Eisdiele im Dezember: Höchstens alle 15 Minuten zuckelt ein Auto vorbei, und erst nach einer gefühlten Ewigkeit hält der erste Wagen. Der Fahrer kann mich zwar nur bis Wuppertal mitnehmen, aber das ist immer noch besser, als weiter dumm an diesem gottverlassenen Ort herumzustehen.

Eine voreilige Entscheidung, wie sich nach dem Aussteigen zeigt, denn die Auffahrt zur Autobahn ist hier so verwinkelt, dass ich wahrscheinlich 100 Jahre auf eine Mitfahrgelegenheit warten müsste. Wütend schultere ich meinen Rucksack und stapfe durch Wuppertal bis zur nächsten Anschlussstelle. Besser gesagt, klettere ich wie eine Bergziege, denn in dieser Stadt scheint es keine Straße ohne schwindelerregendes Gefälle zu geben. Durchgeschwitzt und mit hochrotem Kopf erreiche ich die zweite Wuppertaler Auffahrt, nur um dort erneut zwei Stunden zu warten. Diesmal gabelt mich ein Afghane auf, der kein Wort Deutsch spricht. Doch das ist nicht weiter tragisch, denn schon nach wenigen Minuten dreht er die Musik so laut auf, dass an eine Unterhaltung ohnehin nicht zu denken wäre.

Mit einem dezenten Pfeifen in den Ohren steige ich in Düsseldorf aus und stelle beim Blick auf die Karte fest, dass ich bislang nur einen Bruchteil der Strecke bis nach Aachen geschafft habe, meinem Etappenziel für heute. Immerhin halten hier an der Tankstelle zahlreiche Autos, doch sie sind allesamt nach Köln unterwegs, was für mich einen Umweg bedeuten würde. Ein halbes Dutzend Fahrzeuge winke ich weiter, dann reißt mein Geduldsfaden, und ich steige kurzerhand in den nächsten Wagen, der mich mitnehmen will.

So komme ich bis zum Autobahnrasthof Nievenheim, wo ich mich wie gewohnt ans Ende des Parkplatzes stelle und in Richtung Tankstelle blicke. Da steht plötzlich ein dunkler Audi neben mir – woher er gekommen ist, vermag ich nicht zu sagen. «Bis nach Köln kann ich dich mitnehmen», bietet mir der Fahrer an.

Ich steige ein, nicht ohne zu bemerken, dass ich sein Auto irgendwie übersehen haben muss.

«Nein, ich bin an dir vorbeigefahren und habe dann noch einmal umgedreht», antwortet der junge Mann seelenruhig.

«Auf der Autobahn?», frage ich entsetzt.

«Nicht direkt.» Er kann meine Aufregung offenbar nicht verstehen. «Ich habe auf dem Beschleunigungsstreifen den Rückwärtsgang eingelegt und bin zurückgefahren.»

Unter gewöhnlichen Umständen würde ich an dieser Stelle sofort wieder aussteigen. Doch es ist schon früher Abend, ich bin mürbe von der langen Reise, und bis Aachen sind es noch knapp 100 Kilometer. Also lasse ich mich resigniert auf den Beifahrersitz fallen und versuche noch einmal Kraft zu sammeln für die letzte Etappe.

«Hier solltest du dich hinstellen», rät mir der Rückwärtsfahrer und stoppt seinen Audi in der Nähe des Kölner Fußballstadions in einer Zufahrt. «Da müssen alle Autos vorbei, die nach Aachen wollen.»

Ich bedanke mich, steige aus und blicke zur Sicherheit in meine Karte. Zum Glück, denn hier kommen garantiert keine Fahrzeuge mit Ziel Aachen vorbei. Vielmehr muss ich noch etwa einen Kilometer weiter bis zur Autobahnauffahrt laufen. Gern würde ich meine Wut hinausbrüllen, doch mir fehlt die Kraft – also greife ich zum Rucksack und quäle mich die Straße hinunter. Unmittelbar vor meinem Ziel entdecke ich ein Schild: «Auffahrt gesperrt».

Diese zwei Worte sind wie der ultimative Magenschwinger, der einen Boxer zu Boden schickt. Doch anstatt auf den Asphalt zu sacken, greife ich zum Smartphone und rufe die Seite der Mitfahrzentrale auf. Ohne langes Suchen entdecke ich das Angebot von Josko, der in einer halben Stunde von Köln nach Aachen fährt und dafür fünf Euro verlangt. Doch wenn ich ihn jetzt anrufe, dann ist das wie eine Kapitulation kurz vor dem Ziel, ein Verrat an meinen Reiseplänen, ein Eingeständnis meiner Niederlage.

Ohne zu zögern wähle ich Joskos Nummer.

«Beerdigungskaffee». Ungläubig blicke ich hinauf zu dem Schriftzug, dann auf das unscheinbare Haus mit der Backsteinfassade, weiter auf die vergilbte Speisekarte hinter Glas und wieder nach oben zu dem Schild. Wirbt da wirklich eine Gaststätte mit Beerdigungskaffee? Und ist dies ausgerechnet jenes Lokal, das ich seit einer Viertelstunde vergeblich suche?

Gestern hat mich Josko bis zum Aachener Hauptbahnhof gefahren, und heute habe ich die mühselige Anreise schon vergessen. Denn die Stadt stellt auf meiner kulinarischen Tour einen Sonderfall dar, auf den ich mich besonders gefreut habe: Sind es andernorts meist Gerichte, deretwegen ich bestimmte Orte aufsuche, so ist es in Aachen eine Gaststätte: der legendäre Sauerbratenpalast. Über ihn habe ich erstmals in einer Reisezeitschrift gelesen und umgehend sein Aushängeschild, den Aachener Sauerbraten, auf meinen Speiseplan gesetzt. Doch nun regen sich

Bedenken in mir: Kann dieses heruntergekommene Gebäude wirklich der Sauerbratenpalast sein, hier an einer Ausfallstraße im grauen Westen der Stadt, nicht mal einen Kilometer von der niederländischen Grenze entfernt?

Die Zweifel verfliegen erst, als ich eintrete. Da ist zum einen das unverwechselbare Interieur: An holzvertäfelten Wänden hängen Mannschaftsfotos des örtlichen Fußballclubs neben Promibildern und Zeitungsausschnitten. Die Theke schmücken platte Stammtischsprüche, die an jedem anderen Ort Fremdscham auslösen würden. Das geht von «Dieses Geschäft bringt zwar nichts ein, aber es macht Spaß» bis hin zu «Liebe ist eine lange Mahlzeit, die mit dem Dessert beginnt».

Zum anderen begrüßt mich eine Frau, die in Aachen Kultstatus genießt: Else Lenz, Betreiberin und Bedienung, mit allen per Du und Trägerin des Mundart-Ordens dank ihres Aachener Dialekts, des Öcher Platts. Es klingt in süddeutschen Ohren so fremd, dass ich Else anfangs kaum folgen kann. Allein ihr erster Satz – noch vor der Begrüßung – ist unmissverständlich, in Hochdeutsch: «Unser Sauerbratenrezept verrate ich dir aber nicht!»

Ich blicke sie erstaunt an, denn erstens ist das eine ganz neue Erfahrung für mich: Bislang haben mir alle Köche auf meiner Reise ihre Rezepte bereitwillig verraten. Zweitens hätte ich ausgerechnet an diesem Ort nicht mit so einer Reaktion gerechnet. Und drittens: Ich habe ja noch gar nicht nach dem Rezept gefragt.

Schnell wechsle ich das Thema und erkundige mich nach der Geschichte des Sauerbratenpalastes. Er wurde 1983 eröffnet und hieß damals noch «Zur Brücke». «Doch dann hat uns die Stadt mitgeteilt, dass es bereits ein Restaurant mit diesem Namen gibt», erzählt Else. Also tauften sie ihr Lokal in «Sauerbratenpalast» um und mussten zunächst eine Durststrecke überwinden. «In den ersten zwei Jahren war die Straße vor dem Haus gesperrt, sodass wir an manchen Tagen nur 80 Mark eingenommen haben», erinnert sich Else. «Es hat lange gedauert, aber dann sind immer mehr Menschen zu uns an den Stadtrand gekommen.»

Der Sauerbratenpalast wird vom Geheimtipp zum Kultlokal. Zwar hat die Gaststätte bis heute keine eigene Homepage – doch es gibt zig Websites, auf denen eingefleischte Anhänger ihre Begeisterung kundtun. Im Sauerbratenpalast gibt es keine Tischreservierungen, aber sogar werktags drängen sich die Wartenden an der Theke.

«Unsere Gäste sollten drei Stunden Zeit mitbringen», sagt Else und zählt auf: «Eine Stunde, bis sie einen Platz haben. Die zweite Stunde, bis das Essen fertig ist. Und die dritte Stunde, bis die Rechnung kommt.»

Was hingegen schnell geht, ist die Bestellung, denn eine Speisekarte gibt es nur für Notfälle. Im Grunde stellt sich bloß die Frage nach den Beilagen zum Sauerbraten: Pommes oder Nudeln? Dazu Blaukraut, Salat oder Apfelkompott? Oder in Elses Worten: «'n Salätschen oder 'n Kompöttschen?»

Ich bestelle einen Sauerbraten mit Pommes frites und dazu ein Kompott und beobachte, wie immer mehr Gäste ins Lokal strömen. Da sitzen englisch sprechende Touristen neben einer Gruppe Studenten, Familien mit Kindern teilen den Tisch mit zwei Anzugträgern, und mir gegenüber hat ein älteres Ehepaar Platz genommen.

Der Mann wendet sich an mich und fragt: «Haben Sie auch den Sauerbraten genommen?»

Ist der Papst katholisch?, denke ich und nicke höflich.

«Wir kommen mindestens zweimal im Monat hierher», fährt er fort. «Wir fahren durch die ganze Stadt – nur wegen dieses Sauerbratens. Wenn es nur nicht immer so lange dauern würde.»

Ich muss an Elses Ehemann Heinz denken, der sich kurz zuvor für ein paar Minuten zu mir gesellt hat. «Wer keine Zeit hat zum Warten», hat er fast schon geknurrt, «der soll zu McDonald's gehen.» Denn im Sauerbratenpalast sei das Essen noch hausgemacht. «Fritten, Soßen, alles», sagt Heinz. Als ich nach seiner Kochausbildung frage, blickt er mich so verdattert an, als hätte ich ein Päckchen Kokain verlangt. «Koch habe ich nie gelernt», antwortet er und grinst. «Ich hatte acht Jahre lang eine Kneipe, und irgendwann hat es mich genervt, dass die Gäste zum Essen immer abgehauen sind. Also habe ich angefangen, selbst zu kochen.» Das Sauerbratenrezept will er jedoch ebenso wenig wie Else verraten: «Nix da! Das ist geheim.» Nur so viel: «Wir machen unseren Sauerbraten schon immer aus Rindfleisch.»

Dabei ist der klassische Rheinische Sauerbraten eigentlich aus Pferdefleisch. Dieses wird mehrere Tage lang in einer gewürzten Essigmarinade eingelegt, die das Fleisch mürbe macht. Ein Teil der Marinade wird später für die Soße verwendet, in die außerdem Rosinen und ein Süßmittel kommen, etwa Lebkuchen oder Aachener Printen. Da Pferdefleisch heute kaum mehr gegessen wird, sind die meisten Sauerbraten inzwischen aus Rindfleisch. Das gilt besonders für die Region Aachen, denn die Stadt ist eine Hochburg des Pferdesports. Daher habe man hier den Sauerbraten nie mit Pferdefleisch zubereitet, stellt Else klar. «Das war nur in de Zait nach de Kriesch.»

Inzwischen hat mir die Wirtin einen Teller gebracht, auf dem vier hauchdünne Scheiben Sauerbraten in einem See aus tiefdunkler Soße unter einem Berg von Pommes meiner harren. Die fingerdicken Kartoffelstäbe schmecken köstlich, was sicher auch daran liegt, dass wir hier nur wenige Kilometer von Belgien entfernt sind, dem Heimatland der Pommes frites. Noch vorzüglicher sind Sauerbraten und Soße: Das Fleisch ist so mürbe, dass es fast auseinanderfällt – und trotzdem schmeckt es herzhaft. Dazu kommt eine dickflüssige Soße, in der das Essigsaure hervorragend mit der Süße harmoniert; deutlich dringt das Aroma von Aachener Printen durch.

Begeistert schaufle ich die üppige Portion in mich hinein. Im Augenwinkel sehe ich den älteren Herrn, der nur zu gern ein neues Gespräch beginnen würde. Doch ich ignoriere ihn geflissentlich und widme meine volle Aufmerksamkeit diesem wunderbaren Gericht.

«Hat wohl geschmeckt», sagt Else, als sie eine halbe Stunde später meinen blitzblanken Teller abräumt. Die Tische im Sauerbratenpalast sind mittlerweile allesamt belegt; die Theke ist von Wartenden belagert, die Bier um Bier trinken und neidisch auf die Teller mit Sauerbraten äugen, die Else durch den Raum balanciert.

«Eine Frage noch», wende ich mich halb im Spaß an sie. «Das Rezept …»

Sie fällt mir lachend ins Wort: «Gibt's nicht!»

Dann eben eine andere Frage: Wieso Beerdigungskaffee? Das Schild stamme aus den Anfangsjahren, erläutert Else. Damals habe sich das Lokal aus Mangel an Kunden vor allem mit Beerdigungsfeiern über Wasser gehalten.

Warum das Schild heute noch an der Fassade hängt? Die Frage liegt mir auf der Zunge – doch dann will ich es gar nicht mehr so genau wissen, schweige und nehme einen tiefen Schluck von meinem Bier. Manche Dinge ändert man eben nicht. Punkt.

REZEPT:

CURRYWURST
(für 4 Personen)

Zutaten
1 Dose Tomaten
200 g Tomatenmark
60 g Bratenfond

40 g Senf

750 ml Wasser

30 g Zucker

15 g Salz

1 EL Currypulver

1 EL scharfes Paprikapulver

1 TL Paprikapulver edelsüß

Muskat

4 Bratwürste

50 g Speisestärke

Zubereitung

1. *Alle Zutaten bis auf die Würste und die Speisestärke zusammen aufkochen lassen.*
2. *Stärke mit etwas Wasser verrühren und damit die Soße binden.*
3. *Würste mehrmals quer einschneiden und in einer Pfanne bei mittlerer Hitze 5–8 Minuten hellbraun braten.*
4. *Würste in Scheiben schneiden, mit reichlich Soße übergießen und mit etwas Currypulver bestreuen.*
5. *Currywürste mit Pommes frites servieren.*

Das Rezept stammt von Raimund Ostendorp vom Profi-Grill in Wattenscheid.

RHEINLAND-PFALZ:

SAUMAGEN MACHT DEN KOHL NICHT FETT

«HIER HABEN WIR HIRSE», SAGE ICH UND STELLE EINE SCHÜSSEL AUF DEN ESSTISCH. «Und in diesem Topf ist ein Gemüsecurry mit Cashewnüssen. Lasst es euch schmecken.» Ich schöpfe Hermann und seiner Ehefrau Judith je eine großzügige Portion auf den Teller. Die beiden greifen zum Besteck und löffeln drauflos – ohne ein Wort des Danks oder zumindest ein Lächeln. Ich bin leicht irritiert.

Wie stets auf meiner Reise habe ich auch in diesem kleinen Dorf an der Mosel meine Unterkunft über Couchsurfing arrangiert. Hermann – Mitte 40, kräftig, Nickelbrille, kaum mehr Haare auf dem Kopf – hat auf seiner Profilseite einen netten Eindruck gemacht. Außerdem gibt es hier im Westen von Rheinland-Pfalz zwischen Eifel und Hunsrück nicht gerade viele Couchsurfer, sodass ich froh bin, als er meine Anfrage annimmt und mich einlädt.

Als kleines Dankeschön habe ich heute eingekauft und ein Abendessen für meine Gastgeber gekocht. Es gibt Hirse mit Gemüsecurry: ein Gericht, das ich schon mehrfach für Couchsurfer zubereitet habe und das den Bekochten stets geschmeckt hat – oder zumindest waren sie so freundlich, das zu behaupten. Dabei ist mir Lob eigentlich nicht wichtig: Ich bin kein besonders eitler Koch – dazu sind meine Kochkünste viel zu jämmerlich. Aber über irgendein Zeichen der Anerkennung freue ich mich schon, wenn ich zwei Stunden in der Küche gestanden bin. Doch darauf warte ich diesmal vergeblich: Judith – ungleich jünger, ungleich dünner, ungleich hübscher als ihr Mann – kaut schweigend vor sich hin; und Hermann, der gerade von der Gartenarbeit kommt, hält einen Monolog über seine Grasallergie.

Als beide ihre Schüsseln zur Hälfte geleert haben, steht er plötzlich auf und sagt: «Ich gehe jetzt den Rasen fertig mähen.» Erstaunt blicke ich Hermann nach, wie er davoneilt. Gerade als ich mich wieder meinem Curry widmen will, erhebt sich auch Judith und verlässt ohne ein weiteres Wort den Raum. Ich esse schweigend weiter und warte – doch nichts passiert, niemand kommt zurück. Draußen wummert der Rasenmäher, aus dem Nebenzimmer höre ich das Klappern der Computertastatur. Nach einer Viertelstunde gebe ich auf: Ich räume meinen Teller in die Spülmaschine, ziehe mich zurück und rätsele über dieses seltsame Verhalten.

Denn im Grunde sind die beiden durchaus gastfreundlich: In ihrem hübschen Häuschen bekomme ich ein eigenes Zimmer, zur Begrüßung drückt mir Hermann ein Bier in die Hand, und am nächsten Tag bietet Judith mir an, mich in den Nachbarort zu fahren. Doch nicht zuletzt nach ihrer Flucht beim Essen werde ich das Gefühl nicht los, dass die zwei womöglich zu wenig unter Menschen gehen und daher leicht verschroben sind. Ein Eindruck, der sich noch festigen wird.

Dabei würde ich eigentlich am liebsten auf meinem Zimmer bleiben und lesen, doch das wäre wohl ebenso unhöflich wie der Auftritt der beiden zuvor. Also ringe ich mich dazu durch, etwa zwei Stunden später noch einmal das Wohnzimmer aufzusuchen.

«Ah, da bist du ja, setz dich doch zu uns», fordert mich Hermann auf. Ihre halbvollen Teller stehen inzwischen nicht mehr auf dem Tisch; und weder Hermann noch Judith erwähnen das Abendessen mit einem Wort. Schon zehn Minuten später wünsche ich jedoch inständig, sie täten es. Denn das wäre zweifellos unterhaltsamer als das Gesülze von Hermann, der so ausdauernd und pausenlos schwafelt, als wäre Schweigen oder gar Zuhören eine körperliche Qual für ihn. Was wiederum durchaus quälend für sein Publikum ist, denn Hermanns Geschichten sind genauso langatmig wie langweilig, vollkommen humorfrei und wirr. Eine Kombination, die in etwa so angenehm ist wie Migräneattacken. Und als wäre das nicht genug, wiederholt Hermann jeden zweiten Satz Wort für Wort – so als wollte er sichergehen, dass alle Anwesenden seinen verschlungenen Gedankengängen auch ja folgen können.

Seinen verbalen Rundumschlag beginnt Hermann im Irak und behauptet, dass das Leben dort unter dem Diktator Saddam Hussein für die Bevölkerung weit angenehmer gewesen sei als heute. Dazu sei angemerkt: Hermann war nie in dem Land und kennt keine Einheimischen, sondern bezieht sein Halbwissen aus den Medien. Diese allerdings würden in Deutschland nur Lügen verbreiten, setzt Hermann nach: «Die ganze Presse ist gleichgeschaltet, und fast alle Journalisten haben keine Ahnung von dem, worüber sie schreiben. Die haben alle keine Ahnung, denn die ganze Presse ist gleichgeschaltet.»

Während ich noch überlege, ob ich diese Bemerkung als Seitenhieb auf mich und mein Curry verstehen soll, nimmt sich Hermann die Demokratie vor. Diese Staatform, doziert er, sei für viele Länder völlig ungeeignet. «Völlig ungeeignet ist die für viele Länder», schiebt er im Duktus eines Papageis hinterher. Vielmehr bräuchten diese Länder eine Diktatur, denn die Mehrheit der Menschen sei nun mal auf klare Regeln und Ordnung angewiesen und von Meinungsfreiheit und derlei Hirngespinsten überfordert. Ich starre Hermann mit offenem Mund an. Doch er missversteht es offensichtlich als Aufforderung zum Weiterplappern: Die Amerikaner seien allesamt naiv und dumm und alle Frauen stutenbissig, was man sofort merke, sobald man ihnen gewisse Vollmachten erteile; und überdies hätten wir in Deutschland zu viele ungebildete Türken und Araber.

Ich habe inzwischen jegliche Kommentierung eingestellt und blicke verzweifelt in Judiths Richtung. Doch das stört Hermann wenig. Und so zieht er nun über die deutschen Behörden her – seiner Meinung nach ein einziger Hort der Idiotie und Schnarchnasigkeit. Zum Beweis erzählt er eine Handvoll Anekdoten, in denen unfähige Beamte ihn zunächst schikanieren, bevor er ihnen dank seiner Genialität ein Schnippchen schlägt.

Kurz vor Mitternacht brabbelt Hermann immer noch ohne erkennbare Zeichen von Ermüdung. Schlimmer noch: Mittlerweile ist Judith auf den Zug aufgesprungen. Wie ein geübtes Comedy-Duo spielen sich die beiden die Themen zu, überbieten sich in kruden Thesen und scheinen diesen Faselmarathon noch bis zum Morgengrauen durchstehen zu wollen.

Mir bleibt nur ein Ausweg: Mitten im Satz stehe ich ruckartig auf, stoße «Mann, ist das spät, ich muss morgen früh raus» hervor und verlasse den Raum, ohne mich umzublicken. Wenig später liege ich im Bett, doch der Hermann'sche Wortwasserfall rauscht immer noch durch meinen Kopf. So gut bis hervorragend ich mich bislang mit all meinen Couchsurfing-Gastgebern verstanden habe – so froh bin ich diesmal, dass ich schon morgen weiterreise.

Denn den eigentlichen Grund für meine Visite im Moseltal habe ich bereits heute Vormittag in Platten abgehakt. Ursprünglich stand dieser 900-Seelen-Ort nicht auf meinem Reiseplan, doch dann schrieb mir eine alte Klassenkameradin, von der ich seit Jahren nichts gehört hatte. Sie habe von meiner kulinarischen Reise erfahren und könne mir ein Gericht empfehlen, das sie im Urlaub in Rheinland-Pfalz gegessen habe: den Plattener Teufelsbraten. Nun habe ich zum einen eine Schwäche für Speisen mit mysteriösem Namen – siehe Teichelmauke, Schnüsch oder Mutzbraten. Zum anderen kommt mir eine weitere Essensstation zwischen Sauerbraten und Saumagen gerade recht, sodass ich umgehend nach Informationen zu diesem diabolischen Gericht suche.

Doch das gestaltet sich nicht so leicht, denn in Sachen Bekanntheit verhält sich der Teufelsbraten zum Döner wie Platten zu Berlin. So rufe ich kurzerhand direkt bei der Gemeinde an und bekomme einen Herrn Kohnen an den Apparat.

«Sehr gern helfe ich Ihnen weiter», antwortet er, nachdem ich mein Anliegen geschildert habe. «Kommen Sie einfach zum Weingut Bölinger, und ich sorge dafür, dass Sie dort alle Informationen zum Teufelsbraten erhalten und ihn auch probieren können.»

Völlig perplex bringe ich nur ein leises «Danke» über die Lippen: So komfortabel wurde mir bislang noch keines meiner Gerichte auf dem Silbertablett serviert. Auf der Website der Gemeinde suche ich nach dem Namen Kohnen, weil ich wissen will, in welchem Dezernat dieser freundliche Herr arbeitet. Dort folgt die nächste Überraschung: Alfons Kohnen ist der Ortsbürgermeister von Platten.

Vor unserem Treffen wandere ich durch den Ort – und sehe auf meinem 15-minütigen Spaziergang nicht einen Menschen. Keine Frage: Platten ist ein nettes Dorf inmitten von Weinbergen in einem Seitental der Mosel. Doch mit den größeren, ungleich charmanteren und direkt am Fluss gelegenen Orten wie Bernkastel-Kues oder Traben-Trarbach kann es in der Touristengunst nicht mithalten. Ob man deshalb auf den Teufelsbraten setzt?

Tatsächlich prangt der Beelzebub seit neuesten sogar im Logo der Gemeinde, wie mir Alfons Kohnen wenig später berichtet. Wir sitzen gemeinsam mit Luzia Bölinger im urigen Schankkeller ihres Weinguts. Vor mir steht ein Glas köstlicher Moselweißwein, der hier offenbar schon zur Mittagsstunde dazugehört. Alfons Kohnen trägt ein braunes Breitcordjackett, eine randlose Brille und entspricht dem Prototyp eines Bürgermeisters auf dem Land: freundlich, ruhig, immer um Harmonie bemüht und ausschweifenden Vorträgen nicht abgeneigt.

«Wir haben lange nach einem neuen Slogan für unsere Gemeinde gesucht», erzählt Kohnen. Kurzzeitig habe man aufgrund der geographischen Lage den Spruch favorisiert: «Platten – ein Ort, wo sich Wege kreuzen». Ich zucke innerlich zusammen: Mit dieser Holperkonstruktion hätte es die Gemeinde locker in die Top Ten der abstrusesten Ortsslogans geschafft, gleich hinter «Krefeld – Stadt wie Samt und Seide» und «Karlsruhe – viel vor, viel dahinter». Dann jedoch, fährt Kohnen fort, habe die Projektgruppe sich für «Platten – teuflisch gut» entschieden. Auch wegen des Teufelsbratens, schließlich sei das Gericht «ein echtes Alleinstellungsmerkmal» und beruhe auf einer 200 Jahre alten Sage. Damals nämlich hatte Platten noch keine eigene Pfarrei, weshalb die Einwohner zum Sonntagsgottesdienst ins vier Kilometer entfernte Altrich pilgern mussten. Der lange Marsch – und vielleicht auch die eine oder andere Predigt – war für die Plattener derart anstrengend, dass sie nach ihrer Rückkehr stets bei einem Wirt namens Däwel zum geselligen Umtrunk einkehrten. Daraus entwickelte sich der Spruch «bei de Däwel no Plaaten», also beim Teufel in Platten. Inspiriert von dieser Legende, habe das Plattener Urgestein Heinz Herges Anfang der achtziger Jahre den Teufelsbraten kreiert, erzählt Kohnen weiter. Dabei handelt es sich um ein Schweinenackensteak, das zwei Tage lang in eine Beize aus süßem Moselwein, Öl, Zwiebeln, Wacholderbeeren und einer speziellen Teufelsgewürzmischung eingelegt wird, ehe es auf den Grill kommt.

Den Vertrieb dieser Gewürzmischung habe inzwischen die Gemeinde übernommen, sagt der Ortsbürgermeister; ihre genaue Zusammensetzung sei selbstverständlich geheim. Traditionell kommt der Teufelsbraten bei Weinproben auf den Tisch und wird nur mit Brot, Essiggurke und den angebratenen Zwiebeln aus der Beize serviert. Nur ein Plattener Gasthof führt den Teufelsbraten auf der Speisekarte, und zwar als vollwertiges Gericht mit Bratkartoffeln. Da ich die Gemeinde jedoch außerhalb der Hauptsaison besuche, sei das Lokal momentan geschlossen, bedauert Kohnen. Aber glücklicherweise hat sich Luzia Bölinger bereit erklärt, für mich ihren Grill anzuschmeißen. Mit geübten Handgriffen brutzelt sie Fleisch und Zwiebeln, übergießt beides immer wieder mit der Marinade und stellt das Ergebnis wenig später vor uns auf den Tisch.

Neugierig schneide ich ein Stück vom Teufelsbraten ab und schiebe es mir in den Mund. Zur Süße des Weißweins gesellt sich eine angenehme, aber keinesfalls diabolische Schärfe. Unter den Gewürzen dominiert Pfeffer; außerdem meine ich Paprika, Chili und Knoblauch herauszuschmecken. Ich genehmige mir einen zweiten Bissen und trinke einen Schluck Wein hinterher – wir sind inzwischen beim Dornfelder angelangt, der mir sogar noch besser mundet als zuvor der Weißwein. Jetzt ein drittes Gläschen, und ich würde den restlichen Tag nicht ohne Ausnüchterungs-nickerchen durchstehen.

«Wir wollen den Teufel als Marke für Platten etablieren», kommt Kohnen noch einmal auf den neuen Werbeslogan zu sprechen. Dazu gehöre auch der Teufelsbraten. «Das soll uns touristisch nach vorn bringen», hofft der Ortsbürgermeister. Immerhin habe man bis heute mehr als 40 Zentner von dem Teufelsbratengewürz verkauft.

Ich versuche, diese Menge in Kilo umzurechnen – doch die Aufgabe ist zu viel für mein weinseliges Gehirn. Stattdessen greife ich erneut zum Dornfelder. Der Wein hat zwar meinen inneren Taschenrechner lahmgelegt, scheint dafür aber meine Kreativität zu beflügeln. Wie wäre es etwa, schießt es mir durch den Kopf, mit einem in Rotwein eingelegten Braten? Würde das nicht viel besser zum Teufel passen? Und welche Marketingchancen es da gäbe! So könnte Platten beispielsweise eine Kooperation mit den Fußballern aus dem nahen Kaiserslautern eingehen, die weithin als Rote Teufel bekannt sind. Im Gegenzug für Trikotwerbung würde die Gemeinde kübelweise Gewürzmischung an den Verein liefern, der dann wiederum den Teufelsbraten als Stadionimbiss anbieten könnte. «Zwei Bier, zwei Plattenbrötchen? Macht 6,50 Euro, bitte.» Vor meinem geistigen Auge sehe ich bereits das Logo: einen grinsenden Teufel im Kaiserslauterntrikot, der genüsslich ins Bratenbrötchen beißt. Feuerrot natürlich, schließlich haben der weltweite Siegeszug von Ketchup, einer großen Schnellimbisskette und eines noch größeren Brauseherstellers gezeigt, dass diese Farbe bei Konsumenten jegliche Geschmacksknospen und Kaufhemmungen betäubt.

Zufrieden leere ich mein Glas. Nicht umsonst vermuten die Lateiner im Wein die Wahrheit – in vino veritas. Im Geiste sehe ich den Plattener Teufelsbraten in einer Reihe mit Hamburger Labskaus, schwäbischen Maultaschen und Münchner Weißwürsten. Doch gerade als ich Alfons Kohnen meinen satanischen Marketingplan verraten will, erhebt sich der Ortsbürgermeister: Er müsse nun leider weiter, die Arbeit rufe. Verdattert schüttle ich ihm die Hand und verabschiede mich wenig später auch von Luzia Bölinger, ohne ein weiteres Wort über die roten und rosigen Aussichten des Teufelsbratens zu verlieren.

Zum Glück, denke ich noch am Abend erleichtert, nachdem sich der Weinnebel in meinem Kopf gelichtet hat. Denn was hätten die beiden Plattener nur von mir gedacht, wenn ich ihrem Teufelsbraten eine Weltkarriere prognostiziert hätte? Nein, diese zweifellos leckere, aber keinesfalls spektakuläre Speise wird es wahrscheinlich nie zu überregionaler Bekanntheit bringen. Dazu bräuchte es schon einen gewichtigeren Fürsprecher als nur den Teufel – so, wie ihn etwa das nächste Gericht auf meinem Speiseplan hatte.

Hier muss dem Altkanzler das Wasser im Mund zusammengelaufen sein, hier zwischen Steak und Salami, zwischen Bratwurst und Blutwurst. Und natürlich Aug in Aug mit dem Pfälzer Saumagen, denn der ist die Leibspeise von Helmut Kohl. Hier bei seinem

Stammmetzger in Wachenheim an der Weinstraße muss er das Pfälzer Nationalgericht geordert haben – vor staunenden Hausfrauen und ehrfürchtigen Hausmännern.

So male ich mir die Situation aus – bis mich Metzgermeister Klaus Hambel eines Besseren belehrt. «Nein, Helmut Kohl ist selbst nie in den Laden gekommen. Er hat immer im Auto gewartet und seinen Chauffeur zum Einkaufen geschickt, den Ecki Seeber.» Die Stammkunden aber hätten natürlich gewusst, wer da draußen in der Limousine hinter den Vorhängen sitze, erzählt Hambel. «Dann hieß es immer: Jetzt ist der Kohl da und kauft wieder Saumagen.»

Ecki Seeber hat sicher den Weg zur Metzgerei Hambel im Schlaf gefunden, doch ich muss erst eine Viertelstunde suchen, ehe ich das Geschäft im Wachenheimer Gässchengewirr entdecke. Dabei ist der Wein- und Urlaubsort im Osten der Pfalz mit seinen rund 4500 Einwohnern durchaus überschaubar. Doch ausgerechnet jene Metzgerei, die dank Helmut Kohl in der ganzen Republik bekannt ist, residiert nicht etwa an der Hauptstraße, sondern in einer schmalen Passage namens Hintergasse.

Erst als ich vor dem Laden stehe, habe ich Gewissheit: Ein Schild wirbt für «frischen Saumagen aus dem Kessel», an der Wand prangt die hölzerne Kopie eines Saumagens, und der gesamte Eingangsbereich ist zugepflastert mit Zeitungsausschnitten, Auszeichnungen sowie einer Weltkarte mit allen Orten, wo der Hambel'sche Saumagen bereits verspeist wurde – von Tokio bis Neuseeland.

Im Verkaufsraum begrüßt mich Klaus Hambel, Anfang 50, groß, schlank, ruhig, das Wesen ebenso sanft wie sein Pfälzer Dialekt. Mag er auch der bekannteste Metzger in Deutschland sein – Eitelkeit und Dünkel sind ihm vollkommen fremd. Vor mehr als 25 Jahren hat Hambel den elterlichen Betrieb übernommen und anfangs nur Leber-, Blut- und Bratwurst sowie Schwartenmagen hergestellt. Kurz darauf kamen Leberknödel und Saumagen dazu, doch bei diesen sechs Produkten ist es bis heute geblieben, sagt Hambel. «Wir machen lieber weniger – und das dafür gut.»

Aushängeschild und unumstrittener Star der Metzgerei ist jedoch der Saumagen, der parallel zum politischen Aufstieg Helmut Kohls zu einem Siegeszug auf den deutschen Esstischen antritt. Quasi im Alleingang hievt der schwergewichtige Pfälzer das Gericht in den achtziger Jahren aus den Fußnoten der großmütterlichen Kochbücher auf die kulinarische Weltbühne. Gorbatschow, Thatcher, Reagan und Mitterrand: Sie alle bekommen bei ihren Staatsbesuchen in der Bundesrepublik Saumagen vorgesetzt, vorzugsweise in Helmut Kohls Stammrestaurant, dem Schwarzen Hahn im Fünf-Sterne-Hotel Deidesheimer Hof. Und je öfter die Medien über des Kanzlers Leibspeise berichten, desto häufiger fragen auch die Touristen in der Pfalz nach dem Gericht mit dem klingenden Namen.

«Was Helmut Kohl ausgelöst hat, war unbezahlbar für uns», sagt Hambel. «Wer damals in seinem Fahrwasser auf Saumagen gesetzt hat, der konnte enorm profitieren.» Dazu gehörte auch seine Metzgerei, die jahrzehntelang direkt das Haus Kohl im nahen Ludwigshafen-Oggersheim belieferte. Und nicht nur das: 1992 tischte Hambel seinen Saumagen Spitzenpolitikern und Ökonomen beim Weltwirtschaftsgipfel in München auf; vier Jahre später servierte er die Pfälzer Spezialität sogar bei der UNO-Vollversammlung in New York. Und bis heute versorgt der Metzger zahllose Spitzenrestaurants und Feinkostläden mit seinem Saumagen.

«Aber jetzt sollten Sie erst mal eine Scheibe probieren, damit Sie wissen, wovon wir reden», sagt Hambel und führt mich in die helle, moderne Wurstküche. Dort steht bereits ein Topf mit heißem Wasser bereit, darin ein Thermometer sowie ein brotlaibgroßer Fleischballon. Dies also wird der erste Saumagen sein, den ich zwischen die Zähne bekomme. Die Spannung steigt.

Doch zuvor erklärt mir der Metzgermeister die Zubereitung: Der Magen eines Schweins werde nach dem Schlachten gereinigt und umgestülpt. Sind die Ausgänge zu Darm und Speiseröhre zugeknotet, wird durch eine dritte, künstliche Öffnung die Füllung in den Saumagen gepresst. «Sie besteht bei uns aus etwa 40 Prozent Schweinefleisch, 30 Prozent Brät und 30 Prozent Kartoffeln sowie Gewürzen», sagt Hambel. Anschließend werde auch die dritte Öffnung verschlossen und der Saumagen drei bis vier Stunden in 72 Grad warmem Wasser gegart.

Hambel hebt den etwa drei Kilo schweren Brocken aus dem Topf. Normalerweise schneidet man davon fingerdicke Scheiben ab und isst sie entweder gleich oder brät sie in der Pfanne an. Doch der Metzger trennt mit dem Messer zunächst nur einen schmalen, weißen Streifen vom Rand ab – ein Stück des tatsächlichen Schweinemagens. Ihn entfernen die meisten Esser wie eine Wurstpelle, bevor sie sich über den Inhalt hermachen. Doch Hambel hält mir das Magenstück hin und nickt aufmunternd: «Das sollten Sie auch probieren, bevor Sie den Rest essen.»

Ich zögere.

«Keine Angst, das schmeckt nicht schlecht. Ich esse das auch», sagt er und steckt sich zum Beweis ein Stück in den Mund.

Jetzt bleibt mir keine Wahl mehr: Ich nehme den Probierhappen, versuche seine Herkunft zu verdrängen und beiße hinein.

«Wenn man den Saumagen in der Pfanne anbrät, dann wird daraus eine leckere Kruste», höre ich Hambel sagen. Das mag schon sein – doch direkt aus dem Topf erinnert mich der Magen eher an die Gummisohle eines Turnschuhs.

Anders verhält es sich mit der daumendicken Scheibe ohne Rand, die mir der Metzger nach der Magenmutprobe reicht: Von der Konsistenz ähnelt die rosa Masse mit den Fleisch- und Kartoffelstücken dem bayerischen Leberkäse. Doch vom Geschmack ist der Saumagen noch würziger, außerdem frischer und fleischiger. Gar köstlich schmeckt die angebratene Variante, die ich tags darauf in einem Gasthof mit Kartoffelsalat und Senf essen werde. Hier hat der Saumagen eine angebräunte Kruste, die hervorragend mit dem saftigen Inneren zusammengeht.

Ich bin mir sicher: Würde jemand auf die Idee kommen, Saumagenscheiben im Brötchen an Schnellimbissen zu verkaufen – Hamburger, Döner und Co. müssten sich warm anziehen. Dabei spricht vieles dafür, dass der Saumagen ursprünglich nur ein Nebenprodukt an Schlachttagen war. Hatte man den Schinken gepökelt, den Bauchspeck geräuchert und die Würste gestopft, kamen die Fleisch- und Brätreste zusammen mit Kartoffeln und Gewürzen in den Schweinemagen. Der wurde dann tags darauf im Wasserbad erhitzt und gegessen. Die erste Erwähnung des Gerichts stammt übrigens aus dem 15. Jahrhundert, und zwar von einem päpstlichen Küchenmeister aus dem pfälzischen Bockenheim. Er riet dazu, den Saumagen mit Käse, Essig und Eiern zu füllen.

Diese Kombination sucht man in der Metzgerei von Klaus Hambel vergeblich. Dafür gibt es dort neben dem klassischen Saumagen auch Varianten mit Kastanien, mit Schafskäse oder mit Pfifferlingen sowie je nach Saison Saumagen mit Spargel, mit Feigen und Portwein oder mit Äpfeln, Pflaumen und Rum. Darüber hinaus hat der Metzger Saumagen im Blätterteig im Angebot. «Und das hier, das müssen Sie unbedingt auch noch probieren.» Hambel zeigt auf ein Blech mit Ravioli. «Das sind unsere Maultaschen mit Saumagen.»

Neugierig nehme ich eine, beiße hinein und bin sogleich verzückt. Diese zigarettenschachtelgroßen Teigtaschen müsste mein Saumagenschnellimbiss ebenfalls auf der Karte führen – als Snack für zwischendurch. Nur einen Haken hat die Idee: den Namen.

«Ja, das stimmt», räumt Hambel ein. «Leider schreckt das Wort Saumagen viele Menschen ab. Dabei wird der eigentliche Magen nur in den seltensten Fällen mitgegessen.» Und noch ein weiteres

Vorurteil will der Metzger aus der Welt räumen: «Saumagen ist kein schweres Essen. Wir lassen unsere Produkte alle zwei Jahre chemisch untersuchen, und der Fettanteil liegt nie über 5 Prozent.»

Zum Vergleich: Der bayerische Leberkäse bringt es auf bis zu 30 Prozent. Warum sich die Mär vom fettigen Saumagen dennoch so hartnäckig hält? Da schweigt Klaus Hambel vornehm. Doch auch er weiß: Der Körperumfang eines gewissen gewichtigen Expolitikers aus der Pfalz dürfte daran nicht unschuldig sein. Dabei lautet die Wahrheit: Saumagen macht den Kohl nicht fett.

REZEPT:

PFÄLZER SAUMAGEN[4]

Zutaten

500 g Schweinefleisch aus dem Schinkenstück der Keule[5]

900 g Schweinefleisch aus der Keule[6]

15 g Salz

900 g Kartoffeln (vorwiegend festkochend)

10 g Pfeffer

9 g Muskat

9 g Koriander

Majoran

gemahlene Nelken

900 g Schweineschulter[7]

4 Da man jeweils nur einen ganzen Saumagen zubereiten kann, wurde hier auf die Personenangabe verzichtet. Ein Saumagen macht bis zu zehn Esser satt.

5 Fleisch jeweils sehnen- und fettfrei zugeschnitten.

6 Fleisch jeweils sehnen- und fettfrei zugeschnitten.

7 Fleisch jeweils sehnen- und fettfrei zugeschnitten.

2 Eier
1 Schweinemagen

Zubereitung

1. *Fleisch aus dem Schinkenstück in 1,5 Zentimeter große Würfel schneiden.*
2. *Fleisch aus der Keule durch die grobe Scheibe des Fleischwolfs drehen.*
3. *Gewürfeltes und durch den Wolf gedrehtes Fleisch vermengen, mit 30 Gramm Salz würzen und über Nacht ziehen lassen.*
4. *Kartoffeln in 0,5 Zentimeter große Würfel schneiden und blanchieren. Restliche Gewürze zu den Kartoffeln geben.*
5. *Schweineschulter zweimal durch die feine Scheibe des Fleischwolfs drehen, danach mit Eiern vermengen.*
6. *Gewürzte Kartoffeln und feingemahlene Fleischmasse mit dem vorgesalzenen Fleisch gut mischen und abschmecken.*
7. *Masse in den Schweinemagen füllen und darauf achten, dass keine Luftlöcher entstehen. Schweinemagen gut zubinden.*
8. *Saumagen in 72 Grad warmem Wasser etwa 3,5 Stunden sieden lassen.*
9. *Etwa 1 Zentimeter dicke Scheiben vom Saumagen schneiden und nach Wunsch mit etwas Schmalz in der Pfanne anbraten. Mit Sauerkraut und Brot, Kartoffelpüree oder Kartoffelsalat servieren.*

Das Rezept stammt von Metzger Klaus Hambel aus Wachenheim.

Saumagen macht den Kohl nicht fett

SAARLAND:

WENN SCHWENKER SCHWENKER SCHWENKEN

**MIT QUIETSCHENDEN REIFEN KOMMT DER WEISSE SPORT-
WAGEN ZWEI ARMLÄNGEN NEBEN MEINEM RUCKSACK ZUM
STEHEN.** Langsam fährt das getönte Beifahrerfenster herunter,
und noch ehe ich irgendetwas im Autoinneren erkennen kann,
höre ich eine Marlene-Dietrich-Stimme – mit bleischwerem
osteuropäischem Akzent: «Du hast aber hübsche Augen, mein
Kleiner.» Ich blicke in eine schwarze Sonnenbrille mit untertas-
sengroßen Gläsern und bin so perplex, dass ich kein Wort her-
ausbringe. «Na komm, steig schon ein», fordert mich die Dietrich
auf – und grinst. «Ich tu dir nichts.»

Immer noch irritiert, öffne ich den Kofferraum und verstaue
meinen Rucksack neben einer eleganten Tennistasche. Sekunden
später jagen wir bereits über die Autobahn in Richtung Saarland.
Dies wird einer der angenehmsten Anhaltertage meiner Reise
sein, was auch an der Dietrich liegt, die eigentlich Ludmilla heißt
und aus Russland kommt. Sie dürfte Anfang 40 sein, hat lange,
braune Haare und ein hübsches Gesicht – soweit sich das angesichts dieser maskenartigen Sonnenbrille überhaupt beurteilen
lässt.

Ludmilla – schweres Parfüm, schwerer Goldschmuck, leichtes
Wesen – lebt seit zehn Jahren in Deutschland, arbeitet als Kran-
kenschwester in Luxemburg und erweist sich als äußerst angenehme Gesprächspartnerin. Angeregt unterhalten wir uns fast
die komplette Fahrt über Deutschland («Dieses Land ist mir zu
langweilig, zu wenig international. Deshalb arbeite ich in Luxemburg»), über die russische Küche («Alle denken, Borschtsch wäre
typisch russisch. Dabei stammt das Gericht aus der Ukraine»)
und Essen im Allgemeinen («Gutes Essen verschafft mir Glücks-

gefühle. Deshalb verstehe ich nicht, warum so viele Deutsche so geizig sind, wenn es ums Essen geht»).

Ich habe mich kaum von Ludmilla verabschiedet, da nimmt mich auch schon ein Winzer mit, der aus dem Stand ein kurzweiliges Referat über den Weinanbau an Saar und Mosel hält. Nicht mehr als zwei Sätze zur Begrüßung spricht hingegen eine Friseurin Anfang 20, die mich anschließend schweigend bis nach Saarlouis fährt. Dafür dreht sie eine CD mit Liedern von Bob Dylan und mir unbekannten Rocksongs auf – eine mehr als willkommene Abwechslung zum nervtötenden Radiobrei, den meine Ohren in den meisten Autos erdulden müssen.

In Saarlouis warte ich erneut nur wenige Minuten, ehe ein roter Oldtimer-Volvo neben mir stoppt. Durchs offene Beifahrerfenster lächelt mich Alain Delon an und spricht mit feinem saarländischen Akzent: «Du willst nach Saarbrücken? Da kann ich dich mitnehmen.» Zum Schauspielergesicht trägt er Lederjacke und einen vollen, braunen Haarschopf. Ich würde wetten, dass er Gitanes-Zigaretten raucht, zum Frühstück Rotwein trinkt und schon jeder zweiten Saarländerin das Herz gebrochen hat.

Auf dem Weg in die Landeshauptstadt erzählt mir der Saar-Alain – er ist natürlich Arzt – viel Interessantes über seine Heimat und die Küche der Region. Hoorische müsse ich probieren, schwärmt er mir vor, das seien Klöße aus rohen Kartoffeln, die meist mit Sauerkraut und Sahnesoße auf den Tisch kämen. Außerdem Geheirade, ein Gericht aus Mehlklößen und Kartoffeln. Und natürlich Lyoner, die Wurst des Saarlandes, am besten gegrillt. Zudem legt mir Dr. Delon nachdrücklich einen Besuch der Völklinger Hütte ans Herz, eines stillgelegten Eisen- und Stahlwerks unweit von Saarbrücken. Am nächsten Tag werde ich seinen Rat befolgen und mehrere Stunden lang staunend durch das weitläufige Industriedenkmal spazieren, das von der UNESCO zum Weltkulturerbe ernannt wurde.

Heute aber fährt mich der rote Volvo zum Saarbrücker Hauptbahnhof, wo ich fast ein wenig enttäuscht bin, dass diese abwechslungsreiche Anhalterreise nun schon endet. In der Landeshauptstadt steht als Erstes Dibbelabbes auf meinem Speiseplan – eine Kartoffelspeise, deren Wortklang allein schon der Inbegriff des Saarländischen ist. Man spricht den Namen dieses Gerichts so butterweich aus, wie der Dialekt generell daherkommt: Da wird «ich» zu «isch», «etwas» zu «ebbes», «Kartoffel» zu «Grommbeer» und die Sprechmelodie in die Länge gezogen, als wäre sie ein Kaugummi. Nirgendwo sonst auf meiner Reise habe ich so große Probleme, die Mundartsprecher zu verstehen, wie im Saarland. Doch zugleich bereitet mir kein anderer Dialekt ein solch großes Hörvergnügen wie der entspannt-plätschernde Singsang an der Saar. Und das, obwohl mich jeder Saarländer an Oskar Lafontaine erinnert, sobald er den Mund aufmacht.

Auch Dibbelabbes entstammt dem saarländischen Dialekt und setzt sich aus den Wörtern für Topf («Dibbel») und Masse («Labbes») zusammen. Gemeint ist damit die traditionelle Art der Zubereitung: Bei Dibbelabbes kommt eine Masse aus rohen, geriebenen Kartoffeln mit Lauch, Speck und Ei in einen gusseisernen Topf und wird im Backofen gegart. Das Ergebnis ist eine Art Kartoffelpufferkuchen, der meist mit Apfelmus oder Endiviensalat gegessen wird. Das Gericht ist typisch für die saarländische Küche, die früher die Arbeiter in den Kohlengruben und auf den Feldern ernähren und daher zugleich deftig und kostengünstig sein musste.

Ich habe von Dibbelabbes erstmals in einem Kochbuch gelesen, das den herrlichen Titel trägt: «Hauptsach gudd gess» – was quasi das saarländische Landesmotto ist. Doch nicht nur deswegen ist mir Saarbrücken sofort sympathisch, als ich am Tag nach meiner Ankunft durch die Stadt schlendere. Zwar lassen sich die eigentlichen Sehenswürdigkeiten an einer Hand abzählen, doch erstens strahlt die Sonne vom Himmel; zweitens sind alle Saarländer, die ich treffe, herzerfrischend fröhlich, freundlich und immer für einen Schwatz zu haben; und drittens verfügt Saarbrücken durchaus über charmante Ecken – besonders rund um den Sankt-Johanner-Markt, wo sich in engen Gassen urige Lokale, Cafés und Boutiquen aneinanderschmiegen. So auch das La Bastille, dessen Dibbelabbes mir die Dame in der Touristeninformation ans Herz gelegt hat.

In der engen, aber gemütlichen Gaststätte begrüßt mich die Inhaberin Inge Grolier. «Eines sage ich Ihnen besser gleich», beginnt sie unser Gespräch, noch bevor wir uns überhaupt an den Tisch gesetzt haben. «Das Rezept für unser Dibbelabbes verrate ich Ihnen nicht. Das ist wie bei Coca-Cola – zwei unserer Zutaten bleiben geheim.»

Ich muss an meinen Besuch im Aachener Sauerbratenpalast denken: Auch dort wollte mir Else Lenz das Rezept für ihren legendären Sauerbraten partout nicht verraten. Dabei hat das elegante La Bastille hier in Saarbrücken mit dem rustikalen Sauerbratenpalast in etwa so wenig gemein wie eine Edelboutique mit einem Secondhandladen. Und auch Inge Grolier ist wohl kaum mit der jovialen und geselligen Else Lenz zu vergleichen: «Mein Reich ist die Küche», sagt die Inhaberin des La Bastille. «Um die Gäste kümmert sich mein Mann.» Der ist übrigens Franzose, sie selbst stammt aus der Pfalz – nicht unbedingt die besten Voraussetzungen, um im Saarland ein Lokal zu betreiben. Schließlich pflegen die Nachbarländer eine innige Rivalität. Und doch sind die Groliers im Saarbrücker Gastroleben eine feste Größe: Zunächst betrieben sie 16 Jahre lang die Bierbrezel – ein bayerisches Restaurant, in dem knapp 2000 Brezeln von der Decke hingen. 1991 vollzog das Ehepaar dann eine 180-Grad-Wende und eröffnete das La Bastille mit regionaler Spezialitätenküche.

«Wir wollten etwas machen, das es woanders nicht gibt», erzählt Grolier, «und so sind wir auf Dibbelabbes gestoßen.» Das saarländische Traditionsgericht war damals fast von den Speisekarten verschwunden, auch weil es für Gaststätten zu aufwendig in der Herstellung war. Denn im Restaurantbetrieb wäre die traditionelle Zubereitung im Backofen unpraktikabel und würde zu viel Zeit in Anspruch nehmen. «Deshalb braten wir jede einzelne Portion frisch in der Pfanne», erklärt Grolier. «Das dauert knapp eine halbe Stunde.» Im Gegensatz zur Backofenvariante muss das Dibbelabbes in der Pfanne beständig gewendet werden. Nur so bilden sich auf allen Seiten kleine Krüstchen. Maximal zwei Portionen passen im La Bastille in eine Pfanne, «und so kann es schon mal sein, dass man bei uns eine Stunde auf sein Dibbelabbes wartet», sagt Grolier. Vielleicht auch deshalb sei der Betrieb anfangs nur schleppend gelaufen, doch inzwischen mache das Gericht – wahlweise mit Apfelmus, Salat oder Lachs serviert – mehr als die Hälfte aller Bestellungen aus.

Ich habe inzwischen genug gehört und überlege, wie ich elegant die Kurve zu meiner Bestellung kriege, da steht Inge Grolier abrupt auf. «Ich muss jetzt leider weg, ich habe einen Arzttermin. Wenn Sie noch Fragen haben, dann wenden Sie sich an meinen Mann.» Sie nickt in Richtung eines kleinen Herrn mit kurzen, grauen Haaren, die Brille auf die lichte Stirn geschoben, der sich gerade mit zwei Tellern in der Hand gewandt zwischen den Tischen hindurchschlängelt.

Mein Magen bettelt mittlerweile lautstark um Nahrung – und doch komme ich nicht umhin, eine geschlagene Viertelstunde lang zu beobachten, wie Victor Grolier durchs Restaurant eilt und zugleich eine souveräne Gelassenheit ausstrahlt; wie er für jeden Gast ein paar Worte übrig hat und dennoch nie aufdringlich ist; wie er hier einen Wein empfiehlt und dort eine Vorspeise anpreist; wie er hier Neuankömmlinge mit einer Anekdote begrüßt und dort Geschäftsleuten einen Schokokuss zum Abschied reicht. Im Stil eines Dirigenten bestimmt er den Takt in seinem

Lokal und erfüllt die Wünsche der Gäste, noch bevor diese sie überhaupt ausgesprochen haben. Wenn es den Beruf des Gastwirts noch nicht gäbe – für Menschen wie Victor Grolier müsste er erfunden werden.

«Das Dibbelabbes brutzelt schon in der Küche», wendet sich der Wirt plötzlich an mich, während er den Nebentisch abräumt. Seine Stimme ist ein überraschend heller Mischmasch aus französischem Akzent mit saarländischem Einschlag. Noch bevor ich antworten kann, ist er verschwunden – nur um im nächsten Moment erneut neben mir zu stehen. «Schauen Sie mal hier», sagt er und legt einen Zeitschriftenartikel auf den Tisch. «Der Gastrokritiker vom Stern war auch schon bei uns. Der Reporter war richtig gut, der hätte fast erschmeckt, was unsere beiden Geheimzutaten im Dibbelabbes sind. Eine hat er getroffen. Mal sehen, ob Sie's rauskriegen.»

Ich suche nach einer passenden Antwort, doch da ist Grolier schon beim nächsten Thema. Offensichtlich gehört er zu jenen Menschen, die mühe- und pausenlos von Gedanke zu Gedanke springen – ohne Rücksicht auf Logik und Zuhörer. «Ich bin ein Menschenkenner. Ich sehe, wenn einer reden oder lieber seine Ruhe haben will. Meine Tochter war jetzt in Frankreich im Urlaub, in Paris, in einer Ferienwohnung und nicht im Hotel. In Deutschland fehlt mir oft die Wertschätzung fürs Essen. In Frankreich ist das anders, da sehen die Leute im Restaurant nicht auf den Preis. Einige Kollegen hier in Saarbrücken, die haben Mittagsgerichte für 5,80 Euro auf der Karte. Ich frage die immer: Wie könnt ihr euch das nur leisten? Die sagen dann: Die Masse macht's – aber ich will gar nicht wissen, was die in ihr Essen tun.»

Noch während ich überlege, was die urlaubende Tochter in diesem Wortschwall zu suchen hat, zaubert Grolier einen Teller hervor. «Ihr Dibbelabbes mit Apfelmus, guten Appetit.» Es wird sein letzter Satz für die kommende halbe Stunde sein – als ahnte er, dass ich Konversation zum Essen so dringend brauche wie Ketchup zu Spaghetti. Wortlos stellt er nach fünf Minuten ein Glas Wein neben meinen Teller: weiß und lieblich, also genau so, wie ich ihn nicht mag. Dennoch mundet er in der Kombination mit dem Dibbelabbes vorzüglich – was ich bei Grolier nicht anders erwartet habe. Und auch das Dibbelabbes ist ein Geschmacks-erlebnis: Der handtaschengroße Kartoffelberg ist von einer feinen Kruste durchzogen. Dörrfleisch und Lauch geben dem Gericht eine salzig-herbe Note, die wunderbar mit dem süßen Apfelmus kontrastiert. Das Geheimnis sind jedoch die Kartoffeln, wie mir Grolier verrät: «Die müssen so mehlig wie möglich sein.»

Und die beiden Geheimzutaten? Er blickt mich gespannt an. Ich zucke ratlos mit den Achseln.

«Na ja, vielleicht beim nächsten Mal», sagt Grolier gönnerhaft, klopft mir auf die Schulter und vollführt dann noch eine Gedan-kenpirouette. «Mein Traum wäre so eine Art McDonald's für Dib-belabbes – das Dibbelabbeshaus. Nicht hier, sondern irgendwo anders. Mal schauen, ich bin zwar nicht mehr der Jüngste, aber wenn sich da was ergibt …»

Wie er das Fast-Food-Konzept mit der halbstündigen Zube-reitung von Dibbelabbes in Einklang bringen will? Ich stelle die Frage ins Leere. Denn Grolier steht schon am nächsten Tisch, beim nächsten Plausch, beim nächsten Themenslalom. Und so verlasse ich dieses in jeder Hinsicht köstliche Lokal und winke dem Wirt zum Abschied noch einmal satt und sehr zufrieden zu.

Am gleichen Abend wartet ein weiterer Leckerbissen auf mich, ohne den ein kulinarischer Saarlandbesuch nicht komplett wäre. Denn nirgendwo sonst in Deutschland – nicht mal in der Pfalz, der Heimat des Saumagens – identifizieren sich die Einwohner einer Region so stark mit einem Gericht wie die Saarländer mit ihrem Schwenkbraten. Oder wie man hier reimt: «Der Mensch denkt, Gott lenkt, und der Saarländer schwenkt.»

Dabei – und für diese Bemerkung droht mir wahrscheinlich lebenslanges Einreiseverbot ins Saarland – ist ein Schwenkbraten im Grunde nichts anderes als ein mariniertes Stück Schweinefleisch, das über einer Feuerstelle gegrillt wird. Einziger Unterschied zum gewöhnlichen Grill: Der Rost hängt an einem Dreibein und schwingt frei beweglich, wodurch die Hitze gleichmäßiger an das Fleisch gelangen soll.

Von besonderer Bedeutung für Saarländer scheint dabei eines zu sein: Die Vokabel «Schwenker» bezeichnet sowohl den Grill als auch das Fleisch, als auch den Grillmeister. Was ich noch nicht weiß, als die Frau in der Touristeninformation mir verschwörerisch zuraunt: «Wir im Saarland sagen: Der Schwenker schwenkt den Schwenker auf dem Schwenker.»

Ich nicke freundlich und überlege kurz, ob ich sie nach ihrem morgendlichen Alkoholkonsum fragen soll, entscheide mich dann aber dagegen und verlasse sicherheitshalber den Raum. Meine Verwirrung wird noch größer, als mir nacheinander meine Couchsurfing-Gastgeberin, ihr Mitbewohner und ein fremder Mann in der Straßenbahn denselben Satz entgegenschleudern: Der Schwenker schwenkt den Schwenker auf dem Schwenker. Im Saarland scheint das ein quasireligiöser Gebetsvers zu sein.

Ein echter Schwenker schwenkt seinen Schwenker übrigens vorzugsweise auf einem Schwenker Marke Eigenbau aus ausrangierten Zeltstangen oder Edelstahlrohren vom Fachhändler. Dennoch dürfte die Konstruktion von Klaus-Günter Koch einmalig sein, in dessen Schwenkgrill Bauteile eines Fahrrads und eines Mercedes stecken sowie der Motor eines Betonmischers. Ein Druck auf den Knopf, und der Rost setzt sich in Bewegung; mit leisem Quietschen schaukelt er die dicken Fleischscheiben durch das Buchenholzfeuer, von links nach rechts und wieder zurück. «Den habe ich 1978 selbst gebaut», sagt Koch, während er mit einer Grillgabel eine Handvoll neue Steaks auf den Rost legt. «Und seitdem läuft er ohne Murren.»

Klaus-Günter Koch ist gewissermaßen der Franz Beckenbauer des Schwenkens: Seit 1975 steht er mitten in seiner Saarbrücker Bauernstube am offenen Grill und brutzelt vor den Augen der Gäste Schwenkbraten. Kein Wunder, dass mir beim Betreten der Gaststätte sofort der feine Geruch von gebratenem Fleisch und verbranntem Holz in die Nase steigt – und das, obwohl Koch seinen Grill noch nicht einmal angeworfen hat. «Ich weiß gar nicht, ob man heute noch eine Erlaubnis für so einen Grill mitten im Restaurant bekommen würde», sagt er. «Aber bei uns gehört das einfach dazu. Die Gäste sollen sehen und riechen, wie ihr Essen zubereitet wird.»

Anfangs kamen in der Bauernstube nur traditionelle Schweineschwenker auf den Rost, inzwischen bietet Koch auch Lammfleisch, Rind und Geflügel an. «An sechs Tagen in der Woche stehe ich sechs Stunden lang am Grill – das ganze Jahr über», sagt Koch. Und am siebten, dem Ruhetag der Bauernstube? «Da kann ich kein Fleisch mehr sehen», sagt er lachend. «Deshalb bin ich wohl der einzige Saarländer, der keinen Schwenkgrill in der Garage hat. Und wenn wir irgendwo zum Schwenken eingeladen sind, dann gehe ich aus Prinzip nicht mit.»

Dabei hat sich Koch – Anfang 60, schwarzer Grillkittel, Physiklehrergesicht – so ausgiebig mit dem saarländischen Mythos beschäftigt wie sonst kaum jemand. «Diese Art des Grillens soll aus Südamerika über Idar-Oberstein zu uns gekommen sein», erzählt Koch. Er hat im Laufe der Jahre von der richtigen Schichtung des Buchenholzes über die Marinade bis hin zur Geschwindigkeit des Schwenkens nahezu alles ausprobiert. Nur eine Frage bringt auch den Schwenk-Kaiser ins Grübeln. «Wieso das Schwenken ausgerechnet bei uns im Saarland so populär ist?», wiederholt er und hält kurz inne. «Vielleicht, weil wir hier sehr gastfreundlich sind und gern andere Leute einladen. Außerdem ist das Schwenken eine Tradition, und wir Saarländer pflegen unsere Bräuche. Das ist ein Stück weit unsere Identität.» Mit einem Grinsen fügt er hinzu: «Oder anders ausgedrückt – mit einem Pfälzer würde kein Saarländer grillen.»

Wenig später liegt ein Exemplar des sagenumwobenen Schwenkbratens vom Koch'schen Betonmischergrill auf meinem Teller. Daneben ein paar Kartoffelschnitze und etwas Grillgemüse – die Beilagen sollen keinesfalls vom Star des Gerichts ablenken. Das Fleisch ist etwa daumendick und sieht aus wie ein gewöhnliches Stück Schweinerücken, das bis eben auf dem Rost gebrutzelt hat.

Ich schneide ein Stück ab, schiebe es in den Mund und kaue. Das Buchenholzaroma ist unverkennbar, dazu kommen ein Hauch von Zwiebeln und Knoblauch sowie eine deutliche Pfeffernote, wenngleich der Eigengeschmack des Fleisches dominiert. Den Garpunkt hat Koch perfekt getroffen. «Früher habe ich Nadeln verwendet, um den richtigen Zeitpunkt festzustellen», hat er mir erzählt. «Inzwischen habe ich das im Gefühl.» Kurzum: Der Schwenkbraten ist delikat – und doch bleibt mir auch nach dem letzten Bissen das ganze Brimborium um das Gericht suspekt. Denn zumindest meinen Geschmacksknospen nach zu urteilen, hätte dieses zweifelsfrei leckere Stück Fleisch ebenso von einem schnöden Grill stammen können.

Vielleicht muss man einfach als Schwenker aufgewachsen sein, um den Mythos des Schwenkers auf dem Schwenker nachzuvollziehen, denke ich anderntags, als ich um sieben Uhr morgens meinen Daumen in die Luft recke. Ich stehe an einer gutfrequentierten Ausfallstraße mit Standstreifen, die auf die Autobahn führt – ein idealer Anhalterplatz. Vor mir liegen weniger als 190 Kilometer über Homburg, Kaiserslautern und Mainz bis nach Frankfurt am Main, dem nächsten Ziel meiner Reise. In den vergangenen 75 Tagen haben mich 83 Fahrer stolze 3300 Anhalterkilometer mitgenommen – da sollte dieser Trip nicht mehr als eine Fingerübung sein.

600 Autos und zwei Stunden später habe ich nicht nur meine Zuversicht verloren, sondern meine Schweißdrüsen auch jegliche Zurückhaltung. Denn ausgerechnet heute ist der erste richtig heiße Tag des Jahres – doch meine Laune fällt im Gegensatz zur stetig steigenden Außentemperatur. Will heißen: Während mein Gemütszustand im Permafrost bibbert, brennt die Sonne unbarmherzig vom Himmel. Wo stecken nur die hilfsbereiten Saarländer, die mir bislang so viel Freude bereitet haben? Da endlich stoppt ein Wagen: Wieder ist es eine Russin, die anbietet, mich bis nach Neunkirchen zu fahren. Ich werfe einen flüchtigen Blick auf meine Karte, entdecke den Ort etwa 25 Kilometer nördlich von Saarbrücken und steige ein. Es ist der Startschuss zu einer Reise in die Anhalterhölle.

Zunächst gabelt mich nach nur einer halben Stunde ein Malermeister an der Autobahnauffahrt auf, an der mich die freundliche Russin abgesetzt hat. «Hier stehst du schlecht. Am besten, ich nehme dich ein kurzes Stück mit», bietet er mir an, und ich klettere in seinen Kastenwagen. Erst viel später wird mir jene Frage in den Sinn kommen, die ich Anhalterexperte Ralf Platschkowski vom Verein Abgefahren e.V. zum Abschluss unseres Interviews gestellt habe: Was ist der größte Fehler, den man als Anhalter begehen kann? «Auf seine Fahrer hören», hat Ralf damals geantwortet. «Die werden dir nämlich alles Mögliche empfehlen, was du jedoch freundlich ablehnen solltest. Denn in der Regel weißt du selbst am besten, wohin du willst und wo du dich hinstellen solltest.»

Das bestätigt sich auch in diesem Fall: Mitten auf der Autobahn steigt der Malermeister plötzlich auf die Bremse und zieht rechts ran. «Ich lasse dich hier auf dem Standstreifen raus, da hält sicher jemand», schlägt er vor. Es ist offenbar kein Witz, sondern ernst gemeint, und jagt mir eine Extradosis Adrenalin ins Blut. Mitten auf der Autobahn? Das ist in etwa so clever wie ein Anhalterschild mit der Aufschrift: «Mörder sucht Mitfahrgelegenheit».

Ich verkneife mir einen entsprechenden Kommentar und presse stattdessen eilig hervor: «Nein, nicht hier, lieber an der nächsten Ausfahrt.» Dankenswerterweise erfüllt mir der Malermeister diesen Wunsch, doch damit werden meine Probleme nicht weniger. Denn jene Autobahnauffahrt, an der ich nun stehe, ist eng und unübersichtlich, weit und breit gibt es keine Möglichkeit zum Anhalten. Mittlerweile bin ich seit drei Stunden unterwegs, immer noch im Saarland, und meine Gesichtsfarbe ähnelt der einer überreifen Tomate. Sonnencreme? Ja, das wäre nicht schlecht. Ebenso wie eine kurze Hose. Stattdessen habe ich dicke Socken und eine lange Unterbuxe im Rucksack – sowie ein Zelt, das noch immer nicht zum Einsatz gekommen ist.

Immerhin entdecke ich nach einem kurzen Fußmarsch eine Tankstelle, an der ich meine Nerven mit einer ganzen Tagesration an Zucker und Fett beruhige. Genauer gesagt: mit einem unterarmlangen Schokoriegel sowie einem Liter brauner Brause. Derart gestärkt, wage ich etwas, das ich bislang auf meiner Reise noch nie versucht habe: Ich spreche tankende Autofahrer direkt an und frage, ob sie mich ein Stück auf der A6 in Richtung Kaiserslautern mitnehmen können. Die Resonanz ist überraschend positiv, doch es gibt einen Haken: Kein Einziger von ihnen fährt auf die A6; stattdessen wollen alle auf die A8, die nach Süden führt. Erst jetzt entdecke ich auf der Karte: Meine Entscheidung, mit der Russin nach Neunkirchen zu fahren, war reichlich unklug. Denn auf diesen Weg dürfte sich kaum ein Autofahrer verirren, der von Saarbrücken in Richtung Frankfurt will.

Eine Stunde voller Selbstanklagen später habe ich genug und schmiede einen neuen Plan: Über die Landstraße will ich mich am Autobahnkreuz vorbei bis nach Homburg durchschlagen, um dort auf die A6 zu gelangen. Also stapfe ich los und suche am Straßenrand einen Baum, ein Bushaltehäuschen oder irgendetwas, das mir Schatten spenden könnte – vergeblich. Und so warte ich zwei weitere Stunden in der prallen Sonne, während Auto um Auto an mir vorbei- und Schweißtropfen um Schweißtropfen an mir hinunterrollen. Ob ich dem vermaledeiten Saarland jemals entfliehen werde?

Entkräftet lasse ich den Daumen sinken – doch da hält plötzlich ein Taxi neben mir. Zwei wirr zuckende Augen blicken mich an: «Steig ein! Schnell, steig ein!», ruft eine schrille Stimme.

Wortreich versuche ich zu erklären, dass ich per Anhalter reise und mir daher kein Taxi leisten will. Aber mitten im zweiten Satz unterbricht mich der Fahrer unwirsch: «Steig endlich ein!»

Erst jetzt mustere ich die Gestalt hinter dem Lenkrad genauer: Der Fahrer erinnert mich an Murdock aus der Achtziger-Jahre-Fernsehserie *Das A-Team*. Er sieht also aus wie ein Geisteskranker aus dem Lehrbuch. Doch in einer Mischung aus Verzweiflung, Resignation und Sonnenstich steige ich zu ihm in das Taxi und ergebe mich meinem Schicksal.

Tatsächlich wird die folgende Viertelstunde zur abenteuerlichsten meiner gesamten Reise. Denn obwohl ich dank des tief saarländischen Dialekts des Fahrers nur die Hälfte verstehe, wird mir schnell klar: Im Vergleich zu diesem Mann ist Murdock die Geistesklarheit in Person. In einem tolldreisten Monolog springt er von niveaulosen Schwulenwitzen über seine Erlebnisse beim Gruppensex und seine Spielsucht bis zu seinen Erfahrungen im Gefängnis.

«Einmal, da hab ich's wild mit zwei Nymphomaninnen getrieben», beginnt der Saar-Murdock völlig unvermittelt und fletscht die Zähne zu einem tonlosen Hyänenlachen. Er dreht sich zu mir und starrt mich mit aufgerissenen Augen an, die Pupillen so groß wie Zwei-Euro-Stücke. «Zwei Nymphomaninnen, Mann!», japst er. «Da wusste ich gar nicht, welche von beiden ich zuerst bedienen soll.» Es folgt eine ebenso derbe wie detaillierte Beschreibung der primären Geschlechtsorgane beider Frauen sowie der angewandten Sexpraktiken – und das in einem Tonfall, als berichtete er vom letzten Familienausflug.

Verstört rutsche ich tiefer in den Sitz, denn der Saar-Murdock lässt sich von seiner eigenen Erzählkunst derart mitreißen, dass er darüber jegliche Verkehrsregeln vergisst. «Gerade als ich mit den beiden Nymphomaninnen fertig bin, klingelt es an der Tür», fährt er fort, während wir mit 90 Stundenkilometern durch eine geschlossene Ortschaft brettern. «Ich zieh mir also einen Bademantel an, geh zur Tür. Und wer steht da?» Erneut dreht er sich ruckartig zu mir, vergisst offenbar das Lenkrad in seinen Händen, und im nächsten Moment schlingert das Taxi auf die Gegenfahrbahn. «Zwei Polizisten stehen da! Die meine Wohnung durchsuchen wollen», erzählt er ungerührt weiter. «Keine fünf Sekunden später stehen die Polizisten also bei mir im Zimmer. Und was sehen sie da? Die beiden Nymphomaninnen! Wie sie mit ihren Gummischwänzen in der Hand bei mir im Bett liegen.» Murdocks Blick klebt schon wieder auf mir, er gackert wie ein aufgeregtes Huhn: «Kannst du dir vorstellen, wie sich die zwei Polizisten halb totgelacht haben?»

Ich weiß immer noch nicht so recht, ob ich mit ihm lachen oder mich fürchten soll. Doch da setzt der Saar-Murdock bereits zur nächsten Geschichte an: «Damals im Gefängnis mussten wir immer gemeinsam zum Duschen …» Plötzlich klingelt sein Handy. Murdock angelt es aus seiner Jeansweste und ist mit einem Schlag wie ausgewechselt. «Ja, bitte?» Der irre Unterton ist verschwunden, stattdessen klingt er erstaunlich seriös. «Ja, ich bin sofort da.»

Er beendet das Gespräch und setzt gleichzeitig – ohne einen Blick in den Rückspiegel – zur Vollbremsung an. Das Taxi schlittert an den Straßenrand und kommt zum Stehen. «Du musst aussteigen!», herrscht er mich an. «Sofort!» Mit der rechten Hand greift er an mir vorbei und öffnet die Beifahrertür. Immer noch perplex, aber auch etwas erleichtert klettere ich aus dem Auto und drehe mich um. Murdock hat wieder sein irres Hyänengrinsen aufgesetzt, es reicht von Ohrläppchen zu Ohrläppchen. «Einen Tipp gebe ich dir, mein Junge», ruft er mir zum Abschied zu. «Im Leben musst du immer voll drufff! Verstehste? Voll drufff!»

Und während ich noch über den tieferen Sinn dieser Weisheit grüble, braust das Taxi auch schon mit quietschenden Reifen davon. Fassungslos blicke ich dem Wagen hinterher und kann ein Grinsen doch nicht unterdrücken. Denn auch wenn mein Körper sich inzwischen anfühlt wie nach einem Marathon, auch wenn die getrockneten Schweißränder mein Hemd zum Batikshirt machen und auch wenn ich eben neben dem zweifelsfrei übergeschnapptesten aller Saarländer saß: Eines war diese Fahrt sicher nicht – langweilig.

Zudem zeigt der Blick auf meine Karte: Der irre Murdock hat mich bis nach Limbach gefahren; von hier sind es höchstens noch fünf Kilometer bis zur Homburger Auffahrt auf die A6. Allerdings bin ich immer noch im Saarland, seit fast sechs Stunden unterwegs und habe dabei gefühlt ebenso viele Liter Schweiß vergossen. Die Sonne brennt weiter vom Himmel – aber auch die Anhalterehre in mir. Und so stelle ich mich in den Schatten eines Baumes, recke den Daumen und versuche aufs Neue mein Glück.

40 Minuten später stoppt der erste Wagen. «Bis zur Autobahnauffahrt kann ich dich mitnehmen», bietet mir der junge Fahrer an. Vor ihm ist höchstens eine Handvoll Autos vorbeigekommen – und so steige ich ohne großes Nachdenken ein. Fünf Minuten und ein nettes Gespräch später ist die Fahrt schon wieder zu Ende. «Hier geht's auf die Autobahn», sagt mein Fahrer und zeigt auf eine blaue Tafel. «Dir viel Glück auf deiner Reise.»

Ich danke ihm, schultere meinen Rucksack, stapfe auf das blaue Autobahnschild zu – und erstarre zur Salzsäule. Denn dort ist nicht wie gedacht die A6 angeschrieben, sondern die A8. Mit einem Schlag wird mir klar: Ich habe es in den vergangenen Stunden zwar hinter das Autobahnkreuz geschafft – aber zur falschen Autobahn!

Ungläubig starre ich abwechselnd auf das Schild und auf meine Karte. Dies muss der absolute Stimmungstiefpunkt meiner Reise sein, viel weiter nach unten geht es jedenfalls kaum noch. Wäre mein Gesicht nicht ohnehin schon sonnenverbrannt, ich würde vor Wut rot anlaufen; wäre ich nach der heutigen Anhalterodyssee nicht völlig entkräftet, ich würde mich ob meiner Dummheit selbst ohrfeigen; und wäre dieses Saarland nicht so ungemein gut zu mir gewesen, ich würde die Region mit Schimpfwörtern belegen, die selbst den Saar-Murdock erröten ließen.

Da entdecke ich im Augenwinkel eine Bushaltestelle. Meine Anhalterehre, die ich vor wenigen Minuten noch gerühmt habe, ist schneller verschwunden als eine Legion Römer beim Anblick von Obelix. Nach sieben Stunden, vier Fahrern und weniger als 30 zurückgelegten Kilometern steige ich in den erstbesten Bus nach Homburg, von dort in den Zug nach Kaiserslautern, und mit einer Mitfahrgelegenheit geht es schließlich nach Frankfurt an den Main. Für diesen zweiten, 160 Kilometer langen Teil der Strecke brauche ich etwas mehr als zwei Stunden.

REZEPT:

DIBBELABBES
(für 4 Personen)

Zutaten
2 kg Kartoffeln (mehlig kochend)
2 Stangen Lauch
2 Eier

250 g Dörrfleisch
2 Zwiebeln
2 Knoblauchzehen
Salz
Pfeffer
Muskat
40 g Butter

Zubereitung

1. *Rohe Kartoffeln reiben und in einem Tuch ausdrücken.*
2. *Lauch feinhacken und mit den Eiern, der Hälfte des gewürfelten Dörrfleischs, den gewürfelten Zwiebeln, den ausgedrückten Knoblauchzehen sowie den Kartoffeln vermengen. Mit Salz, Pfeffer und Muskat abschmecken.*
3. *Butter in einen gusseisernen Bräter geben, die andere Hälfte des gewürfelten Dörrfleisches anbraten und dann die Kartoffelmasse in den Bräter geben.*
4. *Zugedeckten Bräter etwa 2 Stunden bei 180 °C in den vorgeheizten Backofen geben. 15 Minuten vor Ende den Deckel abnehmen, damit die Masse eine knusprige Decke bekommt.*
5. *Dibbelabbes mit Apfelmus servieren.*

Das Rezept stammt vom Autor.

N

DÄNEMARK

Ostsee

Nordsee

Sylt

Großsolt
Schleswig
Eckernförde
Kiel
SCHLESWIG-HOLSTEIN
Lübeck

Rügen

Stralsund

Usedom

Rostock

MECKLENBURG-
VORPOMMERN

Norden
Pilsum
Emden
Leer

HAMBURG
Hamburg
Schwerin

Neubrandenburg

NIEDER-
LANDE

BREMEN

Hasenwinkel

POLEN

HESSEN:
ÜBER SIEBEN KRÄUTER MUSST DU GEH'N

Herte
Bochum

Düsseldorf

Wuppertal

Aachen

Köln

Bonn

Frankfurt/
Oder

Weiß-
keißel

Rietschen
Niesky

SACHSEN

Leipzig

Erfurt

Zeitz

Görlitz

Altenburg

Dresden

Zittau

Eifel

Westerwald

HESSEN

Thüringer Wald

THÜRINGEN

Schmölln

Koblenz

Fulda

Spessart

Erzgebirge

Hof

RHEINLAND-PFALZ

Taunus

Platten

Mainz

Frankfurt

Odenwald

Scheßlitz

TSCHECHISCHE
REPUBLIK

Trier

Kaiserslautern

Bamberg

SAARLAND

Saar-
louis

Neunkirchen

Wachenheim

Erlangen

Homburg

Nürnberg

Limbach

Saarbrücken

Karlsruhe

Maulbronn

BAYERN

Regensburg

Bayer. Wald

FRANKREICH

Stuttgart

Donau

Tübingen

Schwäbische
Alb

Passau

Ulm

Inn

Schwarzwald

Augsburg

Freiburg

BADEN-
WÜRTTEMBERG

Alpenvorland

München

Bodensee

Kempten

Konstanz

SCHWEIZ

ÖSTERREICH

0 20 40 60 80 100 km

KURZ VOR MITTERNACHT LIEGEN SICH DIE SIEGER IN DEN ARMEN, DER SAAL BEBT, und von der Bühne schallt es zur Melodie von «Hey Jude»: «Naaa naa naa na-na-na-naa, na-na-na-naa, Griiie Soooß!»

Das Wörtchen «bizarr» beschreibt nur unzureichend, was ich an diesem Abend erlebt habe – und doch ist der Höhepunkt noch nicht erreicht. Denn gerade als 500 alkoholbeschwingte Münder zu einem letzten «Na-na-na-naa» ansetzen, landet ein haariger, verschwitzter und adrenalingefluteter 100-Kilo-Koloss auf meinem Schoß. Mein Tischnachbar.

Wobei ich ganz und gar nicht auf derlei Liebesbeweise aus bin, als ich fünf Stunden zuvor das Festzelt am Frankfurter Roßmarkt betrete. Zwar leuchtet mein Gesicht immer noch so sonnenstichrot wie ein Stoppschild, doch abgesehen davon sind die Reisestrapazen des Vortags fast schon wieder vergessen. Auch weil in Frankfurt ein ganz besonderer Leckerbissen auf meinem Speiseplan wartet, den ich bisher noch nie im Leben gegessen habe: Grüne Soße. Dabei handelt es sich um eine kalte Kräutersoße, die meist auf Basis von saurer Sahne oder Schmand zubereitet und mit Kartoffeln gereicht wird. Das Gericht ist in ganz Hessen verbreitet, doch am populärsten ist zweifelsfrei die Frankfurter Variante, die «Grie Soß». Klassischerweise gehören sieben Kräuter hinein: Borretsch, Petersilie, Pimpinelle, Kerbel, Kresse, Schnittlauch und Sauerampfer. Darüber hinaus hat jeder Frankfurter sein eigenes Rezept – wahlweise wird die Grie Soß mit Senf, Mayonnaise, Knoblauch, Zitrone, Joghurt oder sonstigen Zutaten verfeinert.

Angebaut werden die sieben heiligen Kräuter traditionell von den Gärtnern im Stadtteil Oberrad, die sie in weißes Papier gewickelt auf den Märkten der Region als Grüne-Soße-Kräutermischung feilbieten. Auf der Packung ist meist das Rezept für «Echte Frankfurter Grüne Soße – Goethes Leibspeise» abgedruckt, weil der Dichterfürst angeblich das Gericht aus seiner Heimatstadt verehrt haben soll.

Doch ehrlich gesagt haben mich in erster Linie weder Goethe noch die Neugier auf Grie Soß nach Frankfurt gelockt. Überdies hätte es in Hessen etliche andere verheißungsvolle Speisen gegeben – von der Ahlen Wurst im Norden über Rippchen bis zu Handkäs mit Musik. Den Ausschlag für die kalte Kräutertunke gab letztlich eine Veranstaltung, die ausgerechnet während meiner Zeit in Frankfurt über die Bühne geht: das Grüne-Soße-Festival.

Und so staune ich, am Festzelt angekommen, über die Massen, die sich an mir vorbeidrängen. Bereits an den vorangegangenen sieben Tagen saßen hier allabendlich mehrere hundert Besucher, verfolgten zunächst ein Bühnenprogramm und erkoren anschließend aus sieben Grünen Soßen einen Gewinner. Heute nun steht das große Finale an: Die sieben siegreichen Köche der Vortage buhlen mit ihren Grünen Soßen um die Gunst des Publikums und den Titel des Grüne-Soße-Champions. Und mittendrin ich, der ich vor lauter Vorfreude am liebsten die Kartenabreißerin herzen würde. Ein Abend unter gleichgesinnten Feinschmeckern, dazu angeregte Diskussionen über Kräuterkompositionen, etwas Kultur, allerlei Delikatessen und vielleicht ein Gläschen Wein: So stelle ich mir die folgenden Stunden zumindest vor …

Dennoch verkneife ich es mir, die junge Frau am Eingang spontan zu umarmen, und nehme stattdessen von ihr ein Willkommenspäckchen in Empfang. Darin: eine Broschüre zur Grünen Soße, Werbeaufkleber, eine Abstimmkarte und das wichtigste Utensil an diesem Abend – ein kleiner grüner Plastiklöffel. Mit ihm sollen die Gäste die verschiedenen Soßenkreationen verkosten. Und um zwischendrin die Geschmacksknospen zu neutralisieren, stehen Wein, Bier und hessischer Ebbelwoi bereit – in beliebiger Menge, wie ich überrascht feststelle.

Dafür kostet ein Ticket fürs Finale immerhin bis zu 60 Euro, doch das stört die Frankfurter offenbar wenig, wenn es um ihre Grüne Soße geht: Rasch füllt sich das Zelt, und wenig später sitzen etwa 500 Gäste an langen Tischreihen vor der mit Kräutertöpfen dekorierten Bühne. Auch mein Tisch ist voll besetzt; lediglich zu meiner Linken steht ein leerer Stuhl, auf dem ich meine Tasche ablegen will.

Doch da ertönt eine schrille Stimme: «Da sitzt mein Freund!» Ich blicke erschrocken auf und in ein Paar böse funkelnde Augen. «Der kommt etwas später», faucht mich die zugehörige junge Frau an, die ohne weiteres Make-up als Hexe in jedem Märchenfilm durchgehen würde.

Verdattert zucke ich zurück und lege meine Tasche folgsam unter dem Stuhl ab. In der Hoffnung auf etwas mehr Kinderstube wende ich mich meinem rechten Sitznachbarn zu: einem adretten Herrn um die 50, Typ Pilot oder Heiratsschwindler. Er ist ebenfalls allein gekommen und lächelt mich tatsächlich an.

«Ich bin Journalist und wurde eingeladen», gibt er nach der Begrüßung zu. «Ich gehe gern zu solchen Veranstaltungen, wo es gutes und kostenloses Essen für uns gibt.» Als ich ihm von meiner Reise erzähle, wird er hellhörig: «Das heißt, Sie haben keine Ahnung, was Sie heute Abend erwartet? Na, dann viel Spaß! Das ist eine skurrile Sache – und irgendwie typisch für Frankfurt.»

Gerade als ich weitere Details erfragen will, hat sich mein Nachbar schon abgewendet. Beherzt greift er zu den dargereichten Appetithappen und stellt eine Flasche Rotwein vor sich hin, die binnen einer Stunde leer sein wird. Ich hingegen beginne mit Wasser und verzichte schweren Herzens auf die Häppchen;

schließlich will ich mir nicht den Hunger verderben, bevor es ans Soßentesten geht. Doch ehe das Schlemmen beginnt, wartet das Kulturprogramm – wobei das Wort «Kultur» in diesem Zusammenhang durchaus anfechtbar ist.

Den Auftakt macht eine als Mann verkleidete Kabarettistin, die sich als Moderator des Abends entpuppt. Ihre Späßchen sind ungefähr so mitreißend wie der Wellengang im Kinderplanschbecken – und doch werde ich mich alsbald danach zurücksehnen. Denn wenig später klettern nacheinander eine vollkommen humorfreie Komikerin, ein offenbar mit Koffeintabletten vollgepumpter Radiomoderator und eine Altherrenkombo namens Preußen-Polizeichor auf die Bühne – Letztere übrigens stilecht in Uniform und mit Pickelhauben auf dem Kopf.

Nach eineinhalb Stunden, in denen ich das bizarre Spektakel ungläubig verfolgt habe, drängen sich mir drei Fragen auf. Erstens: Wie groß muss die Fremdscham noch werden, bevor ich mir eine Gabel in den Hals ramme? Zweitens: Warum nennt sich diese Veranstaltung Grüne-Soße-Festival, wenn die Besucher eine halbe Ewigkeit auf eine Kostprobe warten? Und drittens: Sind vielleicht gar nicht die Menschen dort vorn auf der Bühne die Sonderlinge – sondern ich? Denn rings um mich biegen sich die Gäste vor Lachen, klopfen sich auf die Schenkel, schunkeln zur Musik und singen aus voller Kehle mit. Abgesehen von mir scheint das ganze Zelt eine Mordsgaudi zu haben – was jedoch auch an den ungezählten Weinflaschen liegen könnte, die im Minutentakt über die Tische gereicht werden.

In puncto Vergnügen und Alkohol ganz vorn dabei ist übrigens der Freund der Hexe, der zehn Minuten nach Showbeginn mit einem Ächzen auf den Stuhl neben mir plumpst. Verstohlen mustere ich seine massige Erscheinung: Auf dem Körper eines Sumoringers thront ein fleischfarbener Kürbiskopf mit eng zusammenstehenden Augen. Dem fröhlichen Glucksen nach zu urteilen, ist die Vorfreude bei ihm ähnlich groß wie bei mir – nur dass seine gute Laune im Laufe des Abends noch ansteigt, und zwar direkt proportional zum Alkoholkonsum. Während der Sumokürbis es bei Weinflasche Nummer eins noch beim debilen Grinsen belässt, geht der zweite Dreiviertelliter bereits mit Bravorufen, Mitsummen und Schunkeln einher. Doch noch bevor mein Nebensitzer die dritte Flasche anbrechen kann, bringen die Kellnerinnen dampfende Schüsseln mit Kartoffeln und hartgekochten Eiern an den Tisch.

«Jetzt geht's endlich los», freut sich der Journalist zu meiner Rechten und greift zum grünen Löffel. «Ich bin mal gespannt, wie Ihnen die Grünen Soßen schmecken.»

Wie auf Kommando stellt eine Kellnerin ein Tablett mit sieben nummerierten Whiskygläsern vor mich. Darin: sieben mehr oder weniger grüne, mehr oder weniger zähflüssige und mehr oder weniger von Kräutern durchzogene Soßen. Mit einem Schlag sind die Pickelhauben ebenso vergessen wie der Schunkelkürbis – jetzt gibt es nur noch mich und dieses Gläserseptett. Selig tauche ich den Löffel in die erste Soße und koste: Die Frische und die Vielfalt der Kräuter lassen meinen ausgehungerten Magen derart frohlocken, dass ich mich kaum auf das Geschmackserlebnis konzentrieren kann. Eilig leere ich den Rest des Glases und meine einen Hauch von Knoblauch und Zitrone zu erkennen.

Mehr aus Anstandsgründen schnappe ich mir vor der zweiten Runde eine Pellkartoffel und frage meinen rechten Nachbarn nach Salz.

«Das werden Sie hier nicht bekommen, das ist verpönt», antwortet er lachend. «Salz würde den Geschmack der Grünen Soßen beeinträchtigen, und das wäre wiederum Wettbewerbsverzerrung.» Er selbst ist bereits beim dritten Glas angekommen und fachsimpelt: «Nummer zwei ging gar nicht, das war mit Mayonnaise. Die Eins war okay, aber das hier ist bisher mein Favorit.»

Ich murmle etwas Zustimmendes, schiebe die halbe Kartoffel beiseite und widme mich wieder meinem Tablett: Nummer zwei ist auch für meinen Geschmack zu schwer und zu fettig, Nummer drei besticht durch eine tiefgrüne Farbe und ein volles Kräuteraroma, Nummer vier kommt etwas fad daher, und so geht es weiter – Soße für Soße, so lange, bis vor mir sieben leergekratzte Gläser stehen.

Während die Kräuter noch auf meiner Zunge kitzeln, schenke ich mir ein zweites Glas Ebbelwoi ein und greife zur Abstimmkarte. Soße Nummer eins war deliziös, die Drei eine wahre Kräuterexplosion, und die sechste Kreation hat mir so gut gemundet, dass ich heimlich ein zweites Glas vom Nebentisch stibitzt habe. Doch was hat am besten geschmeckt?

Wieder einmal sehe ich mich mit jenem Dilemma konfrontiert, das mich auf meiner ganzen Reise verfolgt. Denn egal, ob Autofahrer, Couchsurfer oder in Gaststätten: Sobald ich von meiner kulinarischen Deutschlandtour erzähle, folgt eine Frage so zuverlässig wie der Frühling dem Winter: Welches Gericht ist denn nun das beste? Ich antworte darauf stets mit einem Schulterzucken oder greife willkürlich eine x-beliebige Speise heraus. Denn mich auf ein Gericht festzulegen, erscheint mir ebenso unmöglich, wie die Frage nach meiner Leibspeise zu beantworten. Schließlich ist mein Appetit eine launische Diva – mal lechzt mein Magen nach fettigen Bratwürsten, mal geht nichts über Mamas Rouladen mit Spätzle, und mal muss es unbedingt Sushi sein. Ein einziges Lieblingsgericht? Da könnte ich ja genauso gut immer nur den gleichen Film ansehen, das gleiche Lied hören oder das gleiche Buch lesen.

Nachdem ich zehn Minuten lang die Abstimmkarte so unentschlossen angestarrt habe wie sonst nur das Süßigkeitenregal im Supermarkt, gebe ich mir einen Ruck und setze mein Kreuz hinter Glas Nummer sechs. Zufrieden lehne ich mich zurück, genehmige mir einen Schluck vom herrlich sauren Ebbelwoi und gehe im Geiste noch einmal alle köstlichen Grüne-Soße-Variationen durch. Nach diesem Festmahl kann mich nichts mehr schocken – denke ich.

Da steht auch schon wieder die androgyne Moderatorin auf der Bühne und verkündet den Sieger: Es ist Glas Nummer eins, die Köche vom Goldenen Apfel aus dem nahen Hofheim. In den folgenden Minuten spielen sich Szenen ab, wie ich sie noch nicht mal bei Fußballweltmeisterschaften erlebt habe: Übermannt von ihren Gefühlen, sinken die Siegerköche einander in die Arme und präsentieren stolz ihre Trophäe. Es ist nur der Anfang vom Finale furioso: Das Licht geht aus, Wunderkerzen prasseln, Feuerzeuge glimmen, und nach und nach dürfen alle Protagonisten des Abends noch einmal auf die Bühne. Gemeinsam schmettern sie frei nach Peter Maffay: «Über sieben Kräuter musst du geh'n, sieben grüne Soßen musst du seh'n.»

Gern würde ich dieser poetischen Umdichtung weiter lauschen, doch das gestaltet sich insofern schwierig, als mein linker Nachbar nach der dritten Flasche Wein zum Mitgrölen übergegangen ist. Und damit ist der Fleischkürbis nicht allein: Das ganze Zelt singt, tobt und bebt – selbst an einem Samstagabend auf dem Oktoberfest habe ich Vergleichbares selten gesehen.

«Na, haben Sie sich's so vorgestellt?», fragt mein rechter Nachbar mit Blick auf meinen offen stehenden Mund.

Ich schüttle den Kopf und will etwas erwidern, doch da dröhnt auch schon die Melodie des Beatles-Klassikers «Hey Jude» von der Bühne. Und plötzlich sitzt der Kürbiskopf auf meinem Schoß – offenbar hat er im Eifer des Umtrunks meinen Oberschenkel mit seinem Stuhl verwechselt. Unsere Gesichter sind einander plötzlich sehr, sehr nahe, und mir weht ein Atemschwall entgegen, der jeden Alkomaten lahmlegen würde.

«Verzeihen Sie bitte», lallt er und rappelt sich auf. Doch seine

Worte gehen fast unter im kollektiven «Na-na-na-naa». Und dann erschallt es aus 500 Kehlen: «Griiie Soooß!»

Ich höre – nichts. Keine Menschenstimme, keinen Straßenlärm. Ich genieße die Ruhe, lehne mich auf der Holzbank zurück und spüre die Sonnenstrahlen auf meinem Gesicht. Leise pfeift der Wind, von fern zwitschert ein Vogel. Erneut bin ich in Sachen Grüne Soße unterwegs, doch dies hier ist das krasse Kontrastprogramm zu gestern Abend.

Heute Mittag habe ich mich auf den Weg in den Frankfurter Osten gemacht, trotz eines Brummschädels – ob dieser vom Ebbelwoi herrührt oder eher vom Schock infolge der Annäherungsversuche des Sumoringers, sei einmal dahingestellt. Bei strahlendem Sonnenschein flaniere ich am Mainufer entlang und beobachte Spaziergänger, Jogger und Radfahrer, die hier in Scharen verkehren. Auf dem Rasen spielen einige Inder Kricket, unter einem Baum übt sich eine junge Frau im Yoga. Über dem Fluss ragt in der Ferne die Frankfurter Skyline auf, doch hier erinnert die Finanzmetropole eher an ein idyllisches Moseltal – grüne Oase statt Großstadthektik.

Nicht zum ersten Mal wundere ich mich, warum Frankfurt in der öffentlichen Meinung so schlecht wegkommt. Berlin gilt als arm, aber sexy, Hamburg als reich, aber sexy, München als unsexy, aber wunderschön. Und Frankfurt? Frankfurt ist der Flughafen, die Börse, die Messe und das Bankenviertel – reich, aber grau. Dabei erinnert mich die Stadt viel eher an ihr kulinarisches Aushängeschild, die Grüne Soße: auf den ersten Blick vielleicht nicht gerade verführerisch, aber äußerst lohnenswert, wenn man sich doch darauf einlässt. Ein Potpourri an Geschmacksnoten und stets aufs Neue ein Erlebnis.

Ich bin inzwischen an der Gerbermühle angelangt, einem beliebten Ausflugslokal am Mainufer, in dem schon Goethe verkehrte und sogar seinen 66. Geburtstag feierte. Hier schwingt heute Jörg Ludwig den Kochlöffel, seines Zeichens zweifacher Grüne-Soße-Champion. Auf der Speisekarte entdecke ich seine Siegersoße, doch ich verzichte auf eine Kostprobe. Nicht dass ich nach dem gestrigen Marathon genug von dem Gericht hätte – im Gegenteil. Doch zum einen habe ich mir erst vor einer Stunde einen Handkäs mit Musik gegönnt, einen fast fettlosen Sauermilchkäse (der leider arg geschmacksarm daherkam, mal abgesehen von den «Musik machenden» eingelegten Zwiebeln). Zum anderen bin ich nicht um Goethes und des Gerberhauses willen hierhergekommen, sondern wegen einer Gedenkstätte der besonderen Art.

Und so sage ich dem Mainufer Adieu, überquere die Bahngleise und befinde mich kurz darauf inmitten von Gewächshäusern, Feldern und Kräutergärten. Hier ist das Herz des Stadtteils Oberrad, hier nutzen Gärtner seit Jahrhunderten den fruchtbaren Boden, hier liegt die Wiege der Grünen Soße, hier werden Kräuter angebaut – und hier steht das Grüne-Soße-Denkmal.

Wenig später erblicke ich das angeblich einzige Denkmal in Deutschland, das einer Regionalspeise gewidmet ist. Ich habe mit Touristenmassen gerechnet, mit Blitzlichtgewitter, Souvenirständen, den unvermeidlichen peruanischen Panflötenmusikern im Poncho oder zumindest einem Imbiss, der Grüne Soße in Pappschalen zu überteuerten Preisen anbietet. Doch Fehlanzeige: Inmitten der Felder stehen lediglich eine Holzbank sowie ein dezentes Metallschild, das auf das Grüne-Soße-Denkmal hinweist. Das Ehrenmal selbst besteht aus sieben geräteschuppengroßen Gewächshäusern, deren durchsichtige Wände in unterschiedlichen Grüntönen schimmern. Auf den Betonböden der Häuschen stehen Schriftzüge mit dem Namen der sieben Grüne-Soße-Kräuter: Borretsch, Petersilie, Pimpinelle, Kerbel, Kresse, Schnittlauch und Sauerampfer.

Kopfschüttelnd laufe ich die Reihe der Gewächshäuser ab. Ein Denkmal für die Grüne Soße? Das mag auf den ersten Blick so sinnfrei erscheinen wie Sprühkäse in Dosen. Andererseits soll es hierzulande allein von Kaiser Wilhelm I. mehr als 230 Standbilder geben, dazu 126 Büsten und noch einmal 63 steinerne Wilhelms zu Pferde. Des Weiteren zwei Dutzend Kaiser-Wilhelm-Türme, Kaiser-Wilhelm-Glocken und Kaiser-Wilhelm-Parks, eine Kaiser-Wilhelm-Brücke und einen Kaiser-Wilhelm-Tunnel, die Kaiser-Wilhelm-Insel, zahllose Kaiser-Wilhelm-Gedenksteine und Kaiser-Wilhelm-Straßen, den Kaiser-Wilhelm-Apfel, gleich mehrere Kaiser-Wilhelm-Eichen und sogar eine Kaiser-Wilhelm-Linde im Sauerland. Und da soll der Grünen Soße, die zweifelsfrei mehr Menschen ein Lächeln auf die Lippen gezaubert hat als alle deutschen Kaiser zusammen, kein Denkmal zustehen? Vor meinem geistigen Auge sehe ich Kaiser Wilhelm in Frauenkleidern und mit Pickelhaube auf dem Kopf einen grünen Löffel schwingen und inbrünstig «Über sieben Kräuter musst du geh'n» schmettern. Ob das die Nachwehen von gestern sind? Übernächtigt lasse ich mich auf die Holzbank fallen, verdränge alle Halluzinationen, spüre die Sonne im Gesicht und genieße die Ruhe – bis sich plötzlich doch noch eine Gruppe Touristen nähert.

Vor dem ersten Gewächshaus des Denkmals bleiben sie stehen; mit geschlossenen Augen lausche ich, wie die Führerin den Besuchern von der Frankfurter Grie Soß erzählt: «Es heißt immer, die Grüne Soße sei Goethes Leibspeise gewesen. Dabei ist das eine Legende.»

Überrascht öffne ich die Augen und blicke in das sonnengebräunte Gesicht einer Mittfünfzigerin, die von rentnerbeigen Jacken, weißen Haaren und Birkenstocksandalen umringt ist.

«Wahrscheinlich hat Goethe die Grüne Soße nie gegessen», fährt die Frau fort, «weil das Gericht in Frankfurt erst in der zweiten Hälfte des 19. Jahrhunderts richtig bekannt wurde.»

Noch mehr Ahs und Ohs erntet die Führerin für ihre nächste Geschichte: «Von den Grüne-Soße-Kräutern, die Sie heute im Supermarkt kaufen können, kommt nur noch ein Bruchteil hier aus Oberrad. Das meiste wird aus dem Ausland importiert.» Routiniert rattert die Frau die sieben Kräuter herunter – und kommt dann zum Höhepunkt ihrer kleinen Ansprache: «Wir Frankfurter lieben unsere Grüne Soße sogar so sehr, dass wir jedes Jahr ein eigenes Festival für das Gericht veranstalten.» Sie hält kurz inne, blickt in die Runde. «Und wissen Sie was? Dieses Grüne-Soße-Festival ist erst gestern zu Ende gegangen!»

Eine kurzen Moment lang spiele ich mit dem Gedanken aufzustehen und zu der Gruppe hinüberzugehen: «Ich war dabei», würde ich den verdutzten Touristen eröffnen, einen Opa-berichtet-vom-Krieg-Ton anschlagen, meinen Blick auf einen unsichtbaren Punkt in der Ferne richten und dann mit langen Pausen zwischen den Sätzen erzählen: «Ich hab's erlebt. Das Grüne-Soße-Festival. Das Finale. Gestern. Alles habe ich gesehen. Vom ersten bis zum letzten Glas. Sieger und Verlierer. Soßen und Sößchen. Maue Mixturen und köstliche Kreationen. Ich habe Frauen erlebt, die vor Ekstase ihren Mann gegen Glas Nummer fünf eingetauscht hätten, und Männer, die dieser Tausch nach dem fünften Glas nicht im Mindesten stören würde. Es. War. Einfach. Unglaublich!»

Das würde ich diesen staunenden Menschen erzählen – und noch viel mehr. Doch ich schweige. Und während die Gruppe wieder von dannen zieht, summe ich leise eine Melodie, die sich seit gestern hartnäckig in meinem Kopf hält – so hartnäckig wie die Goethelegende bei den Grüne-Soße-Fans: «Naaa naa naa nana-na-naa, na-na-na-naa, Griiie Soooß!»

FRANKFURTER GRÜNE SOSSE
(für 4 Personen)

Zutaten

1 Paket Grüne-Soße-Kräuter
oder alternativ:
- 30 g Borretsch
- 30 g Petersilie
- 30 g Pimpinelle
- 30 g Kerbel
- 30 g Kresse
- 30 g Schnittlauch
- 30 g Sauerampfer

250 g saure Sahne
250 g Schmand
3 EL Öl
1 TL Senf
2 EL Zitronensaft
Salz
Pfeffer
3 Eier

Zubereitung

1. *Kräuter waschen, abtropfen lassen und sehr fein hacken.*
2. *Sahne, Schmand, Öl, Senf und Zitronensaft hinzugeben, gut verrühren und mit Salz und Pfeffer würzen.*
3. *Eier hartkochen, kleinhacken und unterheben.*

Über sieben Kräuter musst du geh'n

4. Grüne Soße etwa 1 Stunde lang im Kühlschrank ruhen lassen, danach umrühren und mit Pell- oder Bratkartoffeln sowie hartgekochten Eiern servieren.

Das Rezept stammt vom Autor.

BADEN-WÜRTTEMBERG:

IM LÄNDLE DER LEGENDEN

DA VORN SITZT – DESSEN BIN ICH MIR INZWISCHEN SICHER – eine junge Frau an einem Tisch und unterhält sich mit einem Schnitzel. Nun betreibe ich bisweilen selbst Konversation mit meinem Essen, doch in der Regel beschränkt sich das auf kurze Begeisterungsrufe oder halblautes Gemurmel beim Kochen. Aber eine ernsthafte Debatte mit einem rohen Schnitzel? Und das vor mehr als 50 Zuschauern?

«Hier hast du ein Bier», sagt Amelie und reicht mir eine Flasche. «Ich muss zurück zum Verkauf.» Abgelenkt von der Schnitzelfrau, murmle ich nur ein hastiges Dankeschön, ehe Amelie wieder in der Dunkelheit verschwindet. Die junge Französin ist meine Couchsurfing-Gastgeberin in Stuttgart, und sie hat mich hierher mitgenommen – auf dieses versteckte Gelände am Rande des Nordbahnhofs, wo eine Gruppe junger Menschen in einer Art Künstlerkolonie in ausrangierten Zugwaggons lebt.

Einer davon ist Amelies Freund; die beiden brutzeln und verkaufen heute Falafel, während auf der Holzbühne zwischen den Waggons junge Künstler auftreten. Es ist schon spät, und leider bin ich erst vor wenigen Minuten angekommen, sodass ich den größten Teil der Darbietungen verpasst habe. Doch immerhin: Das philosophische Duett mit dem Schnitzel, das sich kurz darauf vor Schmerz in der Pfanne windet, bekomme ich noch mit – wenngleich mir der tiefere Sinn dieses Auftritts verborgen bleibt. Aber Kunst ist ja bekanntlich eine Frage des Geschmacks. Und vielleicht sind meine Geschmacksnerven an diesem Tag schon zu sehr verwöhnt worden, sodass ich ein sprechendes Stück Fleisch nicht mehr gebührend würdigen kann.

Denn am Nachmittag habe ich mich aufgemacht in den Stuttgarter Osten nach Gaisburg. Dieser Stadtteil war einst ein wichtiger Industriestandort und ist bekannt für seinen alten Schlachthof, in dem heute das weltgrößte Schweine-Museum residiert. Doch nicht dessen 50 000 Exponate – von der Plüschschweinpyramide bis zum goldenen Schwein in Lebensgröße – haben mich angelockt, sondern ein traditionelles Gericht, das hier seine Wurzeln hat: der Gaisburger Marsch. Das Besondere an diesem schwäbischen Eintopf ist, dass er die Beilagen Kartoffeln und Spätzle in einem Gericht vereint; dazu kommen Fleisch, Zwiebeln und Gemüse in einer kräftigen Rinderbrühe. Ich selbst habe Gaisburger Marsch noch nie probiert, und doch ist mir der Name geläufig. Ebenso wie seine Entstehungsgeschichte: So sollen die Offiziere einer nahen Kaserne im 19. Jahrhundert stets in Reih und Glied zum Wirtshaus Bäckerschmide nach Gaisburg marschiert sein, um sich dort den nahrhaften Eintopf zu genehmigen. Dieser wurde daraufhin als «Gaisburger Marsch» bekannt.

Bei meinen Recherchen musste ich jedoch feststellen, dass die damalige Bäckerschmide nicht mehr existiert. Und auch sonst ist es alles andere als leicht, in Gaisburg eine Gaststätte zu finden, die den Marsch auf der Speisekarte führt. Dabei ist zumindest der Name des Traditionsgerichts überregional bekannt – nicht zuletzt dank des Altbundespräsidenten Horst Köhler, der seine Leibspeise 2004 Tausenden Gästen bei einem «Mahl der Demokratie» auftischte. Doch ich finde nicht ein einziges Restaurant, das mir zusagt, und so wende ich mich wieder einmal an die Lokalredaktion der örtlichen Zeitung – und habe ein weiteres Mal Glück. Denn mein Schreiben landet bei Jürgen Brand, der jahrelang als Restaurantkritiker für die Stuttgarter Zeitung geschrieben hat und dazu noch in Gaisburg lebt. Zudem habe er einst eine Ausstellung über den Gaisburger Marsch angestoßen, schreibt er mir zurück, deren Leiter er ebenfalls zu unserem Treffen bitten werde. Denn, so der Journalist: «Das wäre dann eine sehr unterhaltsame Runde.»

Wie recht er damit hat, werde ich an diesem Abend erfahren. Doch zuvor wartet noch der erste Gaisburger Marsch meines Lebens auf mich. Brand hat die Gaststätte Schurwald vorgeschlagen, deren Speisekarte vom Süpple bis zum Nachtischle ebenso schwäbisch daherkommt wie die Inhaberfamilie. «Bei uns gibt's nur hausgemachte, regionale Küche», erklärt mir Wirtin Nicole Steiner. Sie betreibt das Schurwald gemeinsam mit ihrem Mann, einem gelernten Metzger; auch Tochter und Schwiegersohn arbeiten mit. «Wir machen hier alles selbst – von der Sülze bis zu den Soßen», erzählt Nicole Steiner. «Jeden Morgen bereiten wir Spätzle, Kartoffelsalat und Maultaschen frisch zu.» Ihr Reich sei die Küche, ihr Mann kümmere sich um die Gäste. «Mit meinem losen Mundwerk könnt ich das nicht», sagt sie und lacht. «Da müsste ich ja immer und zu jedem freundlich sein.» Steiners schwäbische Rezepte stammen von der Großmutter – auch jenes für den Gaisburger Marsch. «Bei uns gab es das früher oft», erzählt die Wirtin. «Und ich habe es geliebt.»

Das Fleisch kommt in der Schurwald'schen Variante von der Schulter des Rindes, doch entscheidend sei ohnehin die Brühe. «Die braucht mehrere Stunden, damit sie richtig durchzieht und schön kräftig wird.» Schließlich sei der Gaisburger Marsch entgegen einem landläufigen Vorurteil keine Vorspeise, sondern eine vollwertige Mahlzeit. Davon kann ich mich wenig später überzeugen, als eine dampfende Schüssel vor mir steht. Darin: Kartoffelschnitze, bleistiftlange Spätzle, Karottenschciben, legosteingroße Fleischbrocken und angebratene Zwiebelringe – alles in einer tiefdunklen Brühe. «Ursprünglich hat man den Gaisburger Marsch ohne Fleisch gemacht», hat mir Steiner erklärt. «Es war ein typisches Armeleuteessen.»

Inzwischen ist die Wirtin wieder in der Küche verschwunden, und Jürgen Brand und Museumsleiter Ulrich Gohl sitzen bereits draußen im Biergarten. Ich kann mich also erst einmal ungestört meinem Gaisburger Marsch widmen. Zunächst probiere ich einen Löffel von der Brühe und bin sofort im siebten Genießerhimmel. Denn diese Bouillon schmeckt so intensiv, als hätte man ein in Kräuter gewickeltes halbes Rind darin eine Woche köcheln lassen. Auch die Kartoffeln sind solide, die Spätzle bissfest und das Fleisch schön zart, aber ohne den überwältigenden Geschmack der Brühe wäre dieses Gericht kaum mehr als ein 08/15-Eintopf. Für diesen Gaisburger Marsch würde jedenfalls auch ich im Stechschritt durch Stuttgart laufen – so wie es einst die Offiziere taten.

«Ja, die Legende ist einprägsam und klingt gut – aber sie ist leider nicht wahr», sagt Ulrich Gohl, als wir später bei einem Glas Wein im Biergarten der Gaststätte sitzen. Müsste ich einen schwäbischen Historiker zeichnen, es käme eine Figur wie der Museumsleiter heraus: Mitte 50, klein, angegrauter Vollbart, die Haare wild in alle Richtungen abstehend, als ob sie Reißaus nehmen wollten. Ein Bauchansatz zeugt von seiner Liebe zum Essen und bekräftigt den gemütlichen bis behäbigen Eindruck, der jedoch in krassem Gegensatz steht zu Gohls wachen, flinken Augen und seiner wachen, flinken Denkweise.

Gohl also hat im Jahr 2008 über den Namensursprung des Gaisburger Marsches geforscht – auf Anregung von Jürgen Brand. «Wir saßen genau hier im Schurwald», erinnert sich der Redakteur mit der dunklen Brille und dem beißenden Humor. Gemeinsam entwickelten die beiden folgende Arbeitshypothese: Alle Legenden rund um den Namen – inklusive der Offiziersgeschichte – sind falsch. Stattdessen sei die Bezeichnung mit der Eröffnung des Gaisburger Schlachthofs 1909 entstanden, weil die breite Bevölkerung dort erstmals relativ günstig Fleischbrühe erwerben konnte, die entscheidende Zutat des Gerichts. «Unsere Hypothese hätte den netten Nebeneffekt gehabt, dass wir 2009 den 100. Geburtstag des Gaisburger Marsches hätten feiern können», sagt Brand und grinst. «Als Werbung für die Ausstellung wäre das nicht schlecht gewesen.»

Und so steigt Gohl hinab in die Archive und widerlegt zunächst die populärste aller Legenden: Er findet heraus, dass die Geschichte mit den Offizieren erstmals 1972 im Werk des bekannten Mundartdichters Thaddäus Troll auftaucht – und sich alle Nachfolger direkt oder indirekt auf ihn beziehen. Zudem sei die Bäckerschmide zur vermuteten Entstehungszeit eine Weinstube mit Konditorei gewesen, erzählt Gohl. «Die waren bekannt für ihre Kuchen, aber von einem Eintopf stand dort kein Wort.»

Doch auch die eigene Hypothese muss der Historiker bald verwerfen: In der Gaisburger Zeitung der Jahre 1901 bis 1932 sei er nicht ein einziges Mal auf den Gaisburger Marsch gestoßen; kein Wort auch in Kochbüchern, Gedichten oder sonstigen Schriften. Und so folgert Gohl: «Das Gericht Kartoffelschnitz und Spätzle gibt es sicher schon lange. Aber der Name Gaisburger Marsch taucht erst in den dreißiger Jahren auf.» Genauer gesagt, am 25. September 1933 im Zusammenhang mit einem «Eintopfsonntag» des Winterhilfswerks, einer Einrichtung der kurz zuvor an die Macht gekommenen Nationalsozialisten. An solchen Eintopfsonntagen war die Bevölkerung dazu angehalten, lediglich Eintopf zu essen und der NS-Organisation das gesparte Geld zu spenden. Haben demnach die Nazis den Namen Gaisburger Marsch erfunden, um damit für ihre Eintopfsonntage zu werben?

«Vieles deutet darauf hin», bestätigt Gohl. «Zumindest hat sich die Bezeichnung danach schlagartig verbreitet.»

Und Jürgen Brand fügt hinzu: «Das war natürlich nicht die Art von Werbung, die wir uns für unsere Ausstellung erhofft hatten.»

Sofort muss ich an das zweite Gericht denken, dem ich in Baden-Württemberg nachspüren will und um dessen Namen sich eine noch viel populärere Legende rankt: die Maultasche. Denn das schwäbische Nationalgericht soll – was jeder gute Schwabe weiß – einst von den Zisterziensermönchen im Kloster Maulbronn erfunden worden sein. Die Ordensbrüder bekamen mitten in der Fastenzeit ein großes Stück Fleisch geschenkt. Doch der Hunger der Mönche war groß, und so zerkleinerten sie das Fleisch, damit es nicht mehr als solches zu erkennen war, und vermengten es mit Spinat und Kräutern aus ihren Gärten. Da der Allmächtige jedoch bekanntlich alles sieht, umhüllten sie die Masse mit einem Teigmantel – die Maultaschen waren geboren. Die Folge: Bis heute nennen die Schwaben ihre Leibspeise auch Herrgottsbescheißerle.

Was er denn von der Legende mit den Mönchsmaultaschen halte, frage ich Gohl.

«Ich habe mich damit nie näher auseinandergesetzt», sagt der Museumsleiter. «Aber in der Regel sind solche Legenden einfach zu gut, um wahr zu sein.»

«Die Mönchslegende klingt für mich plausibel, und bislang konnte noch niemand beweisen, dass sie erfunden ist», sagt Karl Schempf mit seiner ruhigen, tiefen Stimme, aus der sich gerade so viel schwäbischer Singsang heraushören lässt, dass seine Herkunft unverkennbar ist. Vor ziemlich genau 24 Stunden habe ich mich im Schurwald an meinem ersten Gaisburger Marsch ergötzt. Eine Schnitzelshow, eine so gut wie schlaflose Nacht und eine uninspirierte Anhalterfahrt später sitze ich 45 Kilometer weiter nordwestlich in Karl Schempfs Klosterschmiede. Das Restaurant befindet sich in einem 800 Jahre alten Fachwerkhaus und ist Teil der weitläufigen Klosteranlage von Maulbronn. In etwa hier könnte einem besonders gewitzten Mönch damals die Idee mit der Maultasche gekommen sein.

Inzwischen sind es keine Ordensbrüder mehr, die durch die engen Gassen der Anlage spazieren, sondern Touristen. Denn das Kloster Maulbronn gilt als die besterhaltene mittelalterliche Klosteranlage nördlich der Alpen und ist seit 1993 UNESCO-Weltkulturerbe. Nach dem Rundgang kehren etliche Besucher zum Maultaschenessen in die Klosterschmiede ein, weshalb Schempf zugibt: «Natürlich profitieren wir von der Legende, denn viele Touristen kennen die Geschichte. Etwa ein Drittel unserer Bestellungen sind Maultaschen.»

Doch das schwäbische Nationalgericht ist für den Wirt weit mehr als nur ein Verkaufsschlager, das wird in unserem Gespräch schnell klar. Dabei ist der großgewachsene Schempf – dunkle Haare, graue Schläfen, randlose Brille, weiße Kochmontur – eher der Typ Mensch, der erst noch seine Jacke zuknöpft und die Stiefel schnürt, bevor er das brennende Haus verlässt. Überbordende Gemütsregungen sind dem Schwaben ebenso fremd wie Großtuerei. Dass er aus der ältesten Familie in ganz Maulbronn stammt? Ist ihm nur einen Nebensatz wert. Dass sein Bruder und er neben der Klosterschmiede noch ein Hotel und eine Pension betreiben? Erwähnt er mit keinem Wort. Dass er gestern seinen 50. Geburtstag gefeiert hat? Sieht man ihm selbst aus der Nähe nicht an. Und dass eigentlich noch drängende Termine warten? Hält ihn nicht davon ab, ausführlich und stets freundlich all meine Fragen zu beantworten.

Allein wenn es um seine Maultaschen geht, zeigt Schempf Emotionen – die Stimme wird lauter, die Sätze werden länger, er beugt sich nach vorn, und seine Augen leuchten. «Dreimal die Woche mischen wir unsere Füllung – von Hand und nicht mit der Maschine.» Neben Brät, Speck, Hack- und Rindfleisch kommen in Schempfs Maultaschenmasse Spinat, Brötchen, Eier, etwas Lauch und Karotten sowie Gewürze. «Danach probieren immer alle drei Köche von der Mischung», erzählt der Wirt, «und wir diskutieren über die richtige Würzung.» Erst wenn Einigkeit herrsche, komme die Masse in den Nudelteig und anschließend die fertigen Maultaschen auf die Teller in der Klosterschmiede.

Darüber hinaus vertreibt Schempf seine Maultaschen auch per Versand – allerdings wegen der Hitze nicht im Sommer. «Wir könnten das wahrscheinlich größer aufziehen und beispielsweise Feinkostläden beliefern, schließlich produzieren wir als Einzige echte Maulbronner Maultaschen», sagt Schempf. «Aber dann hätte ich nicht mehr die gesamte Produktion im Auge, und darunter würde letztlich wohl die Qualität leiden.»

Woran man eine gute Maultasche erkennt? Inständig hoffe ich, dass Schempf meine Frage am Objekt beantwortet, denn gegen ein paar Probehappen hätte ich nichts einzuwenden.

Doch der Wirt begnügt sich leider mit verbalen Erläuterungen. «Der Nudelteig muss bissfest und die Füllung locker sein. Außerdem sollte man die einzelnen Zutaten in der Masse erkennen können. Bei vielen Industriemaultaschen ist das ja nur ein undefinierbarer, grauer Klumpen.» Das eigene Rezept habe er vom Vater übernommen, der sich 1982 mit einer 117 Meter langen Maultasche einen Eintrag ins Guinness-Buch der Rekorde gesichert habe. «Damals war das Gericht außerhalb Baden-Württembergs noch weitgehend unbekannt», erinnert sich der Wirt. «Erst in den letzten zwanzig Jahren hat die Maultasche ihren Siegeszug durch ganz Deutschland angetreten.»

In Schwaben freilich gibt es schon länger in jedem Dorf eine Wirtschaft, die regionale Küche anbietet – anders als in so vielen Gegenden, wo Dönerbude und Asia-Imbiss die deutsche Küche verdrängt haben. Warum ausgerechnet die schwäbische Hausmannskost so erfolgreich ist? Schempf hält einen Moment inne und überlegt. «Ich glaube, wir sind hier generell etwas konservativer als die anderen – auch beim Essen. Beispielsweise werden Gaststätten bei uns nicht nach der Vielfalt auf der Speisekarte oder nach besonders ausgefallenen Gerichten bewertet. Sondern was wirklich zählt, ist die Qualität des Rostbratens, des Kartoffelsalats, der Spätzle und der Maultaschen.»

Zwei dieser Grundpfeiler der schwäbischen Küche stehen bald darauf vor mir auf dem Tisch. Ich habe Maultaschen bestellt, Schempf hat mir zudem ein Schälchen Kartoffelsalat vorgesetzt – «den sollten Sie auch probieren». Freudig erregt greife ich zum Löffel, schiebe mir eine Fuhre der goldgelben Masse in den Mund und bin doch nicht restlos überzeugt. Wie so oft bei der schwäbischen Variante mit Brühe und Essig schmeckt mir auch dieser Kartoffelsalat zu fad; obendrein hat es der Koch mit den Zwiebeln wohl etwas zu gut gemeint.

Ich wende mich den Maultaschen zu: In einem Klecks Brühe schwimmen drei handtellergroße Teigbeutel, darüber reichlich geschmälzte Zwiebeln. Ich schneide eine Ecke ab und beiße hinein. Ich kann nicht anders, ich muss wieder einmal vor Glück seufzen. So laut allerdings, dass sich die französische Touristengruppe am Nachbartisch indigniert zu mir umdreht. Ungerührt verputze ich den Rest der Maultasche und gehe ohne Pause zu Herrgottsbescheißerle Nummer zwei über. Der Teig ist dünn, aber herrlich bissfest und dezent im Geschmack. Dafür schmeckt die Füllung umso intensiver: In puncto Fleischaroma können es diese Maultaschen mit Hackbällchen im Speckmantel aufnehmen, doch dank der Petersilie und vor allem des Spinats kommt ihre Füllung ungleich frischer und luftiger daher. Und dann sind da noch die geschmälzten Zwiebeln: Mit ihrer feinen Butternote geben sie die perfekte geschmackliche Ergänzung ab. Erst nachdem ich auch die dritte Maultasche restlos verdrückt habe, löse ich den Blick vom Teller. Karl Schempf hat sich bereits verabschiedet – wohl in weiser Voraussicht. Stünde der Wirt jetzt neben mir, müsste ich ihn vor den Augen der Franzosen herzen wie einen Teddybären. Denn seine Maultaschen schmecken so vorzüglich, dass ich auf der Stelle eine Niere dafür eintausche und sofort etwas Fleisch vor dem Herrgott verstecken würde. Keine Frage: Hier, in diesem Kloster, muss die Maultasche erfunden worden sein. Daran gibt es keinen Zweifel.

Doch nur wenige Stunden später ist auch der zweite schwäbische Mythos entlarvt. Den Maultaschengeschmack noch im Mund, habe ich mir als Abendlektüre das Buch *Wie Bismarck auf den Hering kam* vorgenommen. Darin beschäftigt sich Autorin Petra Foede unter anderem mit der kulinarischen Legende der Maultasche. Und ihre Nachforschungen haben ergeben: Der Name geht nicht etwa auf das Kloster zurück, sondern leitet sich vom Begriff Maulschelle ab, also Ohrfeige. Wahrscheinlich, weil die Teigtasche an eine geschwollene Backe erinnert. Doch damit nicht genug: Geht es nach Foede, so spricht vieles dafür, dass Maultaschen aus Italien nach Schwaben eingewandert sind und ursprünglich nichts anderes als schnöde Ravioli waren. Ausgerechnet! Schließlich hat mir Karl Schempf beim Abschied einen Rat mit auf den Weg gegeben: «Sagen Sie niemals Ravioli zu unseren Maultaschen. Das ist in Schwaben eine Sünde!»

Noch bevor der Tübinger Stadtarchivar Udo Rauch den Mund aufmacht, um auch die dritte schwäbische Essenslegende ins Reich der Mythen zu verweisen, schwant mir bereits Übles. Denn vor ihm auf dem Schreibtisch hier oben im vierten Stock des Rathauses liegt eine lexikondicke Akte, auf deren Deckel nur zwei Worte stehen: «Schwarzwälder Kirschtorte». Der Sahneklassiker hat mich nach Tübingen geführt.

Dabei würde jeder die Mutter aller deutschen Torten eigentlich im Schwarzwald verorten. Erst bei der Recherche für meinen geplanten Abstecher in die Heimat von Kuckucksuhr und Räucherschinken erfahre ich: Nicht die Torte, nur der Name kommt aus dem äußersten Südwesten der Republik. Die wahrscheinlichste Theorie besagt, dass das Kirschwasser hierfür verantwortlich ist. Dieser hochprozentige Obstbrand wird vor allem im Schwarzwald hergestellt – und gehört als Zutat in jede Schwarzwälder Kirschtorte. Erfunden wurde der Klassiker jedoch rund 400 Kilometer weiter nördlich: in Bad Godesberg, früher ein selbständiger Ort und heute Stadtbezirk von Bonn. Dort soll der Konditor Josef Keller 1915 erstmals eine Torte mit Sahne, Schokolade und Kirschen kreiert haben. Zumindest glaubte das die Fachwelt, bis im Jahr 2007 der Tübinger Stadtarchivar Udo Rauch auf den Plan tritt.

«Sie können sich nicht vorstellen, welchen Wirbel das damals ausgelöst hat», sagt Rauch. «Drei Wochen lang stand das Telefon nicht still.» Der Archivar lehnt sich zurück und grinst. An den Trubel scheint er sich zumindest nicht ungern zu erinnern. «Ich sag's mal so … Unsere Arbeit ist normalerweise staubig, und das Publikum interessiert sich wenig dafür.» Diesmal jedoch berichten alle großen Zeitungen, das Fernsehen rückt an, Fremde sprechen ihn auf der Straße an und schicken ihm Schwarzwälder Kirschtorten in die Arbeit. Ein Bild-Reporter will den Archivar gar dazu überreden, sich mit einer Torte vor dem Rathaus ablichten zu lassen. Er habe das freilich abgelehnt, erzählt Rauch und fügt mit einem spitzbübischen Lächeln hinzu: «Am nächsten Tag schlage ich die Bild-Zeitung auf, und was sehe ich auf der Titelseite? Unseren Bürgermeister – mit Torte.»

Grund für den Aufruhr sind Rauchs Recherchen zur Herkunft der Schwarzwälder Kirschtorte, die er im örtlichen Schwäbischen Tagblatt veröffentlicht. Demnach legen diverse Indizien nahe, dass die Geschichte von Josef Keller und Bad Godesberg nicht der Wahrheit entspricht oder zumindest die Jahresangabe fehlerhaft ist. Vielmehr spricht vieles dafür, so der Archivar, dass die Schwarzwälder Kirschtorte erst im Frühjahr 1930 von dem Konditor Erwin Hildenbrand erfunden wurde – in Tübingen.

Einige Tage und Wochen bewegt diese Nachricht die halbe Republik. Doch schnell kehrt die Beschaulichkeit zurück ins Tübinger Stadtarchiv. Was die Stadt und die ansässigen Gastronomen nach seinem Artikel unternommen hätten?

Die Frage scheint Rauch zu überraschen: «Eigentlich nichts», entgegnet der Archivar. «Ich glaube, der Handels- und Gewerbeverein wollte mal was machen. Aber das ist dann relativ schnell eingeschlafen.»

Dennoch wandere ich nach meinem Besuch bei Rauch fast schon ehrfürchtig durch die engen Gassen der Stadt. Dies also ist die Heimat eines unserer größten Exportschlager – zumindest in kulinarischer Hinsicht. Denn zusammen mit Bier, Würsten und Sauerkraut gehört die Schwarzwälder Kirschtorte zu den wenigen deutschen Lebensmitteln, die praktisch auf der ganzen Welt bekannt sind. Wenn es also in Frankfurt ein Grüne-Soße-Denkmal gibt, dann müsste hier in Tübingen mindestens eine Schwarzwälder-Kirsch-Kirche stehen – in Tortenform und mit Cocktailkirsche obendrauf.

Ich für meinen Teil wäre bereits mit einem Café zufrieden, das Schwarzwälder Kirschtorte serviert. Denn nach all dem Gerede über Sahnefüllungen, Biskuitböden und Schokoladenraspeln will ich diese Stadt nicht ohne eine Kostprobe verlassen. Doch ausgerechnet hier in Tübingen scheint eine Schwarzwälder Kirschtorte schwerer aufzutreiben zu sein als Weißwürste im Kongo. Ein halbes Dutzend Cafés und Bäckereien klappere ich erfolglos ab, ehe ich mein Glück schließlich in der Touristeninformation versuche.

«Ich bin auf der Suche nach Schwarzwälder Kirschtorte», teile ich der jungen Frau hinterm Tresen anstelle einer Begrüßung mit.

Sie blickt mich an, als würde sie mich von einem Fahndungsplakat kennen, und schüttelt verständnislos den Kopf.

Doch so schnell gebe ich nicht auf: «Weil die Torte doch hier in Tübingen erfunden wurde.»

Wieder ein Kopfschütteln, diesmal immerhin mit Antwort: «Tut mir leid, aber die Torte stammt aus dem Schwarzwald. Das ist weiter im Süden.» Sie will eine Karte hervorkramen, doch ich winke ab und schüttle nun meinerseits den Kopf.

Kann es wirklich sein, dass in der mutmaßlichen Heimatstadt der beliebtesten deutschen Torte kein Bäcker oder Cafébesitzer auf die Idee gekommen ist, selbige auf die Karte zu nehmen? Machten hier Rauchs Erkenntnisse keinen einzigen Unternehmer hellhörig? Dabei ist Tübingen nicht etwa ein verschlafenes Nest, sondern dank 27 000 Studenten die jüngste Stadt Deutschlands – mit einer malerischen Altstadt, die unzählige Touristen anlockt. Man muss doch nicht Dagobert Duck heißen, um hier ein Geschäft zu wittern!

Während ich die Touristeninformation verlasse und ziellos umherirre, nimmt ein Plan in meinem Kopf Gestalt an: Ein Schwarzwälder-Kirsch-Haus in Tübingen – das wär's! Drinnen dudelt deutsche Volksmusik, Kuckucksuhren zieren die Wände, dralle Blondinen im Dirndl nehmen Bestellungen von Touristen entgegen, und für schlappe 8,90 Euro gibt's ein Stück «Original Tübinger Schwarzwälder Kirschtorte» mit einer Tasse Kaffee. Es wäre nur der Anfang: Mit einer schwimmbeckengroßen Schwarzwälder Kirschtorte würde ich mir einen Eintrag ins Guinness-Buch der Rekorde sichern; zudem müsste jedes Jahr eine Jury um Dieter Bohlen im RTL-Abendprogramm die «Miss Schwarzwälder Kirschtorte» küren. Im hauseigenen Souvenirshop gäbe es Plastiktorten, Tortenfeuerzeuge und T-Shirts mit der Aufschrift «I ♥ Original Tübinger Schwarzwälder Kirschtorte».

Gerade als ich in Gedanken beim Original-Tübinger-Schwarzwälder-Kirschtorte-Vergnügungspark angelangt bin – die Riesenradgondeln haben selbstverständlich die Form von Cocktailkirschen –, bleibe ich wie angewurzelt stehen. Der unwiderstehliche Duft von Zuckerguss und Schokolade kitzelt soeben an meine Nase. Mein Blick fällt auf das Café Lieb und auf eine Armada von Kuchen und Torten im Schaufenster. Hastig betrete ich das Café, schreite die Theke ab und werde ganz am Ende fündig. Mein Herz macht einen Hopser, als wollte es den Kehlkopf besuchen.

Für 4,10 Euro – über derlei Dumpingpreise kann der künftige Schwarzwälder-Kirsch-Haus-Besitzer nur müde lächeln – ordere ich einen Kaffee und ein mächtiges Stück Schwarzwälder Kirschtorte. Darin dürften gut und gern zwei Tagesrationen Zucker und Fett stecken, was meine Speichelproduktion ganz und gar salonunfähige Ausmaße annehmen lässt. Doch ich verzichte auf den Griff zur Serviette und bugsiere stattdessen ein mandarinengroßes Stück Torte in meinen Mund.

Die schwere Sahne wirkt auf meine ausgezehrten Geschmacksnerven wie Balsam; die Kirschen machen die Füllung herrlich saftig, im Schokoladenboden steckt ein Hauch von Kirschwasser – nicht zu viel und nicht zu wenig –, und die dunklen Zartbitterflocken kribbeln angenehm auf meiner Zunge. Kurzum: Diese Torte ist ein Traum.

Eigentlich sollte ich jetzt auf der Stelle aufstehen und den Konditor aufsuchen. «Werter Herr», müsste ich sagen, «Ihr Rezept brauche ich für mein Schwarzwälder-Kirsch-Haus. Und für die Gartencafés im Original-Tübinger-Schwarzwälder-Kirschtorte-Vergnügungspark. Wie wär's? Wollen wir ins Geschäft kommen?» Genau das müsste ich tun. Eigentlich. Doch stattdessen greife ich zur Gabel, genehmige mir einen zweiten Bissen von diesem schwarzrotweißen Kunstwerk und genieße den Geschmack. Schweigend und beseelt.

MAULTASCHEN

(ca. 25 Stück)

Zutaten

- 150 g gekochtes Rindfleisch
- 50 g geräucherter Speck
- 1 kleine Stange Lauch
- 1 Karotte
- 1 EL Butter
- 400 g Blattspinat
- 2 Brötchen (vom Vortag)
- 300 g gemischtes Hackfleisch
- 300 g feines Brät
- 3 Eier
- Salz
- Pfeffer
- Muskat
- Majoran
- 500 g Nudelteig
- 1 Eigelb
- 1 Bund glatte Petersilie

Zubereitung

1. *Rindfleisch und Speck würfeln.*
2. *Lauch und Karotte würfeln und in Butter andünsten.*
3. *Blattspinat in kochendem Wasser blanchieren und danach kalt abschrecken.*
4. *Brötchen in Wasser einweichen und ausdrücken.*

5. *Fleisch, Speck, Gemüse, Kräuter und Brötchen durch den Fleischwolf (feine Scheibe) drehen. Mit Hackfleisch, Brät und Eiern gut vermengen und mit Salz, Pfeffer, Majoran und Muskat abschmecken.*

6. *Nudelteig dünn ausrollen und die Füllung darauf verteilen. Dabei die Ränder freilassen und diese mit Eigelb bestreichen. Teig übereinanderklappen, die einzelnen Maultaschen abtrennen und in kochender Fleischbrühe etwa 10–15 Minuten ziehen lassen.*

7. *Je nach Wunsch werden die Maultaschen in der Brühe, mit geschmälzten Zwiebeln oder in Streifen und mit Ei angebraten serviert.*

Das Rezept stammt von Karl Schempf aus der Klosterschmiede in Maulbronn.

Nachwort:
Warum ich dieses Buch *trotzdem*
geschrieben habe

Ich habe den letzten Bissen des vielleicht köstlichsten Gerichts meiner Reise noch nicht einmal hinuntergeschluckt, da trifft mich die Erkenntnis wie ein Keulenschlag: Eigentlich darf ich dieses Buch gar nicht schreiben. Nicht, solange es Menschen wie Peter Geißler gibt, dessen unvergleichliche Allgäuer Käsespätzle ich gerade esse.

Das Allgäu ist die letzte Station meiner Tour, ehe es morgen zurück nach München geht. Hier stehen Käsespätzle auf meinem Speiseplan, die ich eigentlich in einer anderen Gaststätte probieren wollte – bis mich vor wenigen Tagen Peter anrief. Er habe von meiner kulinarischen Tour gelesen und wolle mich in seine Altstadtwirtschaft nach Kempten einladen, hat er am Telefon gesagt und hastig hinzugefügt: «Nicht dass du mich falsch verstehst: Ich brauche keine Werbung, und ich muss in deinem Buch auch nicht auftauchen. Ich will einfach nur mit dir übers Essen reden.»

Erst vergangene Woche habe ich die Anfrage eines Metzgers abgelehnt, der ein Cocktailwürstchen mit integriertem Senf erfunden hat, sowie die der Macher des Ribwich, was immer sich auch dahinter verbirgt. Doch in Peters Fall habe ich sofort ein gutes Gefühl – und werde nicht enttäuscht. Denn so groß meine Essensliebe auch sein mag: Im Vergleich zu dem Allgäuer bin ich bloß wie der passionierte, aber weitgehend ahnungslose Fußballfan, der den Profikickern von der Tribüne aus zujubelt – oder in diesem Fall: den Profi-Köchen am Herd. Während ich kaum den Unterschied zwischen Basilikum und Oregano erschmecke, referiert Peter aus dem Stegreif eine Viertelstunde über die Vorzüge eines bestimmten Salzes oder die Geschmackskomponenten einer besonderen Käsesorte.

Mehr als zwei Jahre hat der selbsterklärte «Rohstofffreak» unzählige Bauern, Bäcker, Metzger und Lebensmittelhersteller aus der Region abgeklappert, ehe er die Lieferanten für seine Altstadtwirtschaft beisammen hatte. Denn dort sollen nur hochwertige Nahrungsmittel aus der Region auf den Tisch kommen. Das Beste daran: Diese Mischung aus Expertise und Akribie schmeckt der Gast bei jedem Bissen. Gerade einmal zwei Vorspeisen, vier Hauptgerichte und zwei Desserts umfasst die Speisekarte der Altstadtwirtschaft. Aber sie wechselt jeden Tag, und alles – vom Brot bis zur Vanillesoße – wird täglich frisch zubereitet. Die Altstadtwirtschaft befindet sich in einem steinernen Kellergewölbe in Kempten, die Einrichtung ist rustikal und puristisch; kein Bild, keine Musik und kein Nippes sollen die Besucher vom Essen ablenken. Nach zig Lokalen, Esshallen und Imbissen kommt die Gaststätte meiner Vorstellung von einem perfekten Restaurant ziemlich nahe. Was wohl auch an den Käsespätzle liegt, die mir Peter vorsetzt und deren Geschmack schlicht über meine Beschreibungskunst hinausgeht. Den Käse bezieht Peter übrigens von einem Allgäuer Käse-Affineur, der handverlesene Laibe jahrelang lagert, immer wieder mit Salz einreibt und verfeinert. Bei Peter durfte ich eine Ecke von seinem Gruyère probieren. Es war eine Art Geschmacksinitiation.

Wie dürfte ich als Laie mir also das Recht herausnehmen, ein Buch übers Essen zu schreiben?, zuckt es durch mein käsevernebeltes Hirn. Mehr als 30 landestypische Gerichte in allen 16 Bundesländern habe ich gegessen, 90 Nächte bei 33 Couchsurfern verbracht, 3800 Anhalterkilometer mit fast 100 verschiedenen Fahrern zurückgelegt – und das alles umsonst? Nein, natürlich nicht. Denn ich habe ja mit Experten wie Peter gesprochen oder Don Schäufele in Nürnberg, Mutzbratenkönig André Schakale-

Nachwort: Warum ich dieses Buch trotzdem geschrieben habe

ski, Labskausbotschafter Buttje Rauch oder Saumagenmetzger Klaus Hambel – mit Menschen also, die Essen lieben, die nimmermüde für ihr Gericht kämpfen, denen die Qualität ihrer Produkte am Herzen liegt und die es nicht klaglos hinnehmen, wenn ein Discounter das halbe Kilo Hähnchenbrust für 1,49 Euro verramscht – im wahrsten Sinne des Wortes geschmacklos. Diese kulinarischen Vorkämpfer haben ihr Wissen, ihre Rezepte und ihr Essen mit mir geteilt. Auch, damit ich es in diesem Buch weitergebe.

Außerdem ist da noch meine eigene Leidenschaft fürs Essen. Sie mag im Vergleich zu Peter nicht so gebildet daherkommen, aber dafür ist sie nicht weniger innig. Sie hat mir eine unvergessliche Reise beschert und war mir in allen Situationen ein verlässlicher Kompass – auch bei der Niederschrift meiner Erlebnisse. Denn letztlich gilt doch auch für das Erzählen vom Essen, was mir der langjährige Restaurantkritiker Jürgen Brand in Stuttgart über das Essen selbst gesagt hat: «Egal, ob beim Sternekoch oder zu Hause am eigenen Herd: Am Ende ist nur eine einzige Sache wichtig – nämlich dass es schmeckt.»

Verzeichnis der Rezepte nach alphabetischer Reihenfolge

Adressen

Bayern
Bratwursthäusle, Rathausplatz 1, 90403 Nürnberg,
www.bratwursthaeusle.de
Schäufelewärtschaft, Schweiggerstraße 19, 90478 Nürnberg,
www.schaeufele.de

Thüringen
Scheiners am Dom, Katzenberg 2, 96049 Bamberg,
www.scheiners.de
Reussischer Hof, Gößnitzer Straße 14, 04626 Schmölln / Thür,
www.hotel-reussischer-hof.de

Sachsen
Zum Alten Sack, Neustadt 47, 02763 Zittau,
www.zumaltensack.de
Zum Flyns, Langenstraße 1, 02826 Görlitz, www.flyns.de

Berlin
Mustafas Gemüsekebap, Mehringdamm 32, 10961 Berlin,
www.mustafas.de

Sachsen-Anhalt
Landgasthof Zum Stern, Burger Straße 1, 03096 Werben,
www.hotel-stern-werben.de
Bötelstube, Alter Markt 9, 39104 Magdeburg,
www.boetelstube.de

Brandenburg

Deutsches Haus, Havelberger Straße 15, 16928 Pritzwalk,
    www.knieperfuchs.de

Mecklenburg-Vorpommern

Medewegehof, Hauptstraße 11–15, 19055 Schwerin,
    www.hof-medewege.de
Tau Helga, Alte Crivitzer Landstraße 18, 19063 Schwerin,
    www.tau-helga.de

Schleswig-Holstein

Café Niederegger, Breite Straße 89, 23552 Lübeck,
    www.niederegger.de
Marzipan-Speicher, An der Untertrave 98, 23552 Lübeck,
    www.marzipanland.de
Meergold Fischdelikatessen, Jungfernstieg 19,
    24340 Eckernförde, www.meergold.de
Alter Kirchkrug, Am Kirchberg 9, 24991 Großsolt

Hamburg

Old Commercial Room, Englische Planke 10, 20459 Hamburg,
    www.oldcommercialroom.de
Alt Hamburger Aalspeicher, Deichstraße 43, 20459 Hamburg,
    www.aalspeicher.de

Niedersachsen

Ostfriesisches Teemuseum Norden, Am Markt 36,
    26506 Norden, www.teemuseum.de
Bünting Teemuseum, Brunnenstraße 33, 26789 Leer,
    www.buenting-teemuseum.de

Alte Brauerei, An der Alten Brauerei 2, 26736 Pilsum,
    www.alte-brauerei-pilsum.de
Kulturcafé im Pelzerhaus, Pelzerstraße 12, 26721 Emden,
    www.agilio.de

Nordrhein-Westfalen

Bratwursthaus, Kortumstraße 18, 44787 Bochum,
    www.bratwursthaus.com
Profi-Grill, Bochumer Straße 96, 44866 Wattenscheid,
    www.profi-grill.de
Sauerbratenpalast, Vaalser Straße 316, 52074 Aachen

Rheinland-Pfalz

Weingut Bölinger, Moselstraße 7, 54518 Platten
Metzgerei Hambel, Hintergasse 1, 67157 Wachenheim,
    www.metzgerei-hambel.de

Saarland

La Bastille, Kronenstraße 1b, 66111 Saarbrücken,
    www.la-bastille.de
Saarbrücker Bauernstube, Hauptstraße 20, 66123 Saar-
    brücken, www.bauernstube-saarbruecken.de

Hessen

Grüne-Soße-Festival, www.gruene-sosse-festival.de

Baden-Württemberg

Gaststätte Schurwald, Schurwaldstraße 27, 70186 Stuttgart,
    www.gaststaette-schurwald.de
Klosterschmiede, Klosterhof 32, 75433 Maulbronn,
    www.klosterschmiede.de
Café Lieb, Karlstraße 3, 72072 Tübingen, www.cafelieb.de

Nachwort: Allgäu

Altstadtwirtschaft, Rathausplatz 8, 87435 Kempten,
www.altstadtwirtschaft.de

Weitere Adressen, Fotos, Videos und Berichte finden Sie auf der
Website www.deutschland-isst.info.

Danksagung

Mein herzlicher Dank gilt all jenen, die meine Reise zu einem unvergesslichen Erlebnis haben werden lassen – und das nicht nur aus kulinarischer Sicht. Ich danke allen Lesern, die meine Tour auf www.deutschland-isst.info verfolgt und kommentiert haben; allen Autofahrern, die für mich angehalten haben; allen Couchsurfern, die mir Obdach gewährt haben; und allen Wirten, Hobbyköchen und anderen, die ihre Gerichte, ihre Rezepte und ihr Wissen mit mir geteilt haben.

Besonders danken möchte ich all jenen, die im Buch nicht namentlich erwähnt sind: Bastian aus Nürnberg, Peter vom Landbierparadies in Nürnberg, Petra und Robert aus Bamberg, Thomas und Maik aus Altenburg, Ines und Co. aus Görlitz, Gabi aus Cottbus, Daniela, Jens, Friederike und Marie aus Berlin, Heide und Wolfgang aus Rangsdorf, Isabel aus Magdeburg, Carsten Börner vom Gasthof Zur Grünen Laterne in Stendal, Chady aus Pritzwalk, Matthias Theiner vom Hotel Zur Guten Quelle in Schwerin, Annemarie aus Schwerin, Claudia aus Stralsund, Alexandra und Christiane Foschepoth aus Putbus, die Fischer Jens Engelbrecht und Roberto Brandt aus Rügen, Kathleen von Rügen TV, Mario Sammler von The Quaich in Neubrandenburg (danke, Mario, für deine unvergleichliche Gastfreundschaft), Anna aus Lübeck, Wolfgang Steffen von der Schiffergesellschaft in Lübeck, Kristine und Ludwig aus Kiel, Felix aus Schleswig, Sinja und dem St. Pauli Tourist Office aus Hamburg, Markus Ex von der Eppendorfer Grillstation, Torsten und Kerstin aus Bremen, Anne und Elmar aus Emden, Inka und Frank aus Osnabrück, Flo aus Bochum, Rainer und Bernd von der Bio-Bäckerei Hutzel in Bochum, Frank Jülich von der Gaststätte Zum Alten Markt in Dortmund, Janine, Peter und Saskia aus Aachen, Rainer und Jacky aus Maring-Noviand, Marco aus Bad Dürkheim, Sabrina aus Saarbrücken, Sarah und Sebastian aus Frankfurt, Caro und Magdalena aus Stuttgart, Frédéric und Florian von Erna & Co. (eure Linsen mit Spätzle und Saiten sind schlicht genial!), Ramona aus Mühlacker, der Tarifa-Familie aus Ravensburg, Felix aus Immenstadt und Gabi Walter von der Gaststätte Großmarkthalle in München.

Außerdem danke ich der Lektorin Barbara Imgrund für mehr kluge Hinweise und Verbesserungsvorschläge, als ich in meinem bisherigen Leben Schokoladentafeln verputzt habe, Julia Vorrath für ihr Vertrauen in dieses Buch, dem Rowohlt Verlag für die gute Zusammenarbeit, Evi für den Untertitel, Carina für das Treffen mit Carolin Reiber, Betti, Nico und David für Leserei und Inspiration, Ivo, Michi und Philli für die nimmermüde Unterstützung, Ilse, Albrecht, Dirk und Daniel für alles sowie Petra für alles und noch viel mehr.

Euch allen wünsche ich von Herzen: Guten Appetit!